学ぶ人は、
変えて
ゆく人だ。

目の前にある問題はもちろん、

人生の問いや、

社会の課題を自ら見つけ、

挑み続けるために、人は学ぶ。

「学び」で、

少しずつ世界は変えてゆける。

いつでも、どこでも、誰でも、

学ぶことができる世の中へ。

旺文社

はじめに

『高校入試合格でる順５教科　三訂版』は，高校入試に向けた学習を効率よくするための問題集です。
本書は，中学3年間で学ぶ単元を教科別に1冊にまとめてあります。入試に向けて，最後の仕上げとして活用してください。

本書はそれぞれの単元に，まとめと入試過去問題を掲載しています。まとめでは，入試によくでる項目や例題にでる度がついていますので，でる度の高いものから優先的に学習をすれば効率的に実力を身につけることができます。
また，巻末に入試直前模擬試験がついていますので，入試に備えて本番のリハーサルをすることができます。

本書がみなさんの志望校合格のお役に立てることを願っています。

旺文社

本書の特長と使い方

本書は，高校入試の問題を旺文社独自に分析し，英語・数学・国語・理科・社会の５教科すべてで入試によくでる単元を集めた問題集です。
使い方をよく読んで，入試前の総仕上げとして役立てましょう。

まとめ

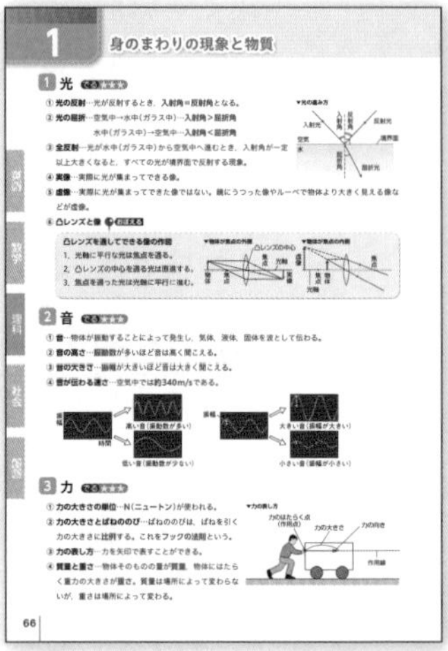

単元の重要項目をマークやコーナーを使ってわかりやすくまとめてあります。
入試でる度 でる★★★ がついているので，時間がないときはでる度の高い項目や例題を優先的にチェックするなど，効率的に学習することができます。
※国語はp143 から始まります。

よくでる　入試によくでることがら

おぼえる　覚えるべき重要なことがら

ミス注意　入試で間違いやすいことがら

ココがカギ　問題を解くときのポイント

入試対策問題

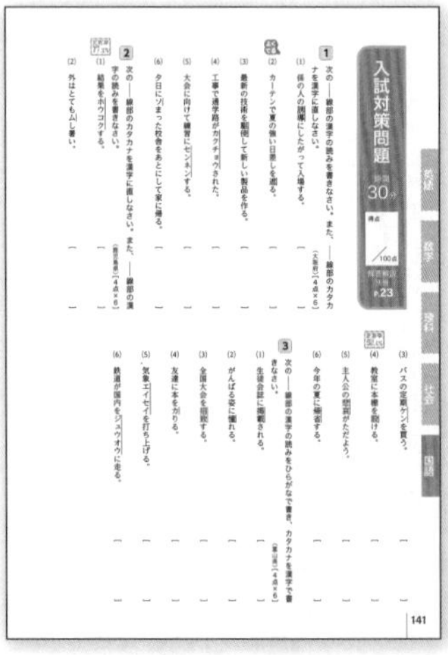

よくでる入試問題を掲載しています。
その単元の知識が定着しているか，実際の入試問題を解いてチェックしましょう。

よくでる　入試によくでる問題

思考力　知識だけでなく，考える力が試される問題

ハイレベル　発展的な問題

正答率 80.0%　正答率が50%以上の問題

正答率 30.0%　正答率が50%未満の問題

別冊　入試直前模擬試験

巻末に，模擬試験用冊子がついています。

入試対策問題をすべて解き終わったら，入試直前の力試しとしてチャレンジしてみましょう。

冊子のうしろには解答用紙がついています。

本番を意識して，答えは濃くはっきりと読みやすい字で書くようにしましょう。

解き終わったら解答解説で答え合わせをし，得点欄に得点（小計と総計）を記入しましょう。

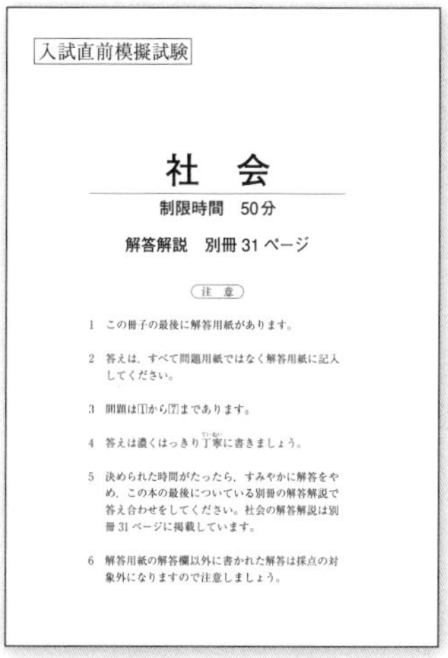
入試直前模擬試験

社　会

制限時間　50分

解答解説　別冊 31 ページ

注　意

1　この冊子の最後に解答用紙があります。

2　答えは，すべて問題用紙ではなく解答用紙に記入してください。

3　問題は1から7まであります。

4　答えは濃くはっきり丁寧《ていねい》に書きましょう。

5　決められた時間がたったら，すみやかに解答をやめ，この本の最後についている別冊の解答解説で答え合わせをしてください。社会の解答解説は別冊 31 ページに掲載しています。

6　解答用紙の解答欄以外に書かれた解答は採点の対象外になりますので注意しましょう。

別冊　解答解説

「入試対策問題」「入試直前模擬試験」の解答は，別冊の解答解説に掲載されています。答え合わせをしてまちがえたところは必ず復習をするようにしましょう。

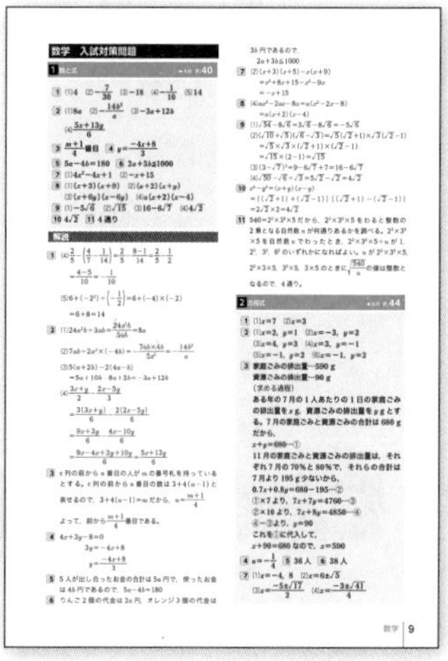

音声マークアイコン

音声マークがついている問題はリスニング問題です。付属の音声でリスニングもしっかり対策しておくようにしましょう。

「音声の利用法」は表紙を開いたページに掲載してあります。

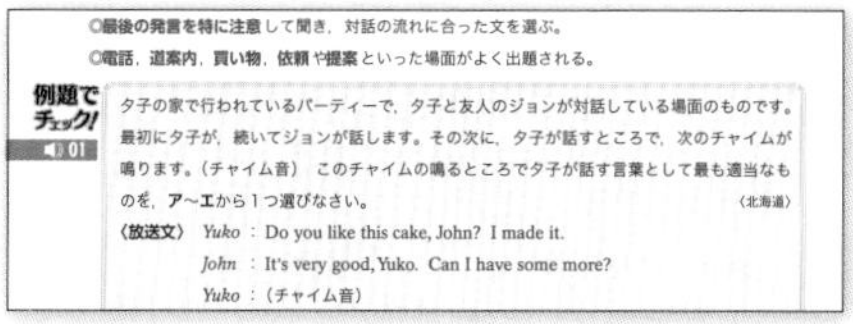
○最後の発言を特に注意して聞き，対話の流れに合った文を選ぶ。

○電話，道案内，買い物，依頼や提案といった場面がよく出題される。

例題でチェック！　01

夕子の家で行われているパーティーで，夕子と友人のジョンが対話している場面のものです。最初に夕子が，続いてジョンが話します。その次に，夕子が話すところで，次のチャイムが鳴ります。（チャイム音）　このチャイムの鳴るところで夕子が話す言葉として最も適当なものを，ア～エから１つ選びなさい。〈北海道〉

〈放送文〉 *Yuko*：Do you like this cake, John? I made it.

John：It's very good, Yuko. Can I have some more?

Yuko：（チャイム音）

もくじ

社会情勢の変化により，掲載内容に違いが生じる事柄があります。
弊社ホームページ『知っておきたい時事ニュース』をご確認ください。
https://www.obunsha.co.jp/pdf/support/jiji_news.pdf

編集協力：有限会社マイプラン 安達瑞菜　橋爪洋介　湯川善之　若竹志宝　峰山俊寛　青木結衣
装丁・本文デザイン：牧野剛士
組版・図版：株式会社ユニックス
録音：ユニバ合同会社
校正：池田有希子／神谷明音／戸塚智恵／三宮千抄／鈴木恵未／山下聡／吉川貴子／加田祐衣／國本美智子／鶴川深奈萌／中村悠季／田中麻衣子／出口明憲／平松元子／山﨑真理／尾崎涼子／クロフネソーシング合同会社／株式会社東京出版サービスセンター
写真提供：アフロ　毎日新聞社／アフロ

1 文法①　不定詞・動名詞

1 不定詞　でる★★★

〈to＋動詞の原形〉の形で，３つの用法がある。主語によって形は変わらない。

① 名詞的用法

「〜すること」という意味。動詞の目的語，主語，補語（主語や目的語の説明を補うもの）になる。

例 I like **to play** soccer.　「私はサッカーをするのが好きです」
└動詞（like）の目的語

例 **To speak** English is not easy for me.　「英語を話すことは私には簡単ではありません」
└主語

例 My dream is **to be** a teacher.　「私の夢は教師になることです」
└補語

② 副詞的用法

①**「〜するために，〜しに」**という意味。動作の**〈目的〉**を表す。

例 I went to the store **to buy** a notebook.　「私はノートを買うためにその店へ行きました」
└went「行った」の目的を表す。

②**「〜して」**という意味。**〈感情の原因〉**を表す。

例 We were glad **to hear** the news.　「私たちはその知らせを聞いてうれしかったです」
└glad「うれしい」の原因を表す。

〈感情を表す語（形容詞）＋不定詞〉の意味　おぼえる

be glad[happy] to 〜「〜してうれしい」
be surprised to 〜「〜して驚く」
be sad to 〜「〜して悲しい」
be sorry to 〜「〜して残念だ」

③ 形容詞的用法

「〜する（ための），〜するべき」などの意味。名詞や代名詞を**後ろから修飾**する。

例 I have a lot of things **to do** today.　「私は今日，するべきことがたくさんあります」
―thingsを後ろから修飾する。

◎somethingのような代名詞を，形容詞と不定詞で修飾するときの語順に注意。

例 I want something **cold** **to drink**.　「私は何か冷たい飲み物がほしいです」
―形容詞（cold）も不定詞（to drink）もsomethingを後ろから修飾する。

◎疑問詞と不定詞を組み合わせた表現がある。

〈疑問詞＋to＋動詞の原形〉　名詞の働きをする。

They didn't know how to play the game.　「彼らはそのゲームのやり方がわかりませんでした」
└動詞（know）の目的語

〈疑問詞＋不定詞〉の意味　おぼえる

how to 〜「〜のしかた，どのように〜したらよいか」
where to 〜「どこへ[で]〜したらよいか」
which（＋名詞）to 〜「どれ[どの…]を〜したらよいか」
what to 〜「何を〜したらよいか」
when to 〜「いつ〜したらよいか」

2 不定詞を使った重要表現 でる★★

① 〈動詞＋目的語(人)＋to＋動詞の原形〉

〈ask＋人＋to＋動詞の原形〉「(人)に～するようにたのむ」

例 I **asked** Tom **to speak** more slowly. 「私はトムに，もっとゆっくり話してくれるようにたのみました」

〈tell＋人＋to＋動詞の原形〉「(人)に～するように言う」

例 My mother **told** me **to clean** the room. 「母は私に，部屋をそうじするように言いました」

〈want＋人＋to＋動詞の原形〉「(人)に～してもらいたい」

例 I **want** you **to come** with me. 「私はあなたに，いっしょに来てもらいたいです」

② 〈It is ... (for ―) to ＋動詞の原形.〉「(―が[にとって])～することは…だ」

例 **It is** important **for** us **to study** English. 「私たちにとって英語を勉強することは大切です」
└itはto以下の内容をさす形式的な主語で，「それは」と訳さない。

③ 〈動詞＋人[もの]＋動詞の原形〉

〈help＋人＋動詞の原形〉「(人)が～するのを手伝う」

例 I'll **help** my sister cook dinner. 「私は姉が夕食を作るのを手伝います」
└〈to＋動詞の原形〉を使ってto cook dinnerとすることもある。

〈let＋人[もの]＋動詞の原形〉「(人[もの])に～させる」〈許可〉

例 My father **let** me use his bike. 「父は私に父の自転車を使わせました[使わせてくれました]」
└toがつかないことに注意。

3 動名詞 でる★★★

名詞の働きをする**〈動詞の~ing形〉**で，**「～すること」**という意味を表す。

動詞の目的語，主語，補語になり，また前置詞の目的語になる。

例 Mr. Smith likes **watching** TV. 「スミス先生はテレビを見るのが好きです」
└動詞(likes)の目的語

例 **Learning** history is interesting. 「歴史を学ぶのはおもしろいです」
└主語

例 My hobby is **taking** pictures. 「私の趣味は写真をとることです」
└補語

例 She left without **saying** goodbye. 「彼女はさようならを言わずに去りました」
└前置詞(without)の目的語

よくでる 動名詞を使った重要表現 look forward to ～ ing「～するのを楽しみに待つ」
How about ～ ing?「～するのはどうですか」 Thank you for ～ ing.「～してくれてありがとう」
be good at ～ ing「～するのが上手だ」 be interested in ～ ing「～することに興味がある」

4 不定詞と動名詞 でる★★★ おぼえる

動詞によって不定詞の名詞的用法と動名詞のどちらを目的語にとるかが決まっている。

不定詞だけをとる動詞	want「～したい」/ hope「～することを望む」/ decide「～しようと決心する」など
動名詞だけをとる動詞	enjoy「～して楽しむ」/ finish「～し終える」/ stop「～するのをやめる」など
両方をとる動詞	like「～することが好きだ」/ start「～し始める」/ begin「～し始める」など

入試対策問題

時間 40分　得点 ／100点　解答解説 別冊 P.1

1 次の文の(　　)に入れるのに最も適切な語(句)を，**ア**～**エ**の中から選びなさい。　[6点×5]

(1) I was surprised (　　　　) one of them.　〈大阪府後期〉

ア see　**イ** saw　**ウ** to see　**エ** to seeing　[　　　]

(2) I want you to enjoy (　　　　) Japanese green tea.　〈大阪府前期〉

ア drink　**イ** drank　**ウ** drinking　**エ** to drink　[　　　]

(3) Sachi asked her father (　　　　) to the museum with her next Sunday.　〈栃木県〉

ア go　**イ** went　**ウ** going　**エ** to go　[　　　]

(4) *A*：We are going to have a meeting in the cafeteria tomorrow. Please tell me (　　　　) to start.

B：We should start the meeting at 3 p.m.　〈兵庫県〉

ア what　**イ** where　**ウ** when　**エ** which　[　　　]

(5) *A*：I don't need these clothes. I will go to a shop to recycle them.　〈岩手県〉

B：Oh, but this jacket still looks good.

A：Do you want it? You can take it.

B：Thank you. This is perfect for (　　　　) in the winter.

ア buy　**イ** buying　**ウ** wear　**エ** wearing　[　　　]

2 次の対話文中の(　　)内の語を並べかえ，その順序を記号で答えなさい。　[6点×2]

正答率 80%

(1) *A*：I (**ア** what　**イ** don't　**ウ** know　**エ** do　**オ** to) first.

B：OK. Go to the library and find some books about fine arts.　〈千葉県〉

[　→　→　→　→　]

(2) *A*：How was school today?　〈沖縄県〉

B：P.E. class was so fun. But it was too cold outside. I still feel cold now.

A：Do you (**ア** hot　**イ** drink　**ウ** something　**エ** want　**オ** to)?

B：Yes! Thank you.

[　→　→　→　→　]

3 次の対話文中の(　　)内の語(句)を並べかえなさい。　〈富山県〉[8点]

A：How did you like my presentation?

B：It was great.

A：Thank you. Actually (finish / helped / it / me / my friend).

B：Oh, I see. It's nice to study with a friend.

Actually ____ .

4 中学生の智(Satoshi)，ウィリアムズ先生(Ms. Williams)の2人が教室で話をしています。これを読んで，下線部の日本語の内容を英語になおしなさい。　〈愛媛県〉[15点]

Satoshi　：How was my speech, Ms. Williams?

Ms. Williams：It was very good, Satoshi. I understood your speech very well. So your father *takes a cooking *course for men, right?

Satoshi　：Yes. <u>彼は私たちに夕食をつくるために，それを取ることを決めました。</u> He really enjoys the course at the *adult education center.

Ms. Williams：I see.（後略）

(注) take ～　～を受ける，～を取る　course　講座　adult education center　カルチャーセンター

____

正答率 16%
ハイレベル

5 次の英文は，高校生の健次(Kenji)さんとアメリカ(America)からの留学生マーク(Mark)さんとの会話です。これを読んで，下線部の(　　)内の語(句)を並べかえなさい。〈滋賀県〉[15点]

Kenji：Hi, Mark. Can I talk to you now?

Mark：Sure.

Kenji：I'll visit an *elementary school to teach English with my friends next month. Will you join us?

Mark：That sounds interesting. I'll join you. What are you going to do?

Kenji：I'm thinking about some activities. The *topic will be "My Future Dream."

Mark：I see. The children should try to use *expressions like this："What do you want to be?" and "I want to be a singer." They are useful expressions.

Kenji：Yeah, I also want (by / their future dreams / the children / think about / to) studying this topic in English.

Mark：That's good. It'll be a good chance for them.

Kenji：I hope so.（後略）

（注） elementary school　小学校　topic　トピック，題材　expression(s)　表現

I also want ____________________________ studying ....

6 中学生のりょうたさんが留学生のケイトさんに，防災避難訓練の案内を見せながら説明しています。これを読んで，下線部①，②の(　　)内の語を並べかえなさい。〈兵庫県〉[10点×2]

防災避難訓練のお知らせ
1　日時　9月3日(月)　11:00～
2　場所　本校校舎及び運動場
3　内容　午前：地震を想定した避難訓練
　　　　　　(担任の指導による)
　　　　　　けが人の搬送，応急処置訓練
　　　　　　(地域の方と合同)
　　　　午後：災害時持ち出しリスト作成

Ryota：On September 3, we will have a *disaster *drill at school.

Kate：Really? What drill are we going to have?

Ryota：First, we will have a drill to practice going out of the school building in an *earthquake. Our teacher will ①(how / show / out / us / go / to) of the building. Second, we will have a drill to practice carrying *injured people and taking care of them. We will do that with people who live near our school. They stay at our school for *safety when a big disaster *happens.

Kate：I see. Are we going to do anything *else?

Ryota：Yes. In the afternoon, we will make a *list. We will think about the things we should take first in a disaster. It ②(get / us / difficult / to / for / is) water or food for three or four days just after a disaster. So we should take those things for our family.

Kate：To make our own lists at home is important.

Ryota：You are right. In a disaster, I want to help my family. This is another important thing. People in the same town should help each other because we live together.

（注） disaster　災害　drill　訓練　earthquake　地震　injured　けがをした　safety　安全
happen　起こる　else　他に　list(s)　リスト

① Our teacher will ____________________________ of the building.

② It ____________________________ water or food ....

2 文法②
時制・現在完了

1 現在の文・現在進行形 でる★★

① be動詞

主語	be動詞
I	am
you, 複数	are
３人称単数（he, she, it）	is

be動詞の変化のしかた　主語によってam, are, isを使い分ける。

［否定文］例 I **am not** tired.「私は疲れていません」be動詞のあとにnotを置く。

［疑問文］例 **Are** you busy now?「あなたは今忙しいですか」

② 一般動詞

「３人称」とは「自分」と「相手」以外をさす言葉のこと。

一般動詞の変化のしかた　肯定文で主語が**３人称単数**のとき⇒　語尾に**-s**［**-es**］をつける。

否定文と疑問文　do, または主語が３人称単数のときは**does**を使って作る。**動詞は原形。**

［否定文］例 I **don't** like dogs.「私はイヌが好きではありません」

例 Tom **doesn't** speak Japanese.「トムは日本語を話しません」

［疑問文］例 **Do** you walk to school?「あなたは学校へ歩いて行きますか」

例 **Does** he cook?「彼は料理をしますか」

③ 現在進行形　**〈am［are / is］＋動詞の~ing形〉「（今）~している」**と今まさに進行中の動作を表す。

否定文と疑問文　作り方はbe動詞の文と同じ。

2 過去の文・過去進行形 でる★★

① be動詞

be動詞の変化のしかた　amとis⇒**was**　are⇒**were**

② 一般動詞

一般動詞の変化のしかた　ふつうは語尾に**-ed**［**-d**］をつける。不規則に変化する動詞もある。

否定文と疑問文　didを使って作る。**動詞は原形。**

③ 過去進行形　**〈was［were］＋動詞の~ing形〉**

「**~していた**」過去において進行中だった動作を表す。

否定文と疑問文　作り方はbe動詞の文と同じ。

おぼえる

重要不規則動詞の過去形			
come	**came**	read	**read**［red］
get	**got**	say	**said**
give	**gave**	see	**saw**
go	**went**	take	**took**
have	**had**	teach	**taught**
hear	**heard**	tell	**told**
leave	**left**	think	**thought**
make	**made**	write	**wrote**

3 未来の文 でる★

① 助動詞willを使った文　**〈will＋動詞の原形〉「~するだろう」「~するつもりだ」**

否定文と疑問文　否定文はwillのあとにnotを置く。
疑問文はwillを主語の前に置く。

② be going to ~を使った文　**〈be going to＋動詞の原形〉「~するつもりだ」「~する予定だ」**

否定文と疑問文　作り方はbe動詞の文と同じ。

おぼえる

否定の短縮形			
is not	**isn't**	was not	**wasn't**
are not	**aren't**	were not	**weren't**
do not	**don't**	did not	**didn't**
does not	**doesn't**	will not	**won't**

重要な助動詞をチェック！ おぼえる 助動詞はすべて**〈助動詞＋動詞の原形〉**の形で使う。

種類	意味
can	～できる〈能力・可能〉，～してもよい〈許可〉，～することがありうる〈可能性〉 └「～できた」の意味でcouldを使うこともある。
may	～かもしれない〈推量・可能性〉，～してもよい〈許可〉
must	～しなければならない〈義務〉(＝have to ～)，～に違いない〈推量〉 〈must not ～〉～してはならない〈禁止〉
should	～すべきだ〈義務・当然〉，～するはずだ〈推量〉

4 現在完了 でる★★★

〈have[has]＋過去分詞〉の形で，**〈経験〉〈完了〉〈継続〉**の３つの用法がある。
└主語が３人称単数のときはhasを使う。

現在完了は，過去の動作・状態を現在と関連づけ，**現在に重点をおいて**述べる言い方。

過去形と混同しないように注意。

［現 在 形］例 I **live** in Tokyo now. 「私は今，東京に住んでいます」
└現在のことを述べる。過去のことにはふれていない。

［過 去 形］例 I **lived** in Tokyo in 2020. 「私は2020年に，東京に住んでいました」
└過去のことを述べる。現在のことにはふれていない。

［現在完了］例 I **have lived** in Tokyo since 2020. 「私は2020年から，東京に住んでいます」
└過去と現在を関連づけて述べる。「現在，東京に住んでいる」ことに重点をおいている。

①〈経験〉を表す現在完了

「～したことがある」 過去から現在までの経験を表す。

例 I **have never been to** Hokkaido.

「私は北海道へ一度も行ったことがありません」

おぼえる

よく使われる語	
〈経験〉	**〈完了〉**
once「一度，かつて」	just「ちょうど，たった今」
～ times「～回」	already「すでに，もう」
before「以前に」	yet「(否定文)まだ」 「(疑問文)もう」
ever「これまでに」	
never「一度も～ない」	

②〈完了〉を表す現在完了

「(もう)～した」「(ちょうど)～したところだ」

現時点で完了していることを表す。

例 He **hasn't finished** his homework yet. 「彼はまだ宿題を終えていません」

③〈継続〉を表す現在完了

「(ずっと)～している」「(ずっと)～である」 状態の継続。

◎動作の継続を表すときは現在完了進行形を使うことが多い。

例 She **has lived** in this town since 2020. 「彼女は2020年からこの町に住んでいます」

④ 現在完了進行形 〈have[has]＋been＋動詞の~ing形〉

「ずっと～し続けている」 過去に起こった動作が現在まで続いていることを表す。

例 We **have been practicing** soccer for three hours. 「私たちは3時間ずっとサッカーを練習しています」

よく使われる語句

〈**for**＋期間を表す語句〉「～の間」 for a week「１週間」/ for a long time「長い間」など

〈**since**＋過去を表す語句〉「～以来」 since last month「先月以来」/ since then「そのとき以来」など

入試対策問題

時間 40分　得点 ／100点　解答解説 別冊 P.2

1 次の文の(　　)に入れるのに最も適切な語を，**ア**～**エ**の中から選びなさい。〈栃木県〉[5点×2]

よくでる

(1) One of my friends (　　　　) in Tokyo now.
ア lives　**イ** lived　**ウ** living　**エ** live　[　　　]

(2) We (　　　　) a lot of rain in July last year.
ア have　**イ** had　**ウ** give　**エ** gave　[　　　]

2 次の文の(　　)に入れるのに最も適切な語を下の語群から選び，適切な形にかえて書きなさい。[5点×3]

(1) Look at the dog in the sea! It's (　　　　) very fast.　〈沖縄県〉
語群：　swim / become / I / write / child / buy　[　　　]

(2) Last week, she (　　　　) a DVD at the store.　〈沖縄県〉
語群：　become / write / buy　[　　　]

(3) Have you ever (　　　　) about environmental problems when you buy things in your daily life?　〈愛知県〉
語群：　live / think / wear　[　　　]

3 次の文の(　　)内の語を適切な形に書きかえなさい。〈静岡県〉[6点]

よくでる

We often studied together after school. I wasn't good at English, so Kayo (teach) it to me.　[　　　]

4 次の対話文中の(　　)内の語を適切な形に書きかえなさい。ただし，1語で書きかえること。〈千葉県〉[6点]

A: What's in that big bag?
B: Well, I (bring) something from China for you.　[　　　]

5 次の日本語の意味になるように，(　　)内の語(句)を並べかえなさい。〈北海道〉[6点]

正答率 84%

姉が帰ってきたとき，私は宿題をしていました。
I (doing / was / my homework) when my sister came home.

I ______________________________ when my sister came home.

6 次の対話文中の(　　)内の語を並べかえなさい。ただし，並べかえたときに文のはじめにくる語も小文字で示しています。〈福島県〉[6点]

正答率 80%

よくでる

[In an English class]
A: We'll go to Kyoto on a school trip next month. (you / there / been / have / ever)?
B: Yes. I enjoyed visiting some old temples and shrines last winter.

____?

7 次の対話の（１）と（２）に入る最も適切なものを，それぞれ**ア**～**エ**から１つずつ選び，記号で答えなさい。 〈宮崎県〉[10点×２]

A：You look sleepy. How long did you sleep last night?
B：I（ 1 ）sleep for a long time because I had many things to do.
A：Are you all right? How about going to bed early today?
B：OK, I（ 2 ）. Thank you.

(1) **ア** can **イ** can't **ウ** could **エ** couldn't [ ]
(2) **ア** will **イ** won't **ウ** do **エ** don't [ ]

8 次の英文は，中学生の由美（Yumi）と，彼女の学校に留学しているMikeとの会話です。これを読んで，［　　］の中の日本語の内容を表す英文を１つ書きなさい。 〈山梨県〉[15点]

（前略）*Yumi*：**Kanji* started as pictures. Look at this *kanji*. It means "river."
Mike：Oh, it looks like a *real river. It's a picture! That's interesting. The book I read said the *alphabet also started as pictures. For example, the *letter "B" was a picture of a house. The alphabet had *meanings, too, but it has only sounds now.
Yumi：Oh, really? ［私はそれを一度も聞いたことがありません。］ Languages have interesting stories.
Mike：I agree. Then, I will read more Japanese books to learn *kanji*.（後略）

（注） *kanji* 漢字　real 本当の　alphabet アルファベット　letter 文字　meanings 意味

____

9 次の英文は，中学生の絵美さんとアメリカからの留学生ジェームズ（James）さん，英語のホワイト先生（Ms. White）の会話です。これを読んで，あとの問いに答えなさい。 〈滋賀県〉[16点]

James：（前略）Mathematics is one of my favorite subjects.
Emi：What? What is "mathema..."
James：Mathematics. Mathematics and math are the same. Mathematics is a long word, so we usually call it math.
Ms. White：That's right. Do you have any other favorite classes, James?
James：Yes, I also like physical education class.
Emi：Just a minute, James. Phy... physical... what?
James：Physical education. <u>We（ played / one / and / this / had / morning ）basketball.</u>
Emi：You call it PE. Is that right? Why do you use longer words? I think it's difficult to use them.
（後略）

下線部が次の意味を表すように，（　　）内の語を並べかえなさい。
『今日の午前中，その授業があって，私たちはバスケットボールをしました。』

We ______________________________ basketball.

3 文法③ 品詞・比較・最上級

1 品詞 でる★★

下にあげるものの他に，動詞と前置詞と間投詞がある。

① 名詞

数えられる名詞：dog, book, apple, childなど。

複数(２つ以上)あるとき⇒　名詞の語尾に**-s**[**-es**]をつける。childrenのように例外もある。

a dog → two **dogs** / a box → many **boxes** / one child → a lot of **children**

数えられない名詞：music, love, Japanなど。

具体的な形のないものや，人名・地名など，数えられない名詞は基本的には複数形にならない。

② 冠詞

a[**an**]は名詞の前に置いて不特定な１つのものを表す。**the**は名詞の前に置いて特定のものや，話の中に出てきたものを指す。

例 冠詞をつけない表現　by bus「バスで」，go to school「学校に行く」，go to bed「寝る」

③ 代名詞

人称代名詞(I「私は」/ my「私の」/ me「私を[に]」など)は人称・数・性別，また文中での働きによって使い分ける。

itの特別用法：時・季節・天候・寒暖などを表す文の主語として使われる。

例 What time is **it**?　「何時ですか」

例 **It** is cold today.　「今日は寒いです」

ミス注意 このitに「それは」という意味はない。

④ 形容詞・副詞

形容詞の働き：①**名詞を説明**する。例 I want a **new** computer(名詞).　「私は新しいコンピューターがほしいです」

②**主語や目的語を説明**する。例 He(主語) is **tall**.　「彼は背が高いです」

副詞の働き：**動詞**，**形容詞**，**他の副詞**を修飾する。例 She sings(動詞) **well**.　「彼女は上手に歌います」

ミス注意

数量を表す形容詞には注意する　＊肯定文ではmany，muchよりa lot ofを使うことが多い

	たくさんの，多くの	少しの	いくつかの[いくらかの]
可算	many[a lot of]	a few	some，any
不可算	much[a lot of]	a little	some，any

⑤ 接続詞

when「〜(する)とき」/ if「もし〜ならば」/ because「(なぜなら)〜だから」

└〈because of＋名詞〉で「〜の理由で」という表現もある。

例 Becky wasn't at home **when** I called her.　「私が電話したとき，ベッキーは家にいませんでした」

例 **If** it is fine tomorrow, we're going to play tennis.　「明日晴れたら，私たちはテニスをするつもりです」

└条件を表すif や時を表すwhenが導く文[節]では，未来のことも動詞は現在形を使う。

that「〜ということ」　例 I think **that** he knows Lisa.　「私は，彼はリサを知っていると思います」

└接続詞のthatはよく省略される。

2 比較級・最上級の作り方 でる★★★

２つ以上のものを比べて「～よりも…」「～の中でいちばん…」というときは，形容詞・副詞の形が変化する。

作り方	原級（もとの形）	比較級	最上級
大部分の語⇒-er，-estをつける	old	old**er**	old**est**
語尾がe　⇒-r，-stだけをつける	large	large**r**	large**st**
yをiにかえて-er，-estをつける	easy	eas**ier**	eas**iest**
子音字を重ねて-er，-estをつける	big	big**ger**	big**gest**
比較的つづりの長い語など ⇒前にmore，mostを置く	popular	**more** popular	**most** popular
不規則に変化する　おぼえる	good / well	**better**	**best**
	many / much	**more**	**most**

3 比較級の文 でる★★★

２つのものを比べて「**～よりも…**」というとき：**〈比較級＋than ～〉**

例 Lisa is **younger than Judy**. 「リサはジュディよりも若いです」
└youngの語尾に-erをつける。

例 This question is **more difficult than that one**. 「この問題はあの問題よりも難しいです」
└difficultの前にmoreを置く。

例 You play the piano **better than me**. 「あなたは私より上手にピアノをひきます」
└wellの比較級。不規則に変化する。

4 最上級の文 でる★★★

３つ以上のものを比べて「**～の中でいちばん…**」というとき：**〈the＋最上級＋in［of］～〉**

例 My brother is **the tallest in my family**. 「兄［弟］は私の家族の中でいちばん背が高いです」
└tallの語尾に-estをつける。

例 This story is **the most interesting of all**. 「この物語はすべての中でいちばんおもしろいです」
└interestingの前にmostを置く。

例 Kenta sings **(the) best in our class**. 「ケンタは私たちのクラスの中でいちばん上手に歌います」
└wellの最上級。不規則に変化する。
注 副詞の最上級の前にはtheをつけないこともある。

ミス注意
最上級の文で「～の中で」を表すinとof
inは「**範囲・場所を表す語句を続ける**」　ofは「**複数を表す語句を続ける**」

5 as ... as ～の文（原級を使った文） でる★★

〈as＋原級＋as ～〉「～と同じくらい…」

例 Japan is **as large as** your country. 「日本はあなたの国と同じくらいの大きさです」
└形容詞（large）の原級

〈not as＋原級＋as ～〉「～ほど…でない」

例 I ca**n't** run **as fast as** Kenta. 「私はケンタほど速く走れません」
└副詞（fast）の原級

入試対策問題

時間 40分　得点 ／100点　解答解説 別冊 P.2

1 次の文の(　　)に入れるのに最も適切な語(句)を，**ア**～**エ**の中から選びなさい。 [5点×3]

(1) This flower is (　　　　) as that flower. 〈栃木県〉

ア pretty　**イ** as pretty　**ウ** prettier　**エ** the prettiest　[　　]

正答率 80.2%

(2) I wanted to watch that TV program yesterday, (　　　　) I had no time to watch it. 〈鳥取県〉

ア because　**イ** but　**ウ** if　**エ** or　[　　]

(3) (前略) The TV news I watched last night surprised me very much. It was about some foreign people here who were afraid of living in Japan (　　　　) of earthquakes. (後略) 〈愛知県〉

ア when　**イ** because　**ウ** instead　**エ** most　[　　]

2 次の対話文中の(　　)内の語を適切な形に書きかえなさい。ただし，1語で書きかえること。 〈千葉県〉[5点×2]

(1) *A*：I felt sorry for those (child) crying in the park.
B：Me, too. I think they lost their dog. [　　　　]

よくでる

(2) *A*：The last question in the test was the most difficult for me.
B：Really? I thought it was (easy) than most of the questions.
[　　　　]

3 次の対話文中の(　　)に入れるのに最も適切な語(句)を，**ア**～**エ**の中から選びなさい。 〈福島県〉[5点×2]

(1) [In a ballpark]
A：I'm sorry to be late.
B：What were you doing? The game is almost (　　　　).

ア off　**イ** after　**ウ** before　**エ** over　[　　]

(2) [In a classroom]
A：What kind of animals do you like?
B：I like (　　　　) the best. I want to have a cat.

ア cat　**イ** a cat　**ウ** cats　**エ** the cats　[　　]

4 次の日本語の意味になるように，(　　)内の語(句)を並べかえなさい。 〈北海道〉[10点]

正答率 74%

彼は私たちの学校でいちばんテニスが上手です。
He is (the / tennis player / best) in our school.

He is ＿＿＿＿＿＿＿＿＿＿＿＿＿＿＿＿ in our school.

5 次の対話文中の(　　)内の語を並べかえ，その順序を記号で答えなさい。 〈愛媛県〉[10点]

A：I'm looking for a bag for my mother.
B：How about this?
A：It's a little small. Do you (**ア** one　**イ** a　**ウ** have　**エ** bigger)?
[　→　→　→　]

6 次の対話文中の(　　)内の語を並べかえなさい。 〈宮崎県〉[10点]

A： Mike is very tall.
B： Yes. He (boy / in / tallest / the / is) this class.

He ______________________________ this class.

7 中学生のAyaは，彼女の中学校のALTであるMr. Whiteと話をしています。これを読んで，□内の語を適切な形に書きかえなさい。 〈新潟県〉[10点]

(前略) *Mr. White*：Aya, can you make *origami?
Aya　：Of course, I can. I like making origami. When I was a child, my grandmother taught me how to do it. I made many origami *objects with my brother. I did it [well] than he.
Mr. White：I have never done it, but I am interested in it. Is it difficult?
Aya　：No, I don't think so. I can show you how to do it.
Mr. White：Oh, thank you.

(注) origami 折り紙　object もの

[　　　　　　]

8 次の英文は，隆(Takashi)，愛子(Aiko)，スティーブ(Steve)による会話です。これを読んで，下線部の(　　)内の語(句)を並べかえなさい。ただし，並べかえたときに文のはじめにくる語(句)も小文字で示しています。 〈佐賀県〉[10点]

《Takashi and Aiko wait for Steve in Takashi's house. Then Steve comes.》
(前略) *Steve*：I'm from Canada.
Aiko：Oh, really? I want to visit your country. <u>(see / what / to / the best / is / place) in Canada?</u>
Steve：*Niagara Falls. It is one of the biggest falls in the world. (後略)

(注) Niagara Falls ナイアガラの滝

______________________________ in Canada?

9 正答率 18%

明日，中学生の太郎は家族で日光に行きます。一緒に行く友人のマイクに，今から確認の電話をします。下の□は確認する内容です。その内容を表すように，□内の下線に適切な英語を入れなさい。 〈栃木県〉[15点]

マイクへ	To Mike
・午前10時に駅集合 ・帰りは午後５時ごろ ・午後は雨，傘が必要 ・明日は今日より寒い，コート持参	・Please come to the station at ten in the morning. ・We will come back at about five in the afternoon. ・It will rain in the afternoon, so you need an umbrella. ・__________, so you should take your coat with you.

______________________________, so you should take ....

文法④ 疑問詞を使った疑問文・間接疑問・関係代名詞

1 疑問詞を使った疑問文 でる★★★ おぼえる

疑問詞 文の最初に置いて使う。疑問詞を使った疑問文には，**たずねられた内容を具体的に答える。**

what 「何」	例 **What** are you doing here? 「あなたはここで何をしているのですか」 ── I'm waiting for my friend. 「友達を待っています」
who 「だれ」	例 **Who** is that girl? 「あの女の子はだれですか」 ── She's Becky, my younger sister. 「私の妹のベッキーです」
when 「いつ」	例 **When** did Mark come to Japan? 「マークはいつ日本に来たのですか」 ── He came last month. 「先月来ました」
where 「どこに[で，へ]」	例 **Where** does he live? 「彼はどこに住んでいますか」 ── He lives in Shinjuku. 「新宿に住んでいます」
how 「どのように(して)」	例 **How** do you go to school? 「あなたはどうやって学校に行きますか」 ── I go by bus. 「バスで行きます」
which 「どちら，どれ」	例 **Which** is your umbrella? 「どれがあなたの傘ですか」 ── That red one is mine. 「あの赤いのが私のです」
why 「なぜ」	例 **Why** are you busy? 「あなたはなぜ忙しいのですか」 ── Because I have a lot of homework. 「宿題がたくさんあるからです」

ミス注意

疑問詞が主語になるときは〈疑問詞＋動詞[助動詞]～？〉の形になる。

Who gave you the book? 「だれがその本をくれたのですか」 ── John did. 「ジョンがくれました」

① 〈疑問詞＋名詞〉

例 **What subject** do you like the best? 「あなたは何の教科がいちばん好きですか」

「何の～，どんな～」 ── I like math the best. 「数学がいちばん好きです」

例 **Which bus** should I take? 「私はどのバスに乗ったらよいですか」

「どの～，どちらの～」 ── Take Bus No. 8. 「8番のバスに乗ってください」

例 **Whose cap** is this? 「これはだれのぼうしですか」

「だれの～」 ── I think it's Tom's. 「トムのだと思います」

② 〈how＋形容詞[副詞]〉 よくでる

例 **How many** cats do you have? 「あなたはネコを何匹飼っていますか」

〈数〉 └名詞は複数形。 ── I have three. 「3匹飼っています」

例 **How old** is your brother? 「あなたのお兄さん[弟さん]は何歳ですか」

〈年齢〉 ── He's seventeen years old. 「17歳です」

例 **How long** are you going to stay in London? 「あなたはどのくらいロンドンに滞在する予定ですか」

〈期間〉 ── I'm going to stay for one week. 「1週間，滞在する予定です」

2 間接疑問 でる★

疑問詞を使った疑問文が，下の例文のように文の一部になると，**〈疑問詞＋主語＋動詞［助動詞］～〉**の形になる。

例 Do you know what this is? 「あなたはこれが何か知っていますか」
└疑問詞whatのあとは肯定文と同じ語順〈主語＋動詞〉。

3 関係代名詞 でる★★★

関係代名詞は，文中の名詞や代名詞を，他の文で後ろから修飾するときに使う。

関係代名詞が導く文［節］に修飾される名詞・代名詞を**先行詞**という。

関係代名詞は，先行詞と節の中での働きによって使い分ける。

先行詞	主格	目的格
人	who / that	that
人以外	which / that	which / that

① 主格の関係代名詞

関係代名詞が導く節の中で**主語**の働きをする。関係代名詞のあとには，**動詞［助動詞］**が続く。

ミス注意
主格の関係代名詞のあとにくる動詞は先行詞に合わせる。

例 I have a friend **who［that］ lives** in London. 「私にはロンドンに住んでいる友達がいます」
先行詞 └先行詞が単数で，現在のことなのでliveに-sをつける。

例 This is a song **which［that］ was** very popular last year. 「これは昨年とてもはやった歌です」
先行詞 └先行詞が単数で，過去のことなのでbe動詞はwasを使う。

主格の関係代名詞が導く節には，名詞を修飾する分詞を使って表すことができるものもある。

例 The boy **who is standing** over there is my brother. 「あそこに立っている男の子は私の兄［弟］です」
└進行形

⇒The boy **standing** over there is my brother.
└名詞を修飾する現在分詞

例 This is a movie **which［that］ was made** thirty years ago.
└受け身

⇒This is a movie **made** thirty years ago. 「これは30年前に作られた映画です」
└名詞を修飾する過去分詞

② 目的格の関係代名詞

関係代名詞が導く節の中で**目的語**の働きをする。関係代名詞のあとには**〈主語＋動詞［助動詞］〉**が続く。

例 He is the soccer player **that I like** the best. 「彼は私がいちばん好きなサッカー選手です」
└先行詞〈人〉 └〈that＋主語＋動詞…〉が後ろからplayerを修飾。

例 The movie **which［that］ I saw** yesterday was interesting. 「私が昨日見た映画はおもしろかったです」
先行詞〈人以外〉┘ └〈which［that］＋主語＋動詞…〉が後ろからmovieを修飾。

目的格の関係代名詞は省略することができる。

例 Show me the pictures [ ] **you took** in Kyoto. 「あなたが京都でとった写真を私に見せてください」
先行詞┘ └which［that］の省略。〈主語＋動詞…〉が後ろからpicturesを修飾。

入試対策問題

時間 40分　得点 ／100点　解答解説 別冊 P.3

1 次の文の(　　)に入れるのに最も適切な語(句)を，**ア**～**エ**の中から選びなさい。　[5点×3]

(1) The woman who has stayed at my house for two months (　　　　)
Ms. Carpenter.　〈神奈川県〉
ア am　**イ** is　**ウ** are　**エ** to be　[　　　]

(2) Who (　　　　) this picture of the beautiful mountains?　〈神奈川県〉
ア taking　**イ** took　**ウ** taken　**エ** do it take　[　　　]

(3) *A*：Let's clean the classroom.　〈岩手県〉
B：OK. Oh, there is a dictionary on the desk.
A：(　　　　) dictionary is it?
B：It's Tony's. His name is on it.
ア Where　**イ** Which　**ウ** Whose　**エ** Why　[　　　]

2 次の日本語の意味になるように，(　　)内の語(句)を並べかえ，その順序を記号で答えなさい。　〈沖縄県〉[10点]
彼は昨日買ったマンガが好きだ。
He (**ア** the comic book　**イ** bought　**ウ** he　**エ** likes　**オ** which) yesterday.
[　→　→　→　→　]

ハイレベル **3** 次の文の(　　)内の語を並べかえなさい。　〈広島県〉[10点]
The (mother / Becky's / cakes / were / made) so good.

The ＿＿＿＿＿＿＿＿＿＿＿＿＿＿＿＿＿＿＿＿ so good.

4 次の対話文中の(　　)内の語(句)を並べかえなさい。ただし，並べかえたときに文のはじめにくる語も小文字で示しています。　[10点×5]

(1) *Yuko*：Hi, James. Where did you go during the summer vacation?　〈高知県〉
James：I went to Okinawa. I'll show you (I / the pictures / took) there.
Yuko：Wow, it's a beautiful place.

I'll show you ＿＿＿＿＿＿＿＿＿＿＿＿＿＿＿＿＿＿＿＿ there.

正答率35% (2) *Ken*：Is this your first time to come to Kochi?　〈高知県〉
Amy：Yes. So I don't know (visit / I / should / where).
Ken：OK, I'll take you to some good places.
Amy：Oh, that will be great!

So I don't know ＿＿＿＿＿＿＿＿＿＿＿＿＿＿＿＿＿＿＿＿.

(3) (前略)　〈長崎県〉

Yuko : Can you see that building? That is (visit / to / you / the museum / want).
Nancy: Wow! It's very beautiful.
Yuko : I have to go to the library now. My friend is waiting for me there. Have a good time!
Nancy: Thank you for helping me.

That is ______________________________.

(4) *A* : Oh, there are a lot of nice T-shirts in this shop.　〈岩手県〉
B : What (you / like / color / do)? I will buy one for you.
A : Thank you, Mom.

What ______________________________?

(5) [At school]　〈福島県〉
A : (there / many / are / how / in / teachers) this school?
B : About twenty.

______________________________ this school?

5 次の英文は，英語の授業で，アメリカから来た留学生のジョン(John)が話した内容の一部です。下のメモは，話を聞いた和也(Kazuya)が，ジョンが話した内容を日本語でまとめたものです。メモの内容と合うように，次の英文中の[　　]から最も適している1語を選び，書きなさい。　〈大阪府〉[5点]

I have a friend who [live, lives, living] in a *traditional Japanese house. I visited his house last week. His house was very old and large. (後略)

(注) traditional　伝統的な

メモ

・ジョンには，伝統的な日本家屋に住む友人がいる。 ・先週，ジョンはその友人の家を訪れた。 ・友人の家はとても古くて大きかった。(後略)

[　　　　　　]

6 正答率 14%

次の英文は，高校生の和也(Kazuya)が英語の授業で書いた，和紙(*washi*)についてのレポートの原稿です。これを読んで，あとの問いに答えなさい。　〈大阪府〉[10点]

(前略) I have read some books about *washi*, and I learned that people in the *past used *washi* well. [彼らは生活の中で必要なものを作るのに和紙を使った。] It was used to make **shoji*. It was also used to make *folding fans and *umbrellas. Some *foreign people who visited Japan in *the *Edo* period and *the *Meiji* period thought that *washi* was strong and useful. (後略)

(注) past　昔　*shoji*　障子(しょうじ)　folding fan　扇子(せんす)　umbrella　傘　foreign　外国の
the *Edo* period　江戸時代　the *Meiji* period　明治時代

本文中の[　　]内の日本語の内容になるように，次の(　　)内の語を並べかえて英文を完成しなさい。

They used *washi* to (needed / make / they / in / things) their life.

They used *washi* to ______________________________ their life.

5 文法⑤ いろいろな文型・受け身・分詞

1 いろいろな文型 でる★★

(1) S(主語)+V(動詞)+C(補語)

補語は**主語を説明する働き**があり，〈**S＝C**〉の関係が成り立つ。

例 She **became** a famous singer. 「彼女は有名な歌手になりました」
S V C └she = a famous singer

この文型をとる動詞：**become**「～になる」/ **get**「～になる」/ **look**「～に見える」など

(2) S+V+O_1(目的語(人))+O_2(目的語(もの))

「**Sは(人)に(もの)を～する**」

toや**for**を使って，言いかえることができる。→

例 My father **gave** me this watch.
S V O_1(人) O_2(もの)

「父は私にこの時計をくれました」

⇒ My father **gave** this watch **to** me.

おぼえる

toを使う動詞	give「～を与える」 send「～を送る」 show「～を見せる」 など
forを使う動詞	buy「～を買う」 cook「～を料理する」 make「～を作る」 など

(3) S+V+O(目的語)+C(補語)

補語は**目的語を説明する働き**があり，〈**O＝C**〉の関係が成り立つ。

例 The news **made** her sad. 「その知らせは彼女を悲しませました」
S V O C └her = sad

この文型をとる動詞：**make**「～を…にする」/ **call**「～を…と呼ぶ」/ **keep**「～を…に保つ」など

2 受け身 でる★★★

〈be動詞＋過去分詞〉の形で，「**～される[されている]**」という意味。

◎be動詞は，現在の文ではam, are, isを，過去の文ではwas, wereを使い分ける。

例 English **is spoken** in that country. 「その国では英語が話されています」

受け身は，動作の対象を主語にして表す形。**動作をする[した]人**を示す場合は**〈by ～〉**で表す。

例 She took these pictures. 「彼女がこれらの写真をとりました」
動作をした人　動作の対象

[受け身] 例 These pictures **were taken by** her.
「これらの写真は彼女によってとられました」

ミス注意
byのあとの代名詞はherなどの目的格「～を[に]」を使う。

否定文と疑問文

[否定文] 例 This room **is** **not** **used** now.
└be動詞のあとにnotを置く。
「この部屋は今は使われていません」

[疑問文] 例 **Was** this movie **made** ten years ago?
└be動詞を主語の前に置く。
「この映画は10年前に作られたのですか」

おぼえる

受け身でよく使われる不規則動詞の過去分詞			
build	**built**	see	**seen**
hold	**held**	speak	**spoken**
make	**made**	take	**taken**
read	**read** [red]	write	**written**

by 以外の前置詞をとるもの おぼえる

be surprised **at** ～「～に驚く」 be covered **with** ～「～におおわれている」

be interested **in** ～「～に興味がある」 be known **to** ～「～に知られている」

注意すべき受け身

①助動詞のある受け身

例 The festival **will be held** next month. 「その祭りは，来月開催されるでしょう」

└〈助動詞＋be＋過去分詞〉の形。

②連語の受け身

例 The dogs **are taken care of** by a volunteer group.

└連語は１つのまとまりとして，切り離さずに使う。

「そのイヌたちはボランティアグループによって世話をされています」

(注) take care of ～ ～の世話をする

③SVOCの受け身

例 Masami **is called Maccha** by her friends. 「マサミは友達にマッチャと呼ばれています」

└補語は過去分詞のあとに置く。

Masami's friends call her Maccha. という文の目的語her (Masami) を主語にした文。

3 分詞 でる★★

現在分詞（動詞の～ing形）と過去分詞は，形容詞のように**名詞を修飾する働き**がある。

他の語句をともなって，名詞を後ろから修飾する。

① 現在分詞：「～している」

例 The girl **playing** the piano is Mary. 「ピアノをひいている女の子はメアリーです」

└〈現在分詞＋語句〉がgirlを後ろから修飾。

◎現在分詞は進行形を作るときにも使う。使い方の違いに注意。

例 The girl **is playing** the piano. 「その女の子はピアノをひいています」

└〈be動詞＋現在分詞〉は進行中の動作を表す。

② 過去分詞：「～された［される］」

例 That is a museum **built** last year. 「あれは昨年建てられた美術館です」

└〈過去分詞＋語句〉がmuseumを後ろから修飾。

◎過去分詞は受け身を作るときにも使う。使い方の違いに注意。

例 That museum **was built** last year. 「あの美術館は昨年建てられました」

└〈be動詞＋過去分詞〉は「（…は）～された［される］」を表す。

現在分詞も過去分詞も，**１語**で名詞を修飾するときは**名詞の前**に置く。

この分詞には形容詞化された語も多い。

a **sleeping** cat 「眠っているネコ」 a **broken** toy 「こわれたおもちゃ」

入試対策問題

時間 40分　得点 ／100点　解答解説 別冊 P.4

1 次の文の(　　)に入れるのに最も適切な語(句)を，**ア**～**エ**の中から選びなさい。 [4点×3]

(1) What do you (　　　　) this food in English? 〈栃木県〉
ア talk　**イ** say　**ウ** speak　**エ** call　[　　　]

(2) Many languages (　　　　) in Australia. 〈栃木県〉
ア is spoken　**イ** is speaking　**ウ** are spoken　**エ** are speaking
[　　　]

(3) This is a room (　　　　) by my sister. 〈神奈川県〉
ア will use　**イ** are used　**ウ** is using　**エ** used　[　　　]

2 次の文の(　　)内の語を適切な形に書きかえなさい。 〈京都府〉[4点]

There were many *Kyo-ningyo* dolls there. He showed us one of them, and said, “Please look at this. This was (make) about two hundred years ago.” (後略)

[　　　　]

3 次の対話文中の(　　)内の語(句)を並べかえ，その順序を記号で答えなさい。 [9点×2]

(1) *A*: How was your trip to Australia? 〈愛媛県〉
B: That was great. The people (**ア** the hotel　**イ** were　**ウ** at　**エ** working) very kind.

[　→　→　→　]

(2) *A*: Did you see anything interesting during your trip to London? 〈千葉県〉
B: Well, I (**ア** over　**イ** a　**ウ** made　**エ** saw　**オ** piano) 300 years ago.

[　→　→　→　→　]

4 次の対話文中の(　　)内の語(句)を並べかえなさい。 [9点×4]

(1) *A*: I have heard this song before. 〈宮崎県〉
B: Have you? It (sung / by / is / a famous singer).

It ＿＿＿＿＿＿＿＿＿＿＿＿＿＿＿＿＿＿＿＿＿＿.

(2) *A*: I went to see a movie with my friend. 〈岩手県〉
B: How was it?
A: It was great! The movie (happy / made / me).

The movie ＿＿＿＿＿＿＿＿＿＿＿＿＿＿＿＿＿＿＿＿.

(3) *Lisa*: Kochi All Stars is a very good baseball team. 〈高知県〉
Jiro: Look at (over / running / the player / there).
Lisa: Wow, he is one of the best players in Japan.

Look at ＿＿＿＿＿＿＿＿＿＿＿＿＿＿＿＿＿＿＿＿.

正答率 44%

(4) (前略) 〈岐阜県〉
Hana: She said that she really liked the book you read to her.
Ann: Oh, did she? I’ll give (her / to / she / if / it) likes it so much. (後略)

I’ll give ＿＿＿＿＿＿＿＿＿＿＿＿＿＿ likes it so much.

英語　数学　理科　社会　国語

ハイレベル **5** 次の英文は，太郎と彼の中学校で英語を教えているスミス(Mr. Smith)先生との会話です。これを読んで，下線部の(　　)内の語を並べかえなさい。 〈北海道〉[10点]

(前略) *Taro*：I like studying English and want to *be able to speak English better. Could you give me some *advice (English / better / to / my / make)?

Mr. Smith：OK. If you study hard and learn many new words, you'll get more *knowledge. (後略)

(注) be able to ～ ～できるようになる　advice アドバイス　knowledge 知識

Could you give me some advice ＿＿＿＿＿＿＿＿＿＿＿＿＿＿＿＿＿＿＿＿?

ハイレベル **6** 次の中学生のヒロ(Hiro)とビリー(Billy)先生との会話を読んで，下線部の(　　)内の語(句)を並べかえなさい。 〈長崎県〉[10点]

Hiro：My brother came back from Tokyo last week.

Billy：Really? Is he going to live here?

Hiro：Yes, he is. He finished *university in Tokyo and came back here to work. He said that he wanted to live in a small town. I hear that some (think about / in / returning / living / big cities / people) to small towns.

Billy：I see. My sister often said that she wanted to live in a big city. And now she goes to university in *New York. She's now looking for a job there.

Hiro：Wow! She's really enjoying her life in a big city.

Billy：That's right. Which is better for you, living in a big city or living in a small town?

(注) university 大学　New York ニューヨーク(アメリカ合衆国の大都市の一つ)

I hear that some ＿＿＿＿＿＿＿＿＿＿＿＿＿＿＿＿＿＿＿＿ to ....

ハイレベル **7** 中学2年生のけいこさんは，校内に掲示されている「数学・理科甲子園ジュニア」のポスターを見ながら，ALT(外国語指導助手)のスミス先生と話をしています。これを読んで，下線部の(　　)内の語を並べかえなさい。 〈兵庫県〉[10点]

> 数学・理科好きの中学生　集まれ！
> 県内の中学生が，数学・理科における競技で科学の知識やその活用力を競い合います。
> ■期日　○月△日
> ■会場　□□大学▽▽キャンパス
> ■日程　午前：予選(筆記競技)
> 　　　　午後：決勝(実技競技)
> ■競技方法　チーム対抗戦
> 　　　　1チーム3名で問題に挑みます。

Mr. Smith：Hi, Keiko. What are you looking at?

Keiko：Hi, Mr. Smith. It's about a science and math *contest. My teacher told me to try because he knows I like science. I think I will *enter the contest.

Mr. Smith：Will you tell me more about the contest?

Keiko：Sure. Junior high school students who are interested in science and math join the contest.

Mr. Smith：Oh, really? If you like science, you should try.

Keiko：Yes. To enter the contest, I have to make a team of three students. The questions (a / be / as / must / team / answered).

Mr. Smith：That means you can help each other. (後略)

(注) contest 大会　enter 申し込む

The questions ＿＿＿＿＿＿＿＿＿＿＿＿＿＿＿＿＿＿＿＿.

長文①
適切な語・文を補充／内容正誤／英問英答／下線部説明

1 適切な語・文を補充 でる★★★

①（　）に適する語を選択肢から選び，文を完成させる問題

（　）の前後を読み，文の流れからどの語が適するかを考える。

例題でチェック!

次の文を読み，（　）に適する語を選びなさい。

Mr. Yamano spent more of his life as a tree doctor. Before World War Ⅱ he began to work in the mountains. During the war few people took care of (　　), and so a lot of trees became sick.

ア rivers　　**イ** forests　　**ウ** villages　　**エ** cities

答え **イ**

第1～2文から，ヤマノさんは木の医者（a tree doctor）で，第二次世界大戦の前から山で仕事をしていたことがわかる。第3文のand so「それで」に注目。「戦争の間（　　）の世話をする人がほとんどいなかった。それで多くの木々が病気になった」と述べているので，（　）には，**イ** forests「森」が適する。

②（　）に適する文を選び，対話を完成させる問題

（　）の前の発言だけでなく，**（　）のあとの発言とも自然につながる文**を選ぶ。

例題でチェック!

（　）に適する文を下の**ア**～**エ**から選び，記号を書きなさい。

Peter　：Let's play soccer after school, Takeshi.
Takeshi：(　　　　　　　　　　　　　　)
Peter　：How about tomorrow, then?

ア I'm sorry, I can't play today.　　**イ** Yes. Where shall we play?
ウ Will you go to school tomorrow?　　**エ** I like playing soccer. Do you like it?

答え **ア**

（　）の前でピーターが「放課後にサッカーをしようよ，タケシ」と言い，（　）のあとでピーターが「それなら，明日はどう？」とたずねているので，「ごめん，今日はできないんだ」と言っている**ア**が正解。

2 内容正誤 でる★★★

本文の内容に合う［合わない］英文を選ぶ問題

選択肢内の人の名前や，動作，時を表している部分に注目し，**同じ単語を本文中から探す**。本文中から選択肢の内容が書かれている部分を見つけたら，正しいか誤りかを判断する。

◎数や日時，場所や時を表す内容は問われやすいので注意する。

3 英問英答 でる★★★

英問英答—問いの内容を本文から探す問題

英語の問いの内容が本文のどこに述べられているかを探し出し，正しい英語で答える。

本文をそのまま抜き出すのではなく，問いに合わせて，人称代名詞や動詞の形を変える。be動詞や一般動詞で始まる疑問文に対してはYes / Noで答え，**疑問詞を使った疑問文では具体的な内容を答える。**

例題でチェック!

次の英文は，中学生の彩香(Ayaka)が書いたものである。この英文を読んで，下の質問に対して，英語で答えなさい。 〈静岡県〉

(前略)

When we were practicing that day, I *fell down. I felt a *pain in my *ankle and I couldn't stand up. Everyone came to help me. The teacher took care of my ankle and said, "You should go to the doctor." Then he called my mother. After a while, she came and took me to the doctor. The doctor said, "You have to stop playing basketball for a month." I was very sad. (後略)

(注)fell down 転んだ　pain 痛み　ankle 足首

How long did the doctor tell Ayaka to stop playing basketball?

答え **(The doctor told her to stop playing basketball) For a month.**

問いは「その医師は彩香にどのくらいの間，バスケットボールをやめるように言いましたか」という意味。最後から2文目に「あなたは1か月の間，バスケットボールをするのをやめなければなりません」とあるので，「1か月間」または主語と述語のある文で「その医師は1か月間彼女にバスケットボールをするのをやめるように言いました」と答える。

4 下線部説明 でる★★★

下線部の内容を具体的に説明する問題

具体的な内容は，下線部の前に述べられていることが多い。前に見つからなかったときは，後ろの部分も探す。**理由や原因，結果を説明**することを求められることもあるので，下線部前後の話の流れを正確につかむ。

例題でチェック!

次の英文は，高校生の通学方法について中学3年生の里奈(Rina)とALTのジョン先生(John)が話をしている場面である。下線部について，里奈が驚いたのはどのようなことか。日本語で書きなさい。 〈佐賀県〉

Rina : Look at that red car. It is cool. I want to drive a car like that.

John : Do you know that high school students can drive in America?

Rina : <u>Really? I didn't know that.</u> In Japan, we can go to a driving school after we are 18 years old. (後略)

答え **アメリカの高校生は自動車を運転してもよいということ。**

下線部にあるthatは前のジョン先生の発言のhigh school students以下を指しているので，この部分をまとめる。

入試対策問題

時間 30分 | 得点 /100点 | 解答解説 別冊 P.5

1 真美(Mami)さんの学級では，英語の授業で，順番にスピーチをします。次は，真美さんのスピーチの内容です。これを読んで，あとの(1)から(6)までの各問いに答えなさい。

〈滋賀県〉

【真美さんのスピーチ】

Learning English has become an important part of my life. I really became interested in English when I met a student from Australia. Her name is Nancy.

Nancy is in Japan now. This is her second time to come to Japan. Last time she stayed at my house for two weeks. We have known each other for five years. When she came to Japan for the first time, she was a junior high school student and I was an elementary school student. I couldn't speak English and she couldn't speak Japanese well at that time, but we tried to *communicate by using *gestures. After going back to Australia, she studied Japanese in high school. She wants to be a Japanese teacher in Australia, so she has come to Japan again to study Japanese and Japanese culture in *college.

One day Nancy visited my house. I was very happy to see her again. We enjoyed talking together for a long time. I was very surprised because Nancy spoke Japanese very well. It was difficult for me to speak English then, but I really wanted to speak it well. I asked her how she learned Japanese. She taught me how to study a foreign language. One of the ways is to try to use the language. Nancy doesn't (①) a chance to use Japanese. She often joins festivals and other events in her town and talks a lot with people in Japanese. I told her that I only had a few chances to use English in Japan. Then she said to me, "Why don't you go to the *community center next Sunday?"

At the community center, they were having a party called the International Day. On the second Sunday of each month, students from foreign countries and Japanese people get together and cook food from each country, play games, and enjoy some events. The language we use there is English. Some students cannot speak Japanese, but we can communicate with each other in English. That was a good chance for me to speak English. I enjoyed talking with students from foreign countries in English on the first day. I felt really happy when they understood what I wanted to say. It's fun and I go there every month now.

One thing I found at the party is that people from different countries speak different kinds of English. I thought they spoke the (②) English all over the world, but it's not true. I'll give you two examples. First, the *accents are a little different in each country. Nancy's accent is not like the accent of a student from India. The students from other countries also have other accents. Because of that, it was difficult to understand their English at first. Second, some people use different *expressions. For example, English in India has a word, "lakh." This word comes from *Hindi, a language spoken in India. "Lakh" means one hundred thousand. Some people in India say, "Ten lakh people live in my city." That means, "One million people live in my city." I learned that English in each country is *influenced by the culture and the [③] people speak.

I study English to communicate with a lot of people. Many people use English around the world. By using English, we can enjoy communication with people from foreign countries. We can learn about a different culture and a different way of life from people who speak a different language. ④English is a window to the world. I want to study English harder. Then I can make more friends and learn a lot of things from people all over the world.

（注） communicate（with ~） （~と）コミュニケーションをとる　gesture（s） 身ぶり，ジェスチャー
college 大学　community center 公民館　accent（s） 発音　expression（s） 表現
Hindi ヒンディー語　influence（d） influence（影響を与える）の過去分詞形

（1）次のⓐからⓒの質問に対する答えになるように，______ に入る適当な英語を書きなさい。 [10点×3]

正答率 57.4%
ⓐ Was Mami an elementary school student when she met Nancy for the first time?

______

正答率 27.3%
ⓑ What does Nancy study in college?

______

正答率 21.9%
ⓒ When is the International Day held?

______

正答率 30.6%
（2）（ ① ）に入る最も適当なものを，次の**ア**～**エ**までの中から1つ選びなさい。 [10点]
ア find　**イ** miss　**ウ** give　**エ** have [　　]

正答率 14.9%
（3）（ ② ）に入る適当な英語1語を書きなさい。 [10点]
[　　]

正答率 11.4%
（4）[③]に入る最も適当な英語を，本文から抜き出して書きなさい。 [10点]
[　　]

正答率 34.2%
正答率 60.1%
（5）本文の内容に合っているものを，次の**ア**～**カ**までの中から2つ選びなさい。 [10点×2]

ア Nancy spent time with Mami when she came to Japan five years ago.
イ Nancy was surprised because Mami spoke English well.
ウ Mami learned how to study a foreign language from Nancy.
エ Mami said that she had a lot of chances to use English in Japan.
オ Only foreign students come to the International Day and enjoy it.
カ The English accents were different but Mami could easily communicate with the students.

[　　][　　]

正答率 9.8%
（6）下線部④のように真美さんが考えたのはどうしてですか。本文の内容をふまえて，あわせて**15語以上25語以内**の英語で，2文または3文で書きなさい。 [20点]

______

______

7 長文②
絵・図・表のある問題／要約文完成問題

1 絵・図・表のある問題 でる★★

英文を読んでグラフを完成させる問題

グラフについて具体的な内容が述べられている部分を読み，文の流れからどの語がグラフに適するかを考える。

例題でチェック!

次の英文を読んで，あとの問いに答えなさい。〈宮崎県〉

Do you see any foreigners who travel around Miyazaki? A lot of foreigners have visited Japan to enjoy many things.

Please look at the graph below. It shows what these foreigners wanted to enjoy before they visited Japan. More than 50 percent of the foreigners wanted to enjoy shopping and Japanese food. Japanese food was the most popular among them. Also, hot springs were not as popular as scenery.

Miyazaki is a good place for sightseeing. We want more foreigners to know about Miyazaki. What can you do about this?

グラフの項目（ A ）～（ D ）に入る最も適切なものを，それぞれ次の**ア**～**エ**から１つずつ選び，記号で答えなさい。

ア 温泉　　**イ** 日本食
ウ 風景　　**エ** 買い物

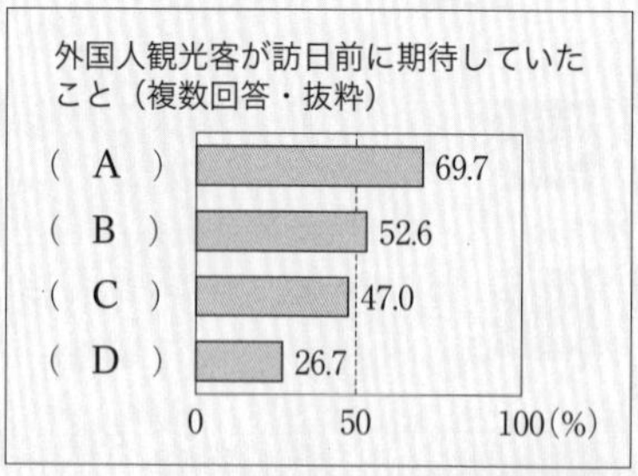

（観光庁資料より作成）

答え A **イ**　B **エ**　C **ウ**　D **ア**

第２段落を参照。

「日本食は彼ら（＝外国人）の間で最も人気」とあるのでAは「日本食」。「50％以上の外国人が買い物と日本食を楽しみたい」からBは「買い物」とわかる。５つ目の英文「温泉は風景ほど人気ではない」から風景のほうが温泉より人気だとわかるのでCは「風景」，Dは「温泉」となる。

おぼえる

仮定法　現実と異なることや実現しないような願望を仮定するときに使う表現を「仮定法」と言う。

〈I wish I＋過去形 ～ .〉「私が～だったらなあ」

例 I **wish** I **were** you.　「私があなただったらなあ」
└主語にかかわらず，be動詞はwereが使われることが多い。

〈If＋主語＋動詞の過去形 ～ , 主語＋助動詞の過去形＋動詞の原形 ….〉
「もし～なら，…するのに」

例 **If** I **had** a lot of money, I **could travel** around the world.
「もし私がたくさんお金を持っていれば，世界中を旅できるのに」

2 要約文を完成させる問題 でる★★

(　)に語(句)を補い，要約文を完成させる問題

本文中から重要な語句を抜き出し，要約文を完成させる。

空所の前後にある語(句)が本文のどこに書かれているかを探すと答えが見つかりやすい。

◎要約の文のスタイルは，メール，日記やコメントなどのこともあるので注意する。

例題でチェック!

次の文を読み，下の問いに答えなさい。

（前略） We now live in the computer society. There aren't any borders in the computer society. We can meet people in foreign countries and make friends with them easily. We can get information from all over the world quickly. We can do more things at home. We can work at home without going to the office. Sick people stay at home and can see a doctor without going to hospital. （中略） But there are some important things we have to remember when we live in this society. If we spend more time at the computer, we will have less time to talk face to face. When we look for things through computers, we may find too much information and it may be difficult to choose the right information. We have to have good judgment and use computers wisely.

(　)に適する語を下から選び，上の英文の要約文を完成させなさい。

We can communicate with people in many different countries easily. It doesn't (1) much time to get information from other countries. There are more things we can do at home. We don't have to go (2) when we work or when we are sick. But computers are not always good for our lives. We may have less time to talk face to face. We may be in trouble because of too much information. We have to be (3) when we use computers.

ア wise　　**イ** out　　**ウ** take

答え (1) **ウ**　(2) **イ**　(3) **ア**

(1)本文第４文「私たちは世界中から情報をすばやく得ることができる」から，「他の国から情報を得るのに多くの時間がかからない」となるようにtakeを入れる。

(2)本文第６～７文「私たちは会社に行くことなく，家で働くことができる。病気の人は家にいて，病院に行かずに医者に診てもらうことができる」から，「私たちは働くときや病気のときに，外出する必要がない」となるようにoutを入れる。

(3)本文最終文「私たちはよい判断をし，賢明にコンピューターを使わなければならない」から，「私たちはコンピューターを使うときに賢明でなければならない」となるようにwiseを入れる。

入試対策問題

時間 30分　得点 ／100点　解答解説 別冊 P.6

1 次の英文は，高校生の紀子（Noriko）が，英語の授業で行った，グルメコンテストについてのスピーチの原稿です。これを読み，問いに答えなさい。〈和歌山県〉［10点×4］

We have a school festival every year. The festival has a *contest. In the contest, students make lunch. There are four teams in the contest. Each team uses *food from Wakayama. The team which makes the best lunch wins the contest.

We had the festival last week. My friends and I wanted to make the best lunch in the contest. We were the members of Team 1. We made **ume* hamburgers. Team 2 made *peach pizza. Team 3 made *persimmon sandwiches. Team 4 made orange curry.

Five *judges decided the *points of *originality, *appearance, and *taste. The *audience *voted for their favorite lunch and decided the points of *popularity. We got 25 points in popularity.

During the contest, a lot of people came to eat our lunch. Our team worked very hard to win the contest, but the winner was Team 3. We were second. In both originality and taste, persimmon sandwiches got more points than *ume* hamburgers. In originality, three teams got the same points. In appearance, persimmon sandwiches and *ume* hamburgers got the same points. When we saw the *results, we were sad. We couldn't win the contest. We want to win the contest next year. I should do many things to do so. Here is one example. I should make lunch every Sunday. I'll do my best.

（注） contest　コンテスト　food　食材　*ume* hamburger　梅のハンバーガー　peach pizza　桃のピザ
persimmon sandwich　柿のサンドイッチ　judge　審査員　point　点数
originality　オリジナリティ（独創性）　appearance　見た目　taste　味　audience　観客
vote for ～　～に投票する　popularity　人気　result　結果

思考力 次のグラフは，グルメコンテストの得点結果です。本文の内容に合うように，［A］～［D］にあてはまる４つの評価の観点（originality，appearance，taste，popularity）を，次の**ア**～**エ**の中から１つずつ選び，その記号を書きなさい。

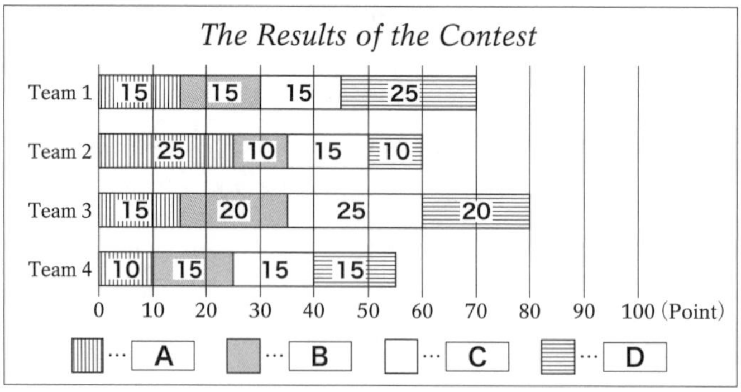

ア originality
イ appearance
ウ taste
エ popularity

A［　　　］　B［　　　］　C［　　　］　D［　　　］

2 卒業を控えた中学３年生のTaroが英語の授業でスピーチを行っている場面の英文です。英文を読み問いに答えなさい。1～6は段落の番号を表しています。〈大分県〉［15点×4］

1 We are going to *graduate from this school next month. I have spent a wonderful year with you. I wish I could stay longer with all of you in this class.

2 When I first met you, I couldn't talk to you because I was very nervous. It was difficult for me to *make friends with other students at that time. However, some of

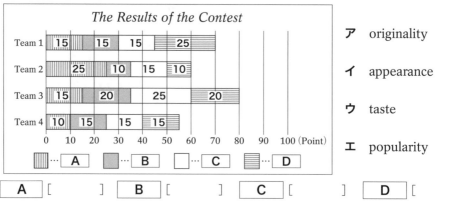

you had the same hobby. I enjoyed talking about books. I sometimes didn't understand what you said or how you felt, but now, I feel happy to know you well. I *gradually understood you through a lot of experiences.

[3] Do you remember the chorus contest in November? I really wanted to win the contest. However, it was very difficult for our group to sing the song well. One of the members in my group said, "Other groups are doing well. What should we do?" Another member said, "We need more time. How about practicing the song early in the morning?" Some members said, "We have already practiced the song enough. We have to find the new way to sing the song well." Each member had a different idea. I felt that it was difficult for everyone to understand different ideas.

[4] What should we do to improve the situation? I think that words are important because they show our own feelings. We use words to show what we really think or how we feel. So we should tell our ideas with our own words. Then we should also try to listen to the ideas of other people. By doing so, we can understand what other people really want to say. I think listening to different ideas is the first *step to communicate with other people better. This will improve the situation.

[5] We talked with each other many times for the contest and shared our feelings. Then, all of us thought that we really wanted to win the contest. We started to practice hard again. Finally, we could sing our song better, and we won the first prize in the chorus contest. I'll never forget this experience.

[6] In fact, I'm very nervous again because my new school life will start soon. However, I hope to make friends with other people in new situations now. I believe that my experiences with my classmates will support me. Thank you, everyone. I'll never forget you.

（注） graduate from ～　～を卒業する　　make friends with ～　～と友達になる　　gradually　次第に
step　一歩

思考力

次は，Taroがスピーチをするために，自分の考えを整理したメモです。メモ中のIntroduction（導入），Body（展開），Ending（まとめ）内の（ ① ）～（ ④ ）に入る最も適当な**英語１語**を，**それぞれの段落の範囲の中から**抜き出して書きなさい。なお，メモ内の[1]～[6]は，段落の番号を表しています。

① 正答率 24.5%
② 正答率 66.0%
③ 正答率 38.0%
④ 正答率 63.5%

Introduction [1] [2]	・I have spent a wonderful year with my classmates. ・Because of many（ ① ）with my classmates, I understood how they felt.
Body [3] [4] [5]	**【Practice for the chorus contest】** ・Our group didn't sing the song well. / ・We had many quarrels. **【Ideas to change the situation】** ・Using（ ② ）is important to show our feelings or ideas. ・To tell our ideas is important. ・To（ ③ ）to the different ideas is also important. **【Good result】** ・We won the first prize in the chorus contest.
Ending [6]	・My new school life makes me（ ④ ）again. ・I'll never forget my classmates.

①[　　　　　　] ②[　　　　　　] ③[　　　　　　] ④[　　　　　　]

8 英作文 テーマや質問に答える問題／対話文補充型問題

1 テーマや質問に答える問題 でる★★★

自分の意見とその理由を説明する問題

最初に自分の意見を述べ，次に，どうしてそう思うのか，という理由を具体的に続ける。

例題でチェック!

外国から来た中学生が，２週間，あなたの家に滞在することになりました。あなたなら，彼［彼女］のためにどのようなことをしてあげたいと思いますか。あなたのしてあげたいことを１つ，理由を含めて具体的に３文以上の英語で書きなさい。〈栃木県〉

答え **(例)　I want to take him to Nasu, because it is very famous. We will visit many places there. I'll take pictures with him. I hope he will be happy.**

→文の書き出しは大文字（We）　→文の終わりはピリオド（.）

最初にI want to ～.「自分は～したい」で書き出し，次にその理由をbecause ...で表す。理由を述べる文では，それがなぜよいのかなど具体的な利点を述べるとよい。つづりや構文に注意して正確な英文を書くこと。

2 対話文補充型問題 でる★★★

対話の流れに合うように，空所に英文を入れる問題

対話文の流れに沿って，ふさわしい内容を考える。

相手の質問に対する答えを考えたり，その逆で，相手の応答の内容から質問文を考えたりする。

◎疑問文を入れる問題が多いので，疑問文の形と意味を覚えておく。

例題でチェック!

次の会話文を読んで，２人の会話が成り立つように，（　　）内の語をこの順に用いて，下線部に入る英文を答えなさい。ただし，文頭にくる語は大文字で始めなさい。〈愛知県〉

Emi：Hello, this is Emi. Can I talk to Kate?
Kate：This is Kate.
Emi：Oh, Kate. ＿＿＿＿＿＿＿＿? (you, doing, night)
I called you *again and again after 9 o'clock.
Kate：Sorry, Emi. I was very tired yesterday, so I went to bed early.（後略）

（注）again and again　何度も

答え **What were you doing last night**

最初の２人のやり取りから，電話での会話だとわかる。下線部のあとで，エミが「９時過ぎに何度もあなたに電話したのよ」と言っているのに対し，ケイトが「ごめん，エミ」と謝り，「昨日はとても疲れて，早く寝たのよ」と答えているので，下線部には「昨夜は何をしていたの？」という意味の英文を入れるのが適切。

英作文を書くときの注意 おぼえる

語数や文の数に指定がある場合は，**必ずその条件を満たす**ように書く。文の書き出しは**大文字**で，終わりは**ピリオド(．)**を忘れずに。単語と単語の間は少しあける。

入試対策問題

時間 30分　得点 　／50点　解答解説 別冊 P.7

思考力 **1** 次の質問に対するあなた自身の返答を，理由や説明を含めて，**30語以上**の英語で書きなさい。ただし，符号（. , ? ! など）は語数に含まれないものとします。〈和歌山県〉［20点］

［質問］ Which do you like better, summer vacation or winter vacation?

思考力 **2** 次の英文は，彩香（Ayaka）とニック（Nick）との会話です。会話の流れが自然になるように，次の［ (1) ］，［ (2) ］の中に，それぞれ**7語以上**の英語を補いなさい。〈静岡県〉［10点×２］

Ayaka：Hi, Nick. You look nice in that shirt.
Nick　：My mother got it for me on the Internet.
Ayaka：Buying clothes on the Internet is useful, because ［ (1) ］.
Nick　：Last week, I visited a store near my house and got a shirt. Buying clothes in stores is sometimes better than on the Internet, because ［ (2) ］.
Ayaka：I see.

(1)

(2)

思考力 **3** ALTのマイク（Mike）先生があなた（You）に質問をしました。あなたならどう答えますか。［　　］に**10語以上**の英語を書き，次の会話を完成させなさい。ただし，英文の数は問わないが，複数の文になる場合はつながりのある内容にすること。〈富山県〉［10点］

Mike：Mari wants to study English hard when she goes to high school to talk with people in other countries. What is the best way to learn English for you?
You　：［　　］
Mike：I think that's nice.

9 リスニング 対話文・英文の問題／絵・図・表を選ぶ問題

01〜04

1 対話文・英文の問題 でる★★

対話文や英文は，「**だれが，いつ，どこで，何を，どうするか**」など，ポイントをおさえながら聞き，状況を正確に把握する。全体の流れだけでなく，細かい部分にも注意が必要。**数量**，**時刻**，**場所**，**日付**などは，メモをとりながら聞く。

① 対話文を聞き，応答文を選ぶ

２人の人物の短い対話を聞いて，最後の発言に対する応答文を選ぶ問題。

◎**最後の発言を特に注意**して聞き，対話の流れに合った文を選ぶ。

◎**電話**，**道案内**，**買い物**，**依頼**や**提案**といった場面がよく出題される。

例題でチェック！ 01

夕子の家で行われているパーティーで，夕子と友人のジョンが対話している場面のものです。最初に夕子が，続いてジョンが話します。その次に，夕子が話すところで，チャイムが鳴ります。このチャイムの鳴るところで夕子が話す言葉として最も適当なものを，**ア～エ**から１つ選びなさい。〈北海道〉

〈放送文〉
Yuko：Do you like this cake, John? I made it.
John：It's very good, Yuko. Can I have some more?
Yuko：（チャイム音）

〈選択肢〉
ア Nice to meet you.　　**イ** Well, I've never made it.
ウ I can't play it very well.　　**エ** Sure, here you are.

答え **エ**

ジョンの「もっともらえる？」に対する応答として適切なのは，**エ**の「もちろん，はい，どうぞ」。Here you are. は，ものを差し出すときに使う表現。

② 対話文を聞き，質問に答える

２人の人物の短い対話を聞いて，その内容についての質問に答える問題。

◎パターン①　対話文と質問文が放送され，その答えを選択肢から選ぶ問題。

◎パターン②　対話文と質問文が放送され，その答えを英語で書く問題。

◎パターン③　対話文だけが放送され，質問文が書いてあり，それに答える問題。

⇒①は問題用紙の選択肢が，③は質問文が聞くときのヒントになる。

2 絵・図・表を選ぶ問題 でる★★

放送を聞く前に，問題用紙に書かれていることを確認しておくとよい。選択肢の英文や絵・図・表をよく見て，**どこに違いがあるか**などを把握すると，ポイントをしぼって聞き取れる。

入試対策問題

時間 15分　得点 ／50点　解答解説 別冊 P.7

1 02

英語による対話を聞いて，最後の文に対する応答として最も適当なものを選ぶ問題です。英文は2回読まれます。 〈三重県〉[6点]

ア About four o'clock.
イ Two hours ago.
ウ To the park.
エ With his sister.

[　　　]

2 03 よくでる

最初に，和夫が英語の授業で行ったスピーチを読みます。次に，その内容について，クエスチョンズと言ったあとに(1)から(3)まで英語で3つ質問します。それぞれの質問の答えとして最も適当なものを，**ア**，**イ**，**ウ**，**エ**から1つ選びなさい。スピーチと質問は2回ずつ読まれます。 〈北海道〉[8点×3]

(1) **ア** Last year.
イ On the second day.
ウ For six days.
エ Since this summer.

[　　　]

(2) **ア** A Japanese student who was taking many pictures in the park.
イ A Japanese student who came to New York one year ago.
ウ A Japanese student who talked about her Japanese school life.
エ A Japanese student who joined the science club in Japan.

[　　　]

(3) **ア** A science teacher.
イ A teacher of English.
ウ A soccer player.
エ A scientist.

[　　　]

3 04

次の(1)，(2)の英語による対話とそれについての質問が2回ずつ読まれます。その英文を聞いて，質問に対する答えとして最も適当なものを，**ア**～**エ**の中からそれぞれ1つ選び，その記号を書きなさい。 〈愛媛県〉[10点×2]

	ア	イ	ウ	エ
(1)				

[　　　]

	ア	イ	ウ	エ
(2)				

[　　　]

1 正負の数 でる★★★

① 正の数・負の数

① 正の数…0 より**大きい**数　負の数…0 より**小さい**数

② 数直線上で，ある数に対応する点と原点との距離をその数の**絶対値**という。

③ 数の大小を表す記号＜，≦，＞，≧を**不等号**という。

② 正負の数の計算

① 同符号の 2 数の和…絶対値の和に，その 2 数と**同じ**符号をつける。

② 異符号の 2 数の和…絶対値の差に，絶対値が**大きいほうの数**の符号をつける。

③ 減法…**ひく数の符号をかえて**，加法になおす。

④ 同符号の 2 数の積・商…絶対値の積・商に＋の符号をつける。

⑤ 異符号の 2 数の積・商…絶対値の積・商に－の符号をつける。

⑥ 負の数の累乗《るいじょう》…指数が**偶数なら＋**，指数が**奇数なら－**をつける。

2 文字式の計算 でる★★★

① 文字式の表し方

① かけ算の記号×は省き，文字と数の積では，数を文字の前に書く。

② 同じ文字の積は，累乗の**指数**を使って表す。

③ わり算は，記号÷は使わずに**分数**の形で書く。

② 多項式の計算

① 式の展開には，分配法則 $m(x+y)=mx+my$ を用いる。

②「計算せよ。」では**同類項**をまとめる。

③ 式の値

① 文字式を簡単にしてから，文字に数を代入する。

② 因数分解してから数を代入すると計算が楽な場合もある。

3 数の性質・規則性 でる★★

① 規則性

① 規則性の問題では，数や図形の性質を利用して，増え方や並び方の規則性を見つけることが重要。

② どんな規則で並んでいるかを**具体的な例**で確認する。

③ 整数：**四則計算**をもとにして規則性を見つける。

図形：**図形の数や並び方**に着目して規則性を見つける。

表：**上下左右の数**に着目して規則性を見つける。

4 文字式の利用 でる★★

① 文字式を使って表す

① 偶数・奇数……偶数 $2m$　奇数 $2n+1$　（m，n は整数）

② 百の位の数が a，十の位の数が b，一の位の数が c の自然数…$100a+10b+c$

③ 文字式を使って長さや大きさなどを表す。

② 式の変形

① 文字 a をふくむ等式から a を求める式をつくることを，**等式を a について解く**という。

5 乗法公式・因数分解 でる★★

① 乗法公式

① $(a+b)^2=a^2+2ab+b^2$

② $(a-b)^2=a^2-2ab+b^2$

③ $(a+b)(a-b)=a^2-b^2$

④ $(x+a)(x+b)=x^2+(a+b)x+ab$

② 因数分解

① 因数分解の公式（乗法公式の逆）

　i）$a^2+2ab+b^2=(a+b)^2$

　ii）$a^2-2ab+b^2=(a-b)^2$

　iii）$a^2-b^2=(a+b)(a-b)$

　iv）$x^2+(a+b)x+ab=(x+a)(x+b)$

② 因数分解の手順…共通因数でくくる，置きかえるなどしてから，因数分解の公式を用いる。

6 平方根 でる★★★

① 平方根の定義と性質

① 2 乗すると，$a(a>0)$ になる数を a の**平方根**といい，正のほうを $\sqrt{a}$，負のほうを $-\sqrt{a}$ と表す。

② $a>0$ のとき，$(\sqrt{a})^2=a$，$\sqrt{a^2}=a$，$\sqrt{(-a)^2}=a$，$(-\sqrt{a})^2=a$

③ $0<a<b$ ならば，$0<\sqrt{a}<\sqrt{b}$

② 根号をふくむ式の計算

① $a>0$，$b>0$ のとき，$\sqrt{a}\times\sqrt{b}=\sqrt{ab}$，$\sqrt{a}\div\sqrt{b}=\sqrt{\dfrac{a}{b}}$

② $a>0$，$b>0$ のとき，$\sqrt{a^2b}=a\sqrt{b}$

③ $a>0$，$b>0$ のとき，$\dfrac{a}{\sqrt{b}}=\dfrac{a\times\sqrt{b}}{\sqrt{b}\times\sqrt{b}}=\dfrac{a\sqrt{b}}{b}$　（分母の**有理化**）

入試対策問題

時間 30分　得点　／100点　解答解説 別冊 P.9

よくでる **1** 次の計算をせよ。　［3点×5］

正答率 97.2%　(1) $-3-(-7)$　〈栃木県〉

(2) $\frac{2}{3}-\frac{9}{10}$　〈兵庫県〉

正答率 97.2%　(3) $6+8\times(-3)$　〈静岡県〉

(4) $\frac{2}{5}-\left(\frac{4}{7}-\frac{1}{14}\right)$　〈大阪府〉

(5) $6+(-2^2)\div\left(-\frac{1}{2}\right)$　〈千葉県〉

よくでる **2** 次の計算をせよ。　［3点×4］

正答率 98.2%　(1) $24a^2b\div3ab$　〈神奈川県〉

(2) $7ab\div2a^2\times(-4b)$　〈高知県〉

(3) $5(a+2b)-2(4a-b)$　〈福島県〉

正答率 64.6%　(4) $\frac{3x+y}{2}-\frac{2x-5y}{3}$　〈鳥取県〉

3 [1], [2], [3], …の番号札をそれぞれ持って，1列に並んでいた人たちが，番号の順に横に4人ずつ，右の図のように並びなおした。
縦の列を左からa列，b列，c列，d列とするとき，c列に並んだ，[m]の番号札を持っている人は，前から何番目であるか。mを用いて表せ。

〈静岡県〉［5点］

前

a列	b列	c列	d列
1	2	3	4
5	6	7	8
9	10	11	12
⋮	⋮	⋮	⋮

4 等式 $4x+3y-8=0$ を y について解け。　〈和歌山県〉［4点］

5 5人が a 円ずつ出し合ったお金で，1個 b 円の品物を4個買ったときの残った金額は，180円であった。数量の間の関係を等式で表せ。ただし，消費税については考えないものとする。

〈山梨県〉[5点]

6 1個 a 円のりんご2個と1個 b 円のオレンジ3個の代金の合計は，1000円以下であった。これらの数量の関係を不等式で表せ。
ただし，消費税については考えないものとする。 〈富山県〉[5点]

よくでる。 **7** 次の計算をせよ。 [4点×2]

(1) $(2x-1)^2$ 〈沖縄県〉

(2) $(x+3)(x+5)-x(x+9)$ 〈滋賀県〉

よくでる。 **8** 次の式を因数分解せよ。 [4点×4]

(1) $x^2+12x+27$ 〈広島県〉

(2) $a(x+y)+2(x+y)$ 〈長崎県〉

(3) x^2-36y^2 〈広島県〉

(4) $ax^2-2ax-8a$ 〈福井県〉

よくでる。 **9** 次の計算をせよ。 [5点×4]

(1) $\sqrt{54}-8\sqrt{6}$ 〈大阪府〉

(2) $(\sqrt{10}+\sqrt{5})(\sqrt{6}-\sqrt{3})$ 〈愛知県〉

(3) $(3-\sqrt{7})^2$ 〈千葉県〉

正答率 77.1% (4) $\sqrt{50}-\sqrt{6}\div\sqrt{3}$ 〈高知県〉

10 $x=\sqrt{2}+1$，$y=\sqrt{2}-1$ のとき，x^2-y^2 の値を求めよ。 〈徳島県〉[5点]

正答率 14.2%
思考力
ハイレベル

11 $\sqrt{\dfrac{540}{n}}$ の値が整数となるような自然数 n は，全部で何通りあるか求めよ。 〈埼玉県〉[5点]

2 方程式

1 1次方程式 でる★

① 1次方程式の解法

① 次のⅰ)～ⅲ)の順に解く。

ⅰ) **x をふくむ項を左辺**に，**数の項を右辺**にそれぞれ移項する。

ⅱ) 両辺をそれぞれ整理して，$\boldsymbol{ax=b}$ の形にする。

ⅲ) 両辺を x の係数 a でわる。

② 解の利用

① $x=a$ が解 $\longleftrightarrow$ x に a を代入したときに等式が成り立つ。

例題でチェック!

x の1次方程式 $ax-x=6$ の解が $x=3$ のとき，定数 a の値を求めよ。

ココがカギ　$x=3$ を $ax-x=6$ に代入して，a の1次方程式を解く。

解き方　$x=3$ を $ax-x=6$ に代入すると，$3a-3=6$　整理すると，

$3a=9$

$a=3$

答え　$a=3$

2 連立方程式 でる★★

① 代入法

① $x=$～，$y=$～の式がある場合，もう一方の式に代入して方程式を解く。

例題でチェック!

次の連立方程式を解け。

$$\begin{cases} x=y+2 & \cdots① \\ 2x+3y=14 & \cdots② \end{cases}$$

ココがカギ　一方の式が $x=$～，$y=$～の形のとき，この式を他方の式に代入する。

解き方　①を②に代入すると，

$2(y+2)+3y=14$

$2y+4+3y=14$

$5y=10$

$y=2$　…③

③を①に代入すると，$x=2+2=4$

答え　$x=4$，$y=2$

② 加減法

① 一方または両方の式を何倍かして，x，y どちらかの係数の絶対値をそろえたあと，2式をたすか，ひくことで1つの文字を消去して方程式を解く。

3 1次方程式・連立方程式の利用 でる★★

① 1次方程式の利用

文字の設定	→	立　式	→	式の整理	→	解　く	→	吟《ぎん》　味《み》	→	答　え
何を x と おくか決める		x についての 式をつくる		解きやすい形 にする				問題文の条件に適 しているか確認		

例題でチェック!

x は正の整数とする。x を3倍した数が，x を2倍して1をたした数より3だけ大きいとき，x の値を求めよ。

ココがカギ　問題文に合わせて方程式をつくる。

解き方　x を3倍した数が，x を2倍して1をたした数に，さらに3をたした数と等しいことから，

$$3x=(2x+1)+3$$

$$x=4$$

4は正の整数であるので，問題に適している。　答え　$x=4$

② 連立方程式の利用

文字の設定	→	立　式	→	式の整理	→	解　く	→	吟　味	→	答　え
何を x，y と おくか決める		連立方程式を つくる		解きやすい形 にする		加減法・代入 法の利用		問題文の条件に適 しているか確認		

4 2次方程式 でる★★★

① 2次方程式の解法

① $(x+a)^2=b$ の形である場合→　$x+a=\pm\sqrt{b}$ より，$x=-a\pm\sqrt{b}$

② $(x+p)(x+q)=0$ の形に因数分解できる場合→　$x=-p,\ -q$

③ 因数分解できない場合→　$ax^2+bx+c=0$ のとき，$x=\dfrac{-b\pm\sqrt{b^2-4ac}}{2a}$　**（解の公式）**

② 2次方程式の解と係数

① 2次方程式 $x^2+ax+b=0$ で，**解の1つが $x=p$ のとき，$p^2+ap+b=0$** が成り立つ。

5 2次方程式の利用 でる★

① 2次方程式の利用

文字の設定	→	立　式	→	式の整理	→	解　く	→	吟　味	→	答　え
何を x と おくか決める		x についての 式をつくる		解きやすい形 にする						

→2次方程式では，一般的には解が2つ出てくる。また，文章題では x に条件がある場合が多いので，吟味のときは，**条件**から確認する。

入試対策問題

時間 30分

得点 ／100点

解答解説 別冊 P.9

1 次の方程式を解け。 ［5点×2］

正答率 93.2%

(1) $x+6=3x-8$ 〈東京都〉

(2) $0.16x-0.08=0.4$ 〈京都府〉

2 次の連立方程式を解け。 ［5点×6］

正答率 85.1%

(1) $\begin{cases} x=3y-1 \\ 2x-y=3 \end{cases}$ 〈山梨県〉

(2) $\begin{cases} 2x+7y=8 \\ 3x+5y=1 \end{cases}$ 〈広島県〉

(3) $\begin{cases} 3x+2y=18 \\ x+y=7 \end{cases}$ 〈埼玉県〉

(4) $\begin{cases} x+2y=1 \\ 5x+9y=6 \end{cases}$ 〈東京都〉

(5) $\begin{cases} 4x+3y=2 \\ 2x-y=-4 \end{cases}$ 〈岩手県〉

正答率 76.5%

(6) $\begin{cases} 2x+3y=4 \\ 5x-2y=-9 \end{cases}$ 〈高知県〉

よくでる

3 A市では，家庭からのごみの排出量を，可燃ごみ，不燃ごみ，粗大ごみなどの家庭ごみと，ペットボトル，古新聞などの資源ごみに分けて集計している。ある年の，1人あたりの1日のごみの排出量を調べると，7月の家庭ごみと資源ごみの合計は680 gだった。また，11月の家庭ごみと資源ごみの排出量は，それぞれ7月の70％と80％で，それらの合計は7月より195 g少なくなった。このとき，7月の1人あたりの1日の家庭ごみと資源ごみの排出量はそれぞれ何gか求めよ。ただし，用いる文字が何を表すかを示して方程式をつくり，それを解く過程も書くこと。

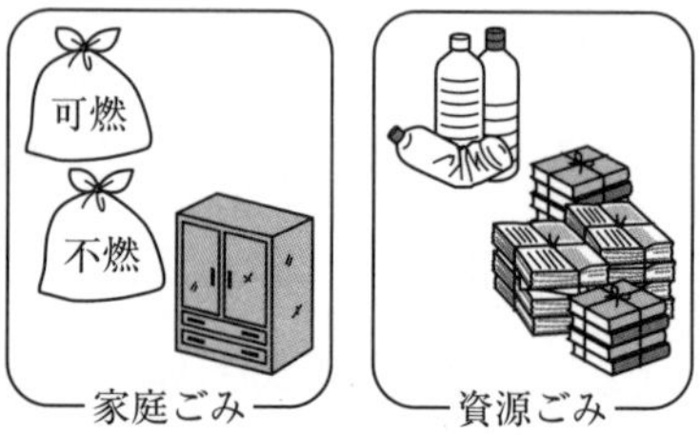

〈岩手県〉［5点］

正答率 73.7%

4 xについての方程式 $3x+2a=5-ax$ の解が $x=2$ であるとき，aの値を求めよ。

〈大分県〉［5点］

正答率 75.0%

5 ある中学校の生徒の人数は 126 人で，126 人全員が徒歩通学か自転車通学のいずれか一方で通学しており，徒歩通学をしている生徒と自転車通学をしている生徒の人数の比は 5：2 である。このとき，自転車通学をしている生徒の人数を求めよ。 〈福島県〉［5 点］

よくでる

6 クラスで調理実習のために材料費を集めることになった。1 人 300 円ずつ集めると材料費が 2600 円不足し，1 人 400 円ずつ集めると 1200 円余る。このクラスの人数は何人か，求めよ。 〈愛知県〉［5 点］

よくでる

7 次の方程式を解け。 ［5 点×6］

(1) $x(x-4)=32$ 〈宮城県〉

(2) $(x-6)^2=5$ 〈神奈川県〉

(3) $x^2+5x+2=0$ 〈千葉県〉

(4) $2x^2+3x-4=0$ 〈徳島県〉

正答率 73.5%

(5) $x^2-3x+1=0$ 〈滋賀県〉

(6) $(x+3)^2=3(x+4)$ 〈愛知県〉

8 x についての 2 次方程式 $x^2+ax+2=a$ の 1 つの解が -2 のとき，他の解を求めよ。 〈千葉県〉［5 点］

正答率 74.1%

9 ある正の数 x を 2 乗しなければならないところを間違えて 2 倍したため，答えが 24 小さくなった。この正の数 x の値を求めよ。 〈神奈川県〉［5 点］

1 比例・反比例 でる★★

① 比例 $y = ax$

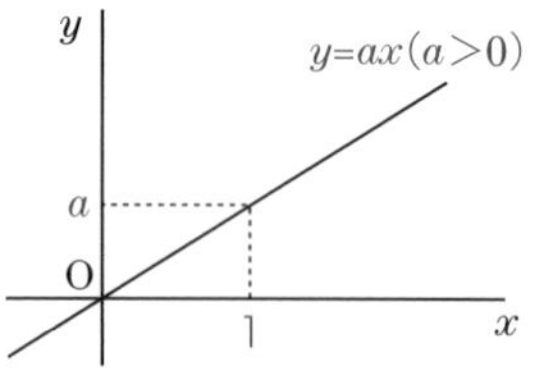

① y は x に**比例**するという（a は比例定数，$a \neq 0$）。

② $x \neq 0$ のとき，$\dfrac{y}{x}$ の値は**一定で a に等しい**。

③ グラフは，右の図のように原点を通る直線。

② 反比例 $y = \dfrac{a}{x}$

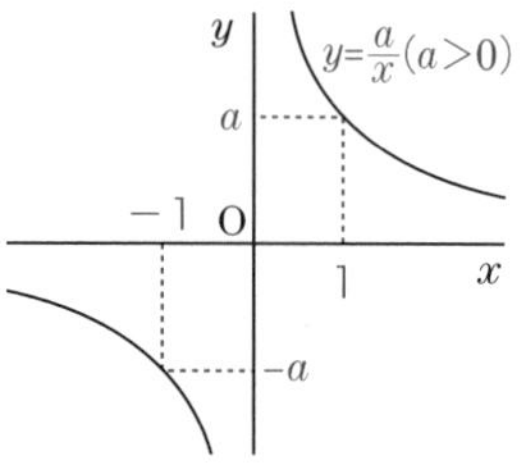

① y は x に**反比例**するという（a は比例定数，$a \neq 0$）。

② x と y の**積が一定** → $xy = a$（$a \neq 0$）

③ グラフは右の図のように，**原点に関して点対称な曲線（双曲線《そうきょくせん》）**である。

2 1次関数 でる★★★

① 1次関数とグラフ

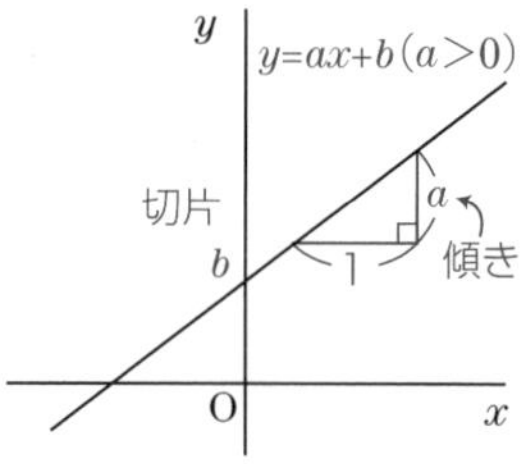

① $y = ax + b$〔a…**傾き**，b…**切片**〕

② 2直線の平行・交点

① 2直線が平行 ⇔ 傾きが同じ

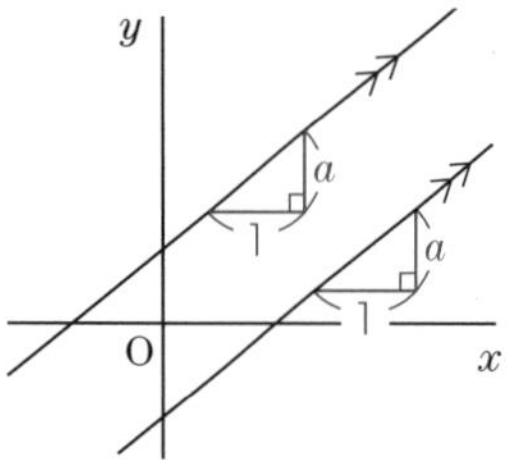

② 2直線の交点 ⇔ 連立方程式の解

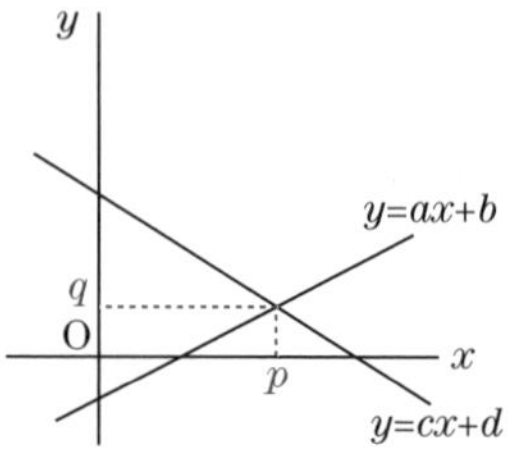

連立方程式

$$\begin{cases} y = ax + b \\ y = cx + d \end{cases}$$

の解が $x = p$，$y = q$

のとき，交点の座標は (p, q)

3 関数 $y = ax^2$ でる★★★

① 関数 $y = ax^2$

① y が x の関数で $y = ax^2$ と表されるとき，**y は x の2乗に比例する**という。

② $y = ax^2$ のグラフ

① $a > 0$ のとき，**上**に開いている。

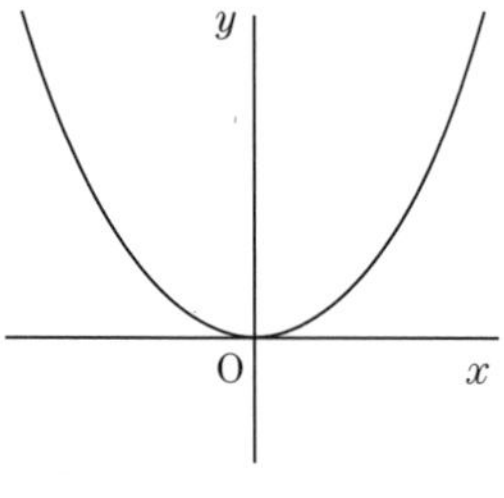

② $a < 0$ のとき，**下**に開いている。

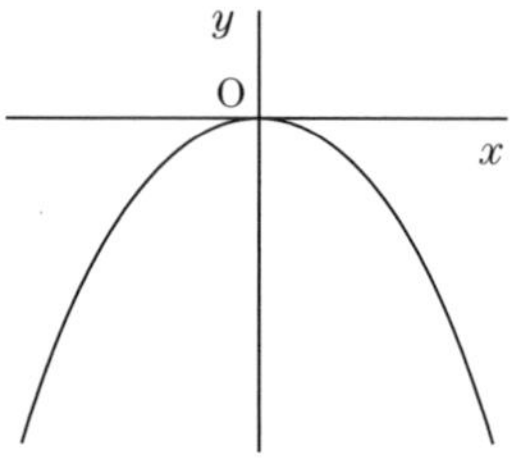

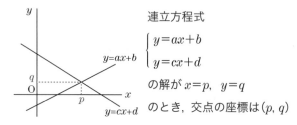

③ **原点**を通る曲線である。

④ y **軸**に関して**線対称**である。

⑤ このような $y=ax^2$ のグラフを**放物線**という。

⑥ a の絶対値が大きくなると，開き方は小さくなり，a の絶対値が小さくなると，開き方は大きくなる。

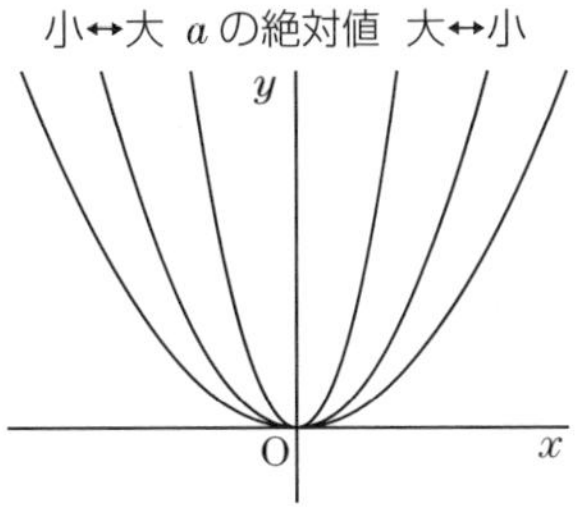

③ $y = ax^2$ と $y = bx + c$ の交点

① $y=ax^2$ と $y=bx+c$ の交点の x 座標は，2 つの式から y を消去した 2 次方程式 $ax^2=bx+c$ を解くと求まる。

4 変域・変化の割合 でる★★

① 変域

① **変域…変数のとりうる値の範囲。**

② y が x の関数であるとき，x の変域に対して y のとりうる値の範囲を **y の変域**という。

② 変化の割合

① **変化の割合**…関数において，**x の値が 1 増えるときの y の増加量。**

② **(変化の割合)$=\dfrac{(y\text{ の増加量})}{(x\text{ の増加量})}$**

③ 1 次関数 $y=ax+b$ の変化の割合は **a で一定。**

④ 反比例の関数 $y=\dfrac{a}{x}$ や関数 $y=ax^2$ における変化の割合は**一定ではない。**

5 関数のグラフと図形の融合問題 でる★★

① 面積との融合

① グラフ上の点を結んでできる図形の面積に関する融合問題では，平行線を使った**等積変形**や面積を **2 等分する直線**の性質などを使うことが多い。

② 三平方の定理との融合

① 2 点 $\mathrm{A}(a,\ b)$，$\mathrm{P}(p,\ q)$ 間の距離は，2 点を結ぶ線分を斜辺とし，座標軸に平行な 2 つの辺をもつ直角三角形をつくり，三平方の定理を使って求める。

$$\mathrm{AP}^2=(p-a)^2+(q-b)^2$$

6 いろいろな関数 でる★★

① いろいろな関数

① **x の値を決めると，それに対応して y の値が 1 つに決まる**とき，y は x の**関数**であるという。

② 関数のグラフは，x の変域によって 1 次関数と関数 $y=ax^2$ に分かれるもの，グラフが階段状になるものなど，さまざまな場合がある。

入試対策問題

時間 40分　得点 ／100点

解答解説 別冊 P.11

よくでる **1** 右の**図 1** のように，関数 $y=\dfrac{a}{x}$，関数 $y=x+5$，関数 $y=-\dfrac{1}{3}x+b$ のグラフがある。関数 $y=\dfrac{a}{x}$ と関数 $y=x+5$ のグラフは 2 点 A，B で交わり，x 座標の大きいほうの点を A，小さいほうの点を B とする。点 A の x 座標は 1 である。また，関数 $y=x+5$ のグラフと x 軸との交点を C とし，関数 $y=-\dfrac{1}{3}x+b$ のグラフは点 C を通る。次の問いに答えよ。

〈大分県〉［8 点× 3］

図 1

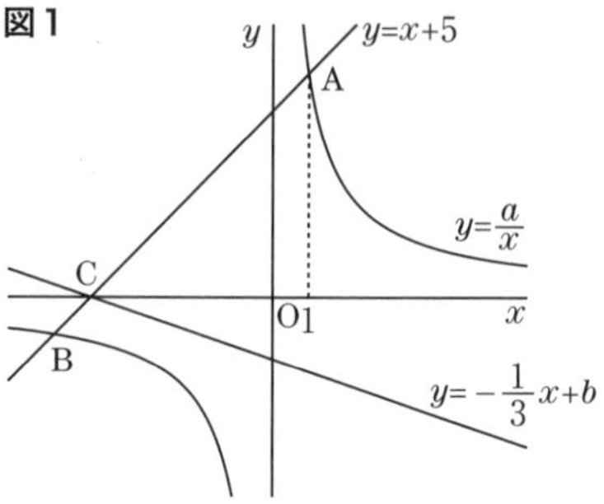

図 2

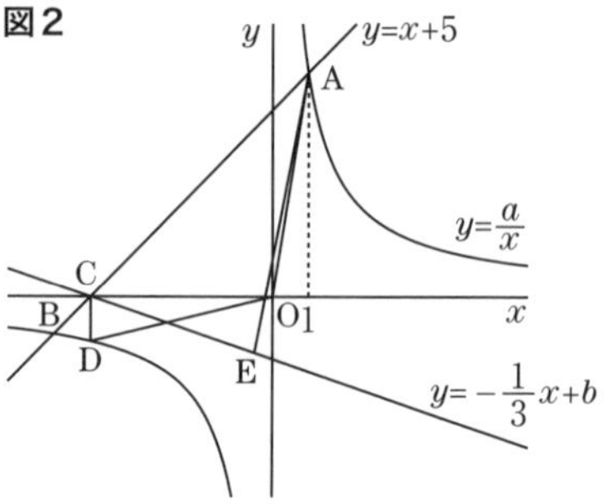

正答率 73.8%　(1)　a の値を求めよ。

正答率 44.7%　(2)　b の値を求めよ。

正答率 6.0%　思考力　(3)　右の**図 2** のように，関数 $y=\dfrac{a}{x}$ のグラフ上に，x 座標が点 C と同じである点 D をとる。また，関数 $y=-\dfrac{1}{3}x+b$ のグラフ上に，四角形 ACDO の面積と△ ACE の面積が等しくなるように点 E をとる。点 E の x 座標を求めよ。ただし，点 E の x 座標は点 C の x 座標より大きいものとする。

2 関数 $y=ax^2$ について，x の値が 1 から 4 まで増加するときの変化の割合が−2 であった。このとき，a の値を求めよ。

〈神奈川県〉［7 点］

3 関数 $y=ax^2$ について，x の変域が $-4 \leqq x \leqq 2$ のとき，y の変域は $0 \leqq y \leqq 12$ となる。このときの a の値を求めよ。

〈栃木県〉［8 点］

よくでる **4** 右の図のように，関数 $y=\dfrac{1}{2}x^2$ のグラフ上に，点 A(−2，2) と x 座標が 4 である点 B がある。また，直線 AB と x 軸との交点を C とする。原点を O として，次の問いに答えよ。

〈長崎県・一部抜粋〉［7 点× 3］

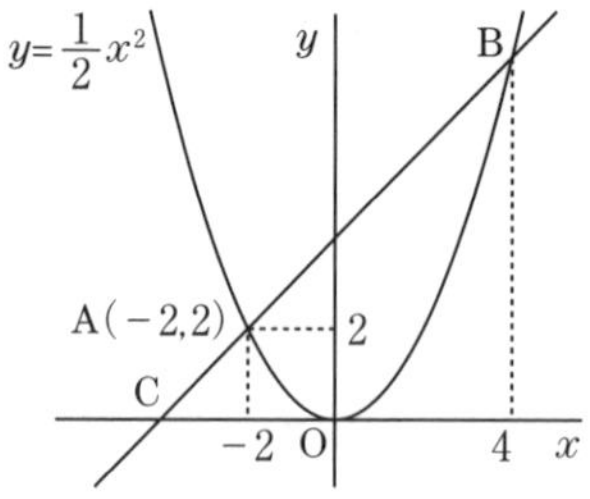

(1)　点 B の y 座標を求めよ。

(2)　直線 AB の式を求めよ。

(3)　△ OAB の面積を求めよ。

よくでる

5 右の図で，O は原点，A，B，C，D は関数 $y=ax^2$（a は定数，$a>0$）のグラフ上の点で，線分 AD，BC はともに x 軸に平行である。点 A の座標が$(-2,\ 8)$，点 B の x 座標が-1 であるとき，次の問いに答えよ。 〈愛知県〉［8点×2］

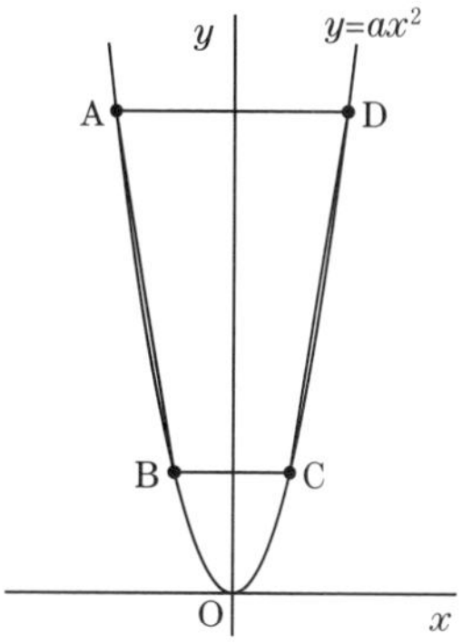

(1) a の値を求めよ。

(2) 点 B を通り，四角形 ABCD の面積を 2 等分する直線の式を求めよ。

6 右の**図 1** のように，AB = 10 cm，BC = a cm の長方形 ABCD と，∠P = 90°，PQ = PR = b cm の直角二等辺三角形 PQR がある。長方形 ABCD の辺 AB と直角二等辺三角形 PQR の辺 PQ は直線 ℓ 上にあり，点 A と点 Q は同じ位置にある。この状態から，右の**図 2** のように，直角二等辺三角形 PQR を直線 ℓ にそって，矢印の向きに，点 Q が点 B に重なるまで移動させる。AQ = x cm のときの，2 つの図形が重なっている部分の面積を y cm² とする。このとき，次の問いに答えよ。 〈愛媛県〉［8点×3］

図 1

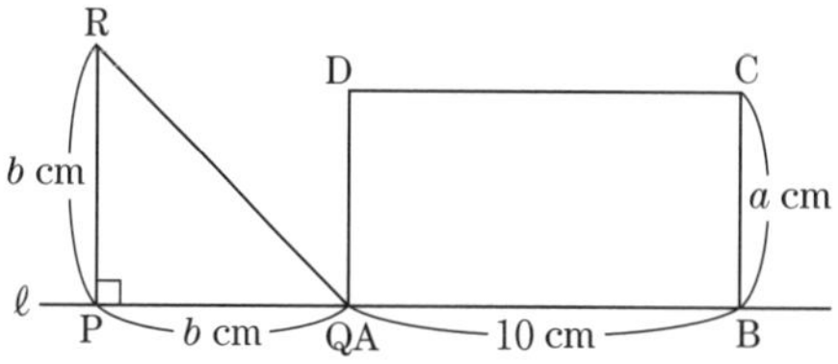

図 2

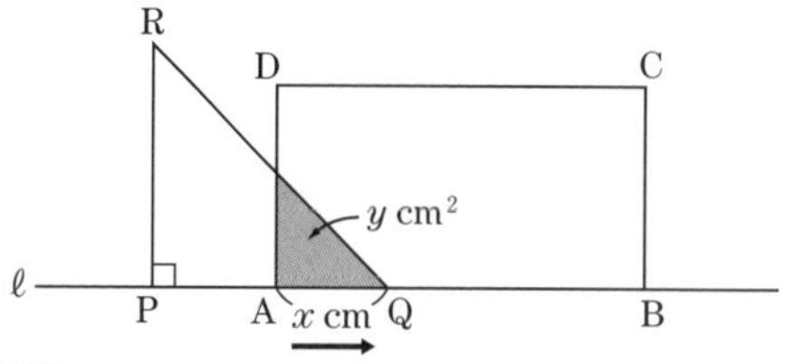

図 3

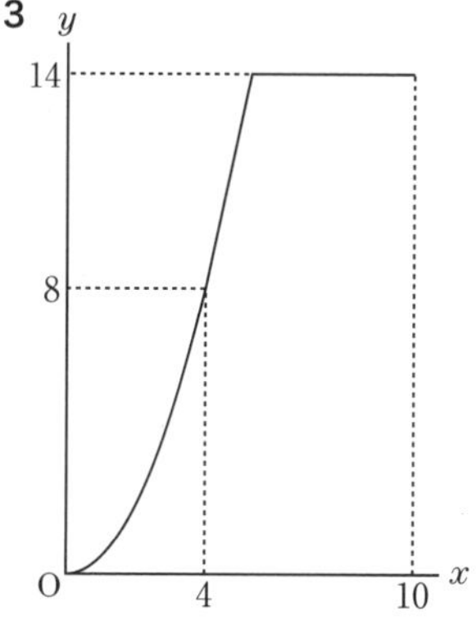

(1) $a=5$，$b=6$ とする。$x=3$ のとき，y の値を求めよ。

(2) x と y の関係が右の**図 3** のようなグラフで表され，$0 \leqq x \leqq 4$ では原点を頂点とする放物線，$4 \leqq x \leqq 10$ では右上がりの直線の一部分と，x 軸に平行な直線の一部分であるとき，

① $0 \leqq x \leqq 4$ のとき，y を x の式で表せ。

② a，b の値をそれぞれ求めよ。

4 平面図形

1 角度 でる★★

① 直線と角度

① **対頂角**…2 直線が交わってできる大きさの等しい角。

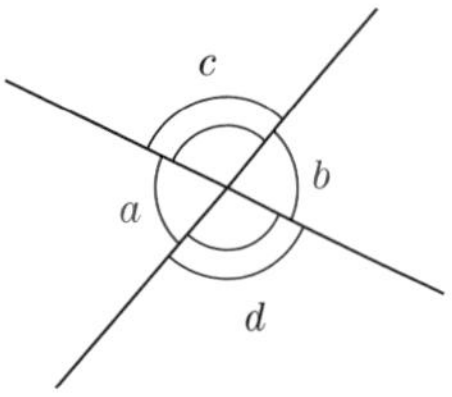

$\angle a=\angle b$, $\angle c=\angle d$

② **同位角，錯角**…平行な 2 直線に 1 本の直線が交わるとき，同位角，錯角はそれぞれ等しくなる。

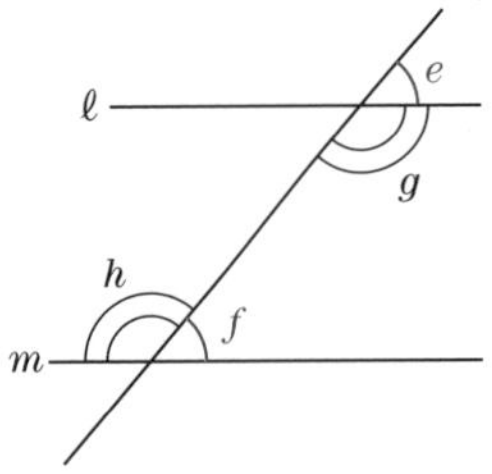

$\angle e=\angle f$ …同位角

$\angle g=\angle h$ …錯角

同位角と錯角が等しいとき，2 直線 ℓ，m は平行である。

② 多角形の内角と外角

① n 角形の内角の和は，$\mathbf{180^\circ\times(n-2)}$　② n 角形の外角の和は，$\mathbf{360^\circ}$

2 平面図形の面積 でる★★★

① 平面図形の面積

① 平行四辺形

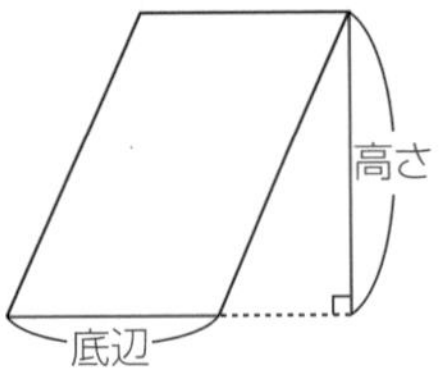

底辺×高さ

② 台形

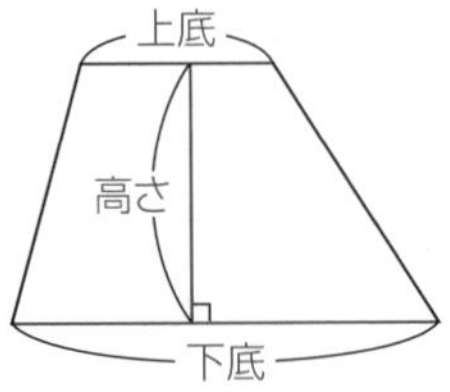

$\mathbf{\frac{1}{2}}$**×(上底＋下底)×高さ**

③ ひし形

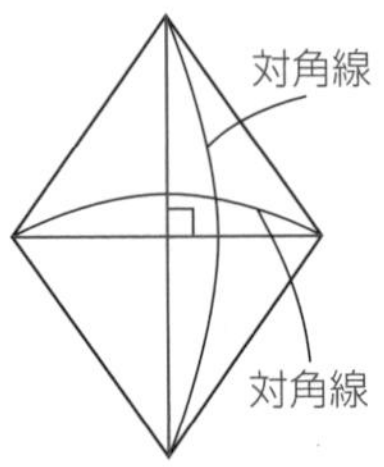

$\mathbf{\frac{1}{2}}$**×対角線×対角線**

④ 面積を求めるときには，**三平方の定理**，**線分の比による面積の比**，**図形の分割や移動**などを用いることが多い。

② 面積の比

① 右の図１で，△ABE と△ACD の相似比が $m : n$ のとき，△ABE と△ACD の面積の比は $\mathbf{m^2 : n^2}$

② 右の図２で，

△ABD：△ACD＝BD：DC

図１

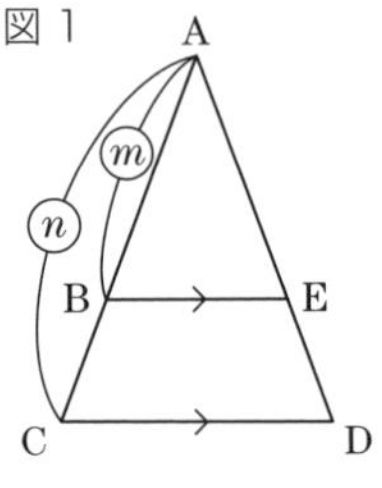

図２

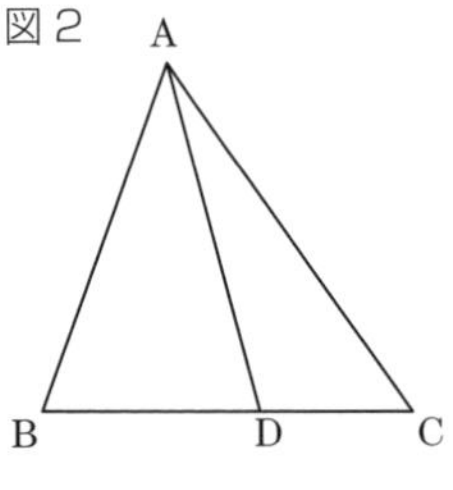

3 平面図形の線分の長さ でる★★★

① 三平方の定理

① 三平方の定理

∠ABC＝90°である△ABC において，

$AC^2=AB^2+BC^2$

が成り立つ。

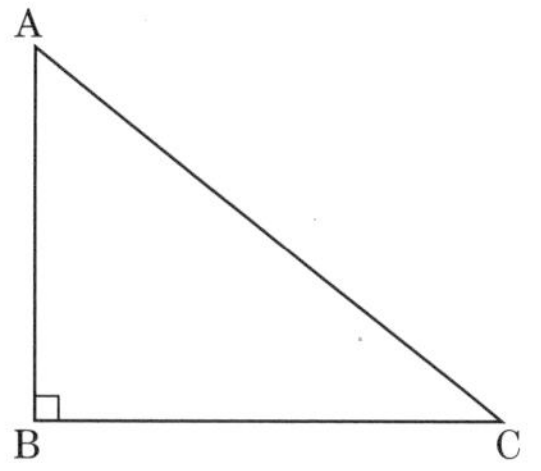

② 三平方の定理の逆

△ABC で，$AC^2=AB^2+BC^2$ が成り立つならば，△ABC は**∠ABC＝90°の直角三角形**である。

② 相似の利用

① 相似比を使って，対応する辺の比から線分の長さや比を求める。

③ 平行線と線分の比

① 中点連結定理

△ABC の 2 辺 AB，AC の中点をそれぞれ M，N とすると，

MN // BC，$MN=\frac{1}{2}BC$

が成り立つ。

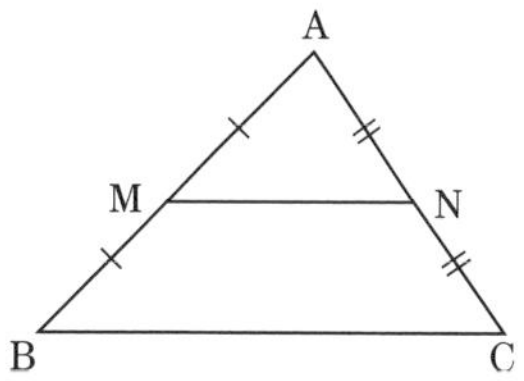

② 平行線と比

平行な 3 つの直線 a，b，c が直線 ℓ とそれぞれ A，B，C で交わり，直線 m とそれぞれ D，E，F で交わるとき，

AB：BC＝DE：EF

が成り立つ。

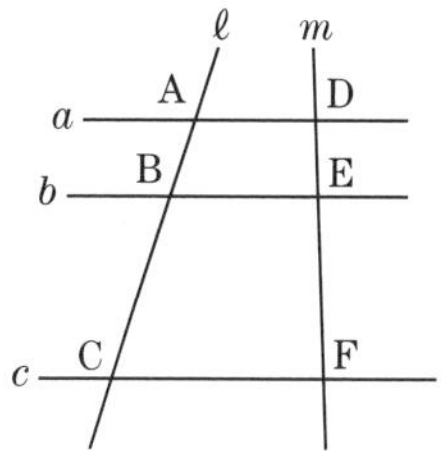

4 円と角 でる★★

① 円周角と中心角

① 1 つの弧に対する円周角の大きさは，その弧に対する**中心角**の大きさの**半分**に等しい。

$\angle APB=\frac{1}{2}\angle AOB$

② 同じ弧に対する円周角の大きさは**一定**である。

∠AQB＝∠APB

③ 弧の長さは**中心角**の大きさに**比例**する。

④ 弧の長さは**円周角**の大きさに**比例**する。

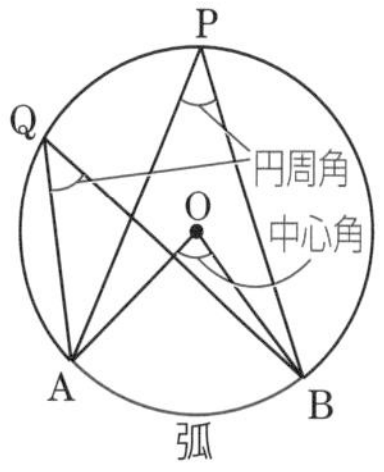

② 円と接線

① 右の図で，PA と PB がそれぞれ点 A，B で円に接する接線のとき，

∠OAP＝∠OBP＝90°，PA＝PB

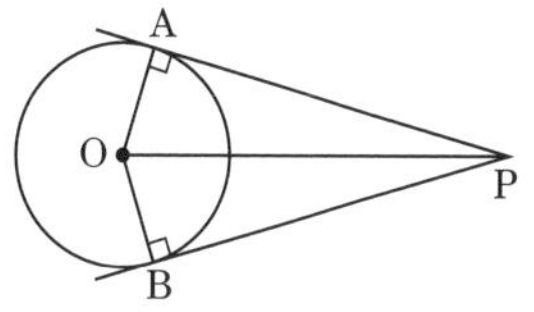

入試対策問題

時間 40分　得点 ／100点　解答解説 別冊 P.12

よくでる　**1**　右の図の$\angle x$の大きさを求めよ。　〈富山県〉［5点］

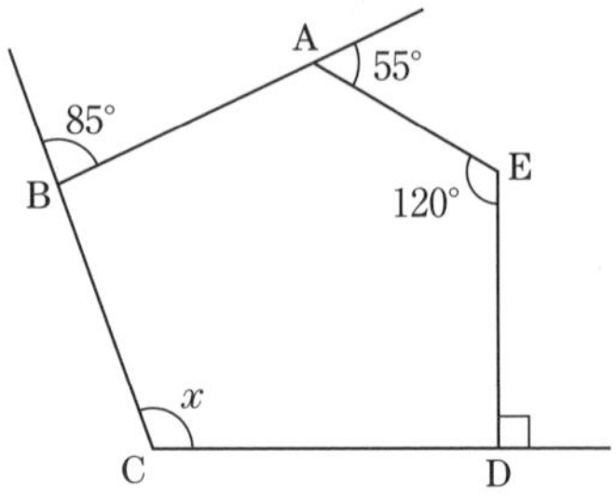

よくでる　**2**　右の図で，$\ell \,/\!/\, m$のとき，$\angle x$の大きさを求めよ。
〈岩手県〉［5点］

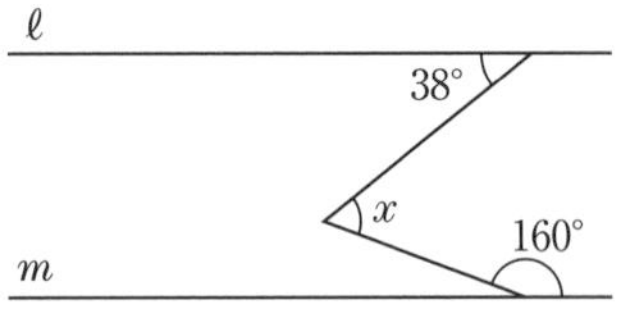

3　右の図は，AB＜BCである長方形ABCDを，対角線ACを折り目として折り返し，頂点Dが移った点をE，辺BCと線分AEの交点をFとしたものである。このとき，次の問いに答えよ。
〈高知県〉［9点×2］

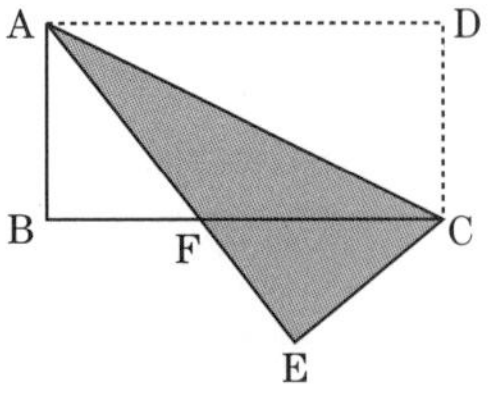

(1)　△AFCは二等辺三角形であることを証明せよ。

ハイレベル　(2)　AB＝4 cm，BC＝8 cmのとき，点Bと点Eを結んでできる△BEFの面積を求めよ。

4　右の図のように，△ABCがあり，AB＝9 cm，BC＝7 cmである。∠ABCの二等分線と∠ACBの二等分線との交点をDとする。また，点Dを通り辺BCに平行な直線と2辺AB，ACとの交点をそれぞれE，Fとすると，BE＝3 cmであった。
このとき，次の問いに答えよ。　〈京都府〉［6点×3］

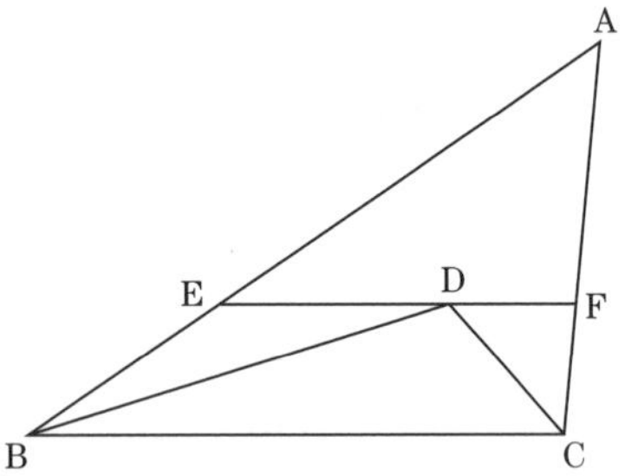

(1)　線分EFの長さを求めよ。

(2)　線分AFの長さを求めよ。

(3)　△CFDと△ABCの面積の比を最も簡単な整数の比で表せ。

よくでる **5** 右の図で，点 C は，点 O を中心とし，線分 AB を直径とする円の周上にある。このとき，$\angle x$ の大きさを求めよ。 〈岩手県〉［6点］

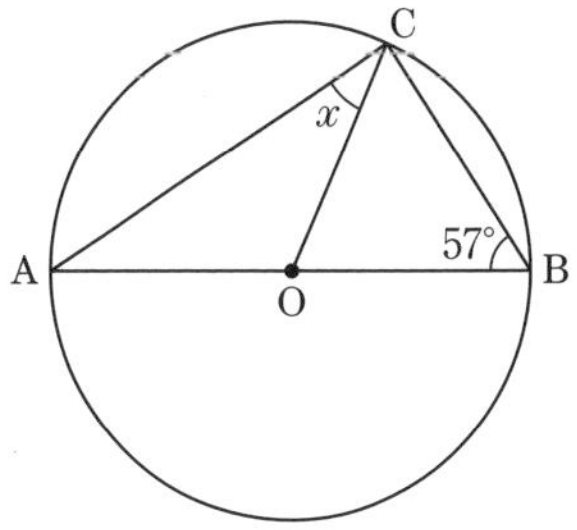

よくでる **6** 右の図のように，辺 AB が共通な△ABC と長方形 ABDE があり，辺 BC 上に辺 BD がある。AB は BD より 6 cm 長いものとする。CD = 4 cm とする。BD の長さを x cm として，次の問いに答えよ。 〈北海道〉［8点×2］

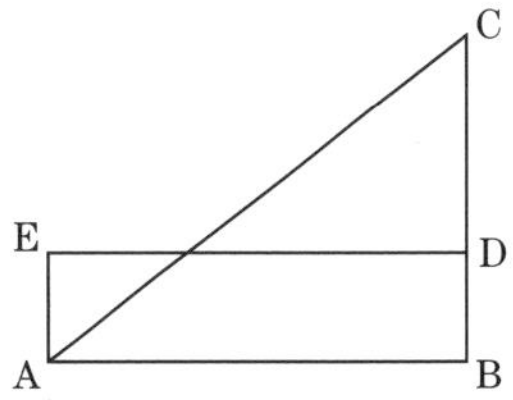

正答率 90.5%

(1) 長方形 ABDE の面積を，x を使った式で表せ。

正答率 25.3%

(2) AB と BD の長さの和が AC の長さに等しくなるとき，BD の長さは何 cm になるか。方程式をつくり，求めよ。

7 右の図で，四角形 ABCD は，AD // BC の台形である。E は辺 AB の中点，F は辺 DC 上の点で，四角形 AEFD と四角形 EBCF の周の長さが等しい。AD = 2 cm，BC = 6 cm，DC = 5 cm，台形 ABCD の高さが 4 cm のとき，次の問いに答えよ。 〈愛知県〉［8点×2］

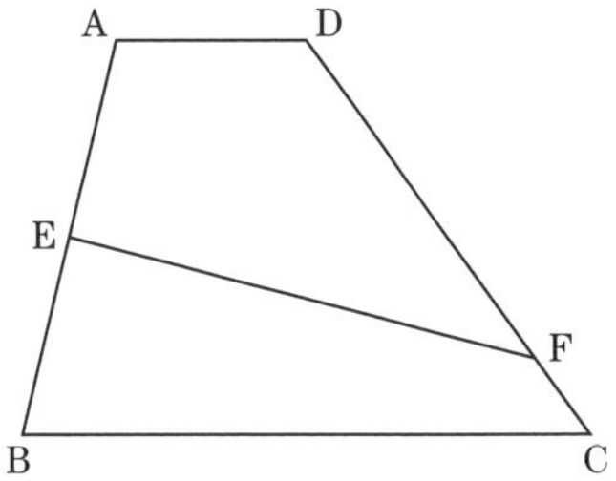

(1) 線分 DF の長さは何 cm か，求めよ。

ハイレベル

(2) 四角形 EBCF の面積は何 cm^2 か，求めよ。

8 右の図のように，円周上にそれぞれ線分で結ばれた 4 点 A，B，C，D があり，AC と BD の交点を E とする。$\overset{\frown}{AD} = \overset{\frown}{CD}$ のとき，次の問いに答えよ。 〈栃木県〉［8点×2］

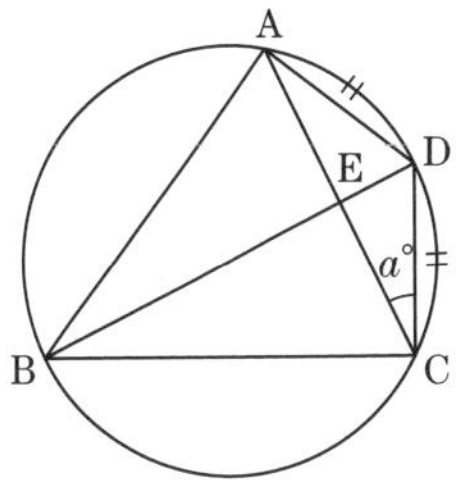

(1) $\angle ACD = a°$ とするとき，$\angle ABC$ の大きさを a を用いて表せ。

ハイレベル

(2) BE = 12 cm，ED = 3 cm のとき，CD の長さを求めよ。

5 空間図形

1 展開図 でる★

① 立体の展開図

① 立体の対応する点を展開図に順にかき入れると，立体と展開図の対応がわかりやすい。

② 展開図から立体を考えるときは，重なる点に注意する。

③ 切り口の辺や面上の文字などがある場合，向きなどに注意する。

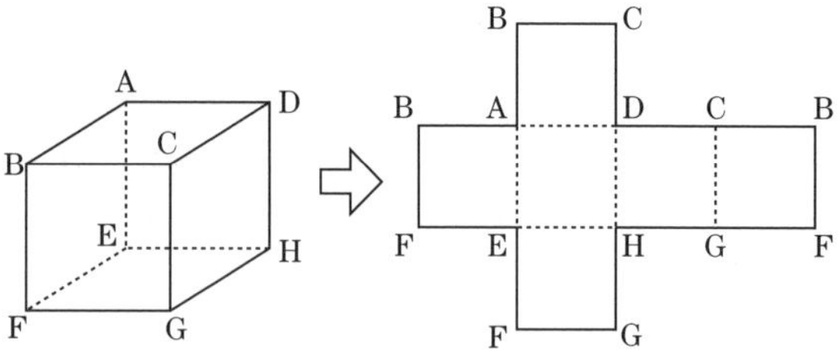

② いろいろな立体とその展開図

立体　展開図

正四面体

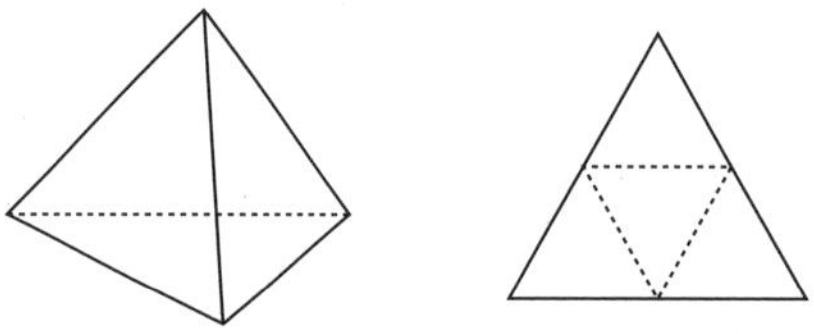

正六面体

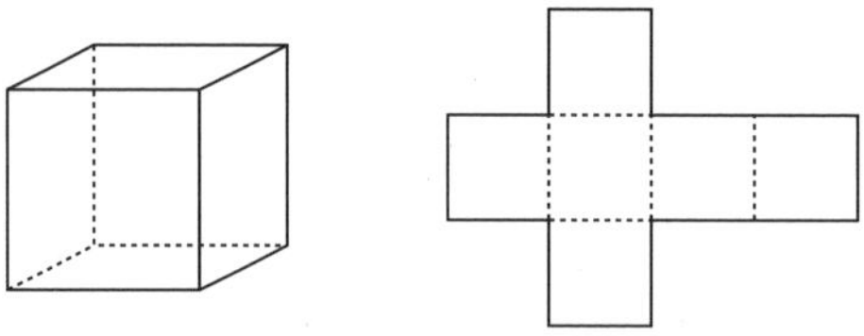

正八面体

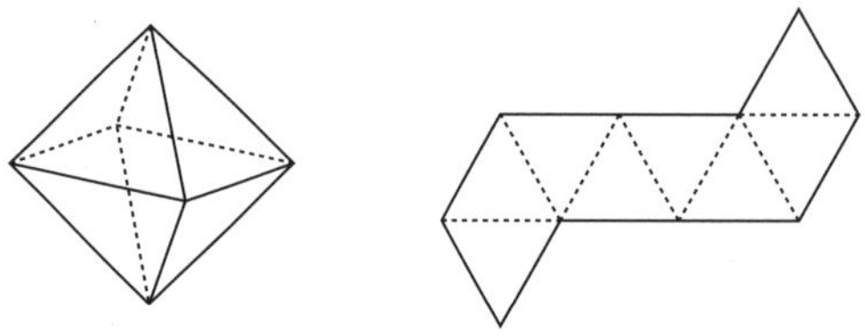

2 立体の体積・表面積 でる★★★

① 角錐・円錐の体積

① 底面積が S，高さが h である角錐・円錐の体積 V は，$V=\frac{1}{3}Sh$

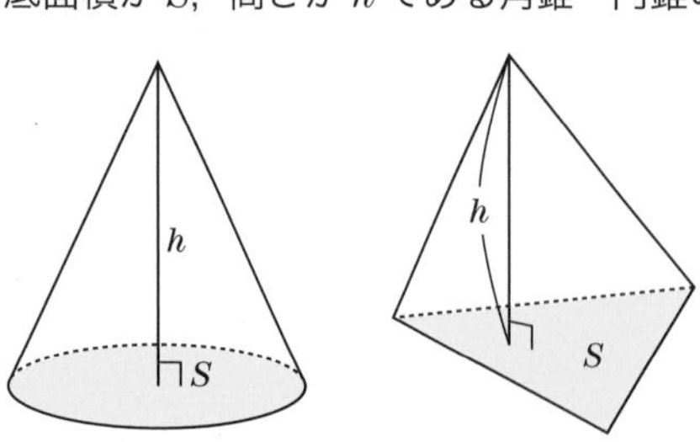

色のついた部分が立体の底面。
体積を求める公式では，$\times\frac{1}{3}$ を忘れないようにする。

② 円錐の表面積

① 表面積＝**底面積＋側面積**

② 側面のおうぎ形の面積

＝**(母線の長さ ℓ)×(底面の半径 r)×π**

③ **底面の円周**と**側面のおうぎ形の弧の長さ**は**等しい。**

④ 側面のおうぎ形の中心角→ **$360^\circ \times \dfrac{底面の半径\ r}{母線の長さ\ \ell}$**

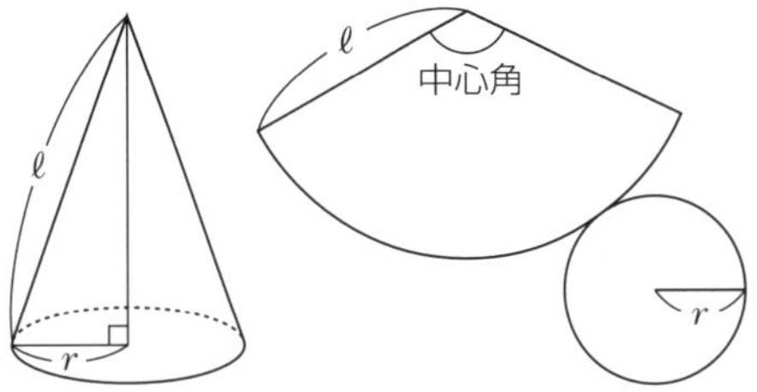

例題でチェック!

右の図で，側面のおうぎ形の中心角の大きさを求めよ。

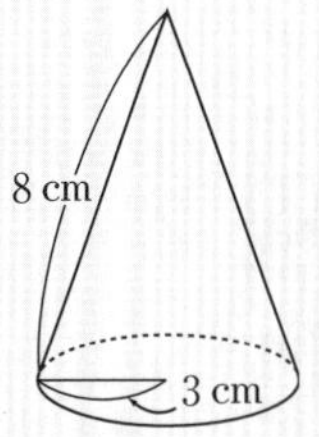

ココがカギ　側面のおうぎ形の中心角＝ $360^\circ \times \dfrac{底面の半径}{母線の長さ}$ を用いる。

解き方　母線の長さが 8 cm，底面の半径が 3 cm より，

側面のおうぎ形の中心角の大きさは，

$360^\circ \times \dfrac{3}{8} = 135^\circ$

答え　135°

③ 相似な立体の体積の比

① 相似比が $m : n$ の相似な立体の体積の比は，**$m^3 : n^3$**

④ 球の体積・表面積

① 半径 r の球の体積は，**$\dfrac{4}{3}\pi r^3$**

② 立体に球が内接しているとき，半径は接点と球の中心との長さに等しい。

③ 半径 r の球の表面積は，**$4\pi r^2$**

⑤ 回転体の体積・表面積

① 直線 ℓ を軸として，そのまわりに平面図形を回転させてできた立体を**回転体**という。円柱や円錐，球になることが多いので，それらの体積や表面積の公式を利用する。

3 空間図形の線分の長さ　でる★★

① 空間図形の内部の距離

① 3 辺の長さが，a，b，c である直方体の対角線 AB の長さは，

$AB^2 = BC^2 + AC^2 = a^2 + b^2 + c^2$

AB＞0 より，**$AB = \sqrt{a^2 + b^2 + c^2}$**

② 2 点間の距離の場合，対角線と同様に直角三角形の斜辺の長さとして求める。

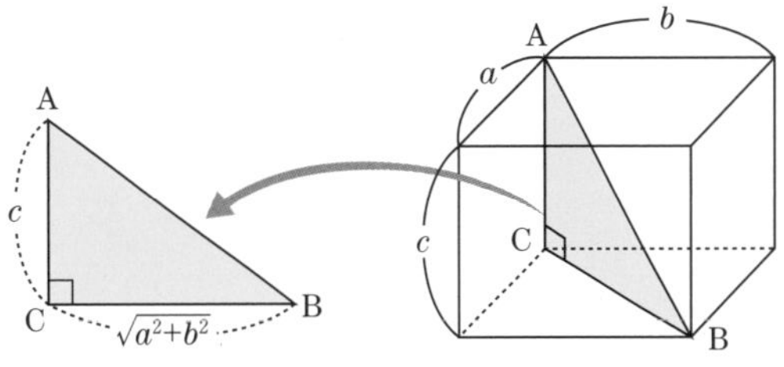

② 空間図形の表面の最短距離

① 展開図で考えて，点どうしを結んだ線分の長さが最短距離になる。

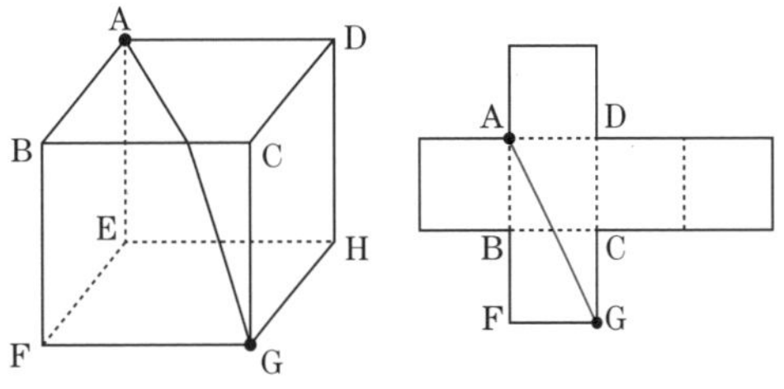

入試対策問題

よくでる **1** 右の図は，立方体の展開図である。この展開図を組み立ててつくられる立方体について，頂点Aと重なる2つの頂点を求めよ。

〈岐阜県〉［5点］

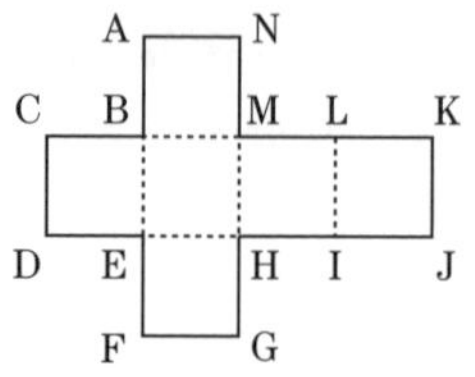

正答率 4.0%　思考力 **2** ある店では同じ味のアイスクリームをS，M，Lの3種類のサイズで販売しており，価格は下の表のとおりである。

これらのアイスクリームをすべて円柱とみなして考えると，SサイズとMサイズは相似な立体で，相似比は3：4である。また，MサイズとLサイズの底面の半径の比は4：5で，Lサイズの高さはMサイズの2倍である。このとき，最も割安なサイズを求め，その理由を数や式を用いて説明せよ。

〈埼玉県〉［15点］

サイズ	S	M	L
価格(円)	160	320	960

3 右の図のおうぎ形OABは，半径3cm，中心角90°である。このおうぎ形OABを，AOを通る直線ℓを軸として1回転させてできる立体の体積と表面積を求めよ。ただし，円周率はπとする。

〈和歌山県〉［15点］

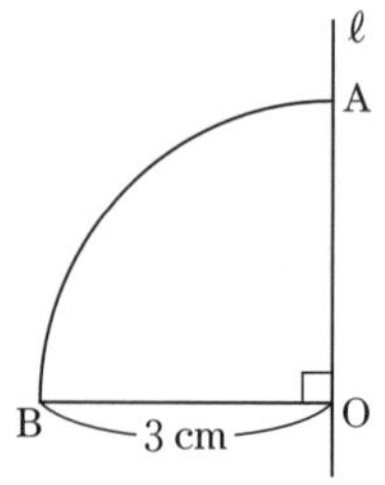

4 AB＝6cm，AD＝2cm，AE＝3cm である直方体 ABCD−EFGH がある。このとき，長方形AEGCの対角線AGの長さを求めよ。

〈山梨県〉［15点］

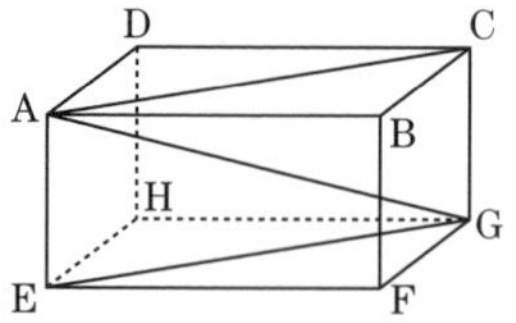

英語 数学 理科 社会 国語

5 **図1**，**図2**のように，直方体 ABCDEFGH があり，AB＝2 cm, AD=4 cm，AE＝3 cm である。このとき，次の問いに答えよ。

〈長崎県〉[10 点×4]

図1

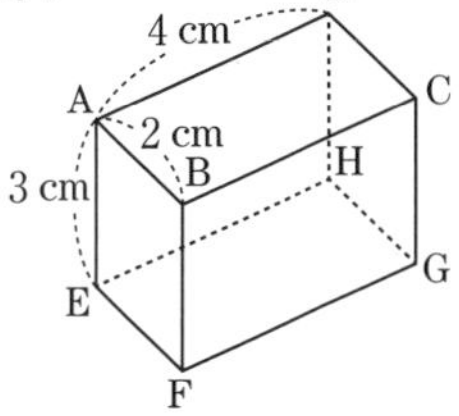

(1) **図1**において，辺 AD とねじれの位置にある辺を，次の**ア**～**エ**の中から 1 つ選び，その番号を書け。

ア 辺 EH　**イ** 辺 BF　**ウ** 辺 CD　**エ** 辺 AE

図2

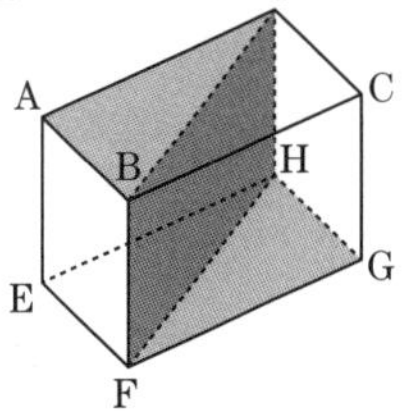

(2) 直方体 ABCDEFGH の表面積は何 cm^2 か。

図3

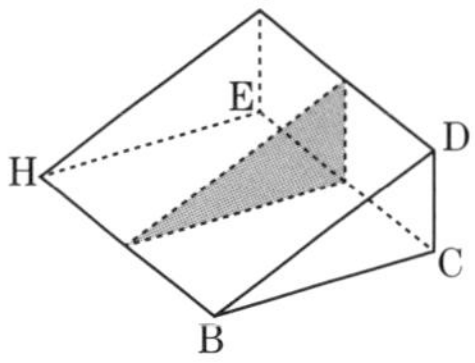

(3) **図2**のように，直方体 ABCDEFGH を平面 BFHD で 2 つに切り分ける。そして，合同な面である△HFG と△BDA を，対応する頂点どうしがそれぞれ重なるようにはり合わせて，**図3**，**図4**のような三角柱 BCDHEF をつくる。このとき，次の問いに答えよ。

① 三角柱 BCDHEF の辺 DF の長さは何 cm か。

図4

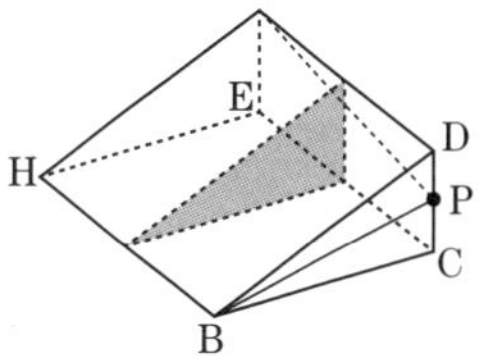

思考力 ② **図4**において，辺 CD 上を動く点を P とする。2 つの線分 BP, PF の長さの和 BP＋PF が最小となるとき，線分 PC の長さは何 cm か。

6 **図1**のように，1 辺の長さが 9 cm の立方体状の容器に，水面が頂点 A，B，C を通る平面となるように水を入れた。次に，この容器を水平な台の上に置いたところ，**図2**のように，容器の底面から水面までの高さが x cm になった。x の値を求めよ。

〈岐阜県〉[10 点]

図1

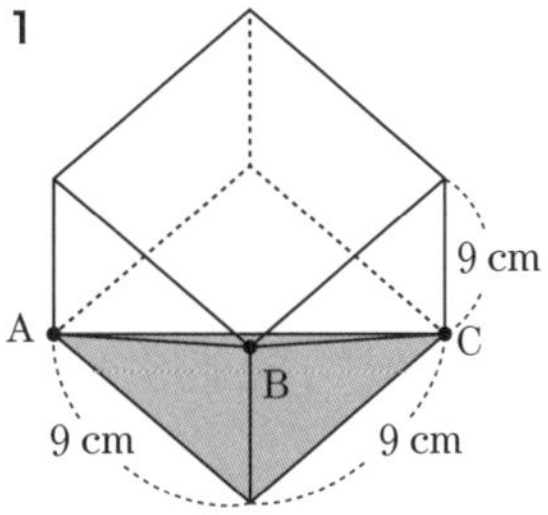

図2

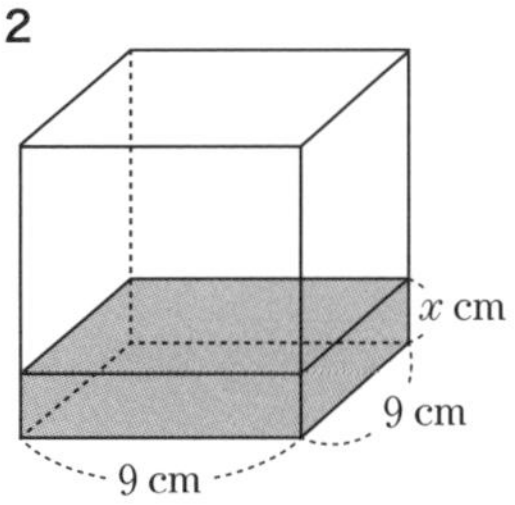

6 図形の作図・証明

1 作図 でる★★★

① 垂線

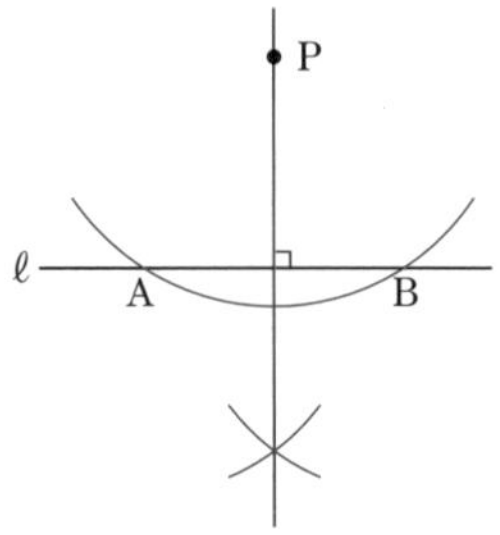

① 直線と**垂直に交わる**直線。

② 作図：P を中心として，直線 ℓ に交わるように円をかき，交点をそれぞれ A, B とする。A, B を中心として半径の等しい円をかき，交点と P を結ぶ。

② 垂直二等分線

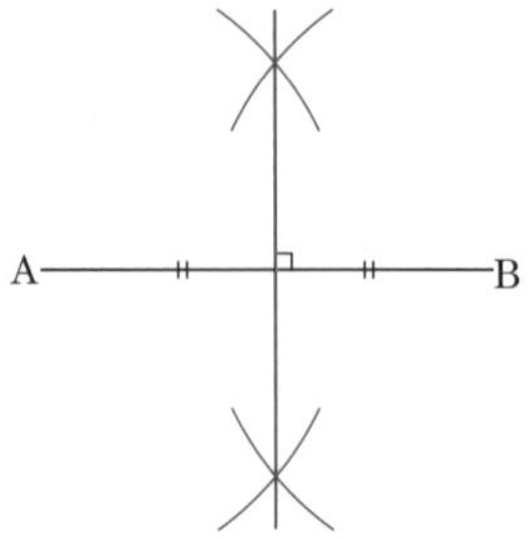

① 線分を**垂直に 2 等分**する直線。

② 作図：A，B を中心として，半径の等しい円をそれぞれかき，2 つの円の交点を結ぶ。

③ 角の二等分線

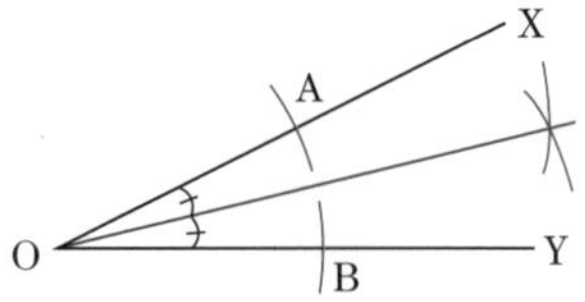

① 角を **2 等分**する直線。

② 作図：O を中心として円をかき，OX，OY との交点をそれぞれ A，B とする。A，B を中心として半径の等しい円をかき，交点と O を結ぶ。

2 三角形の合同の証明 でる★★

① 三角形の合同条件

次の①～③の場合に三角形は合同である。

① 3 組の辺がそれぞれ等しい。

AB＝DE
BC＝EF
CA＝FD

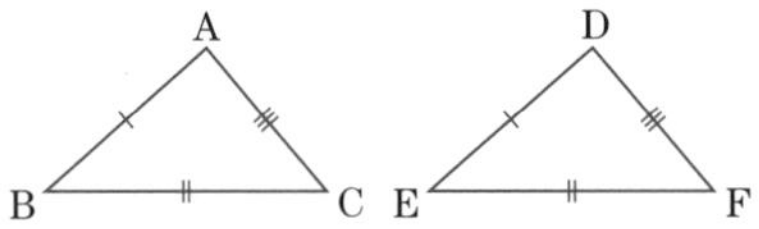

② 2 組の辺とその間の角がそれぞれ等しい。

AB＝DE
BC＝EF
∠B＝∠E

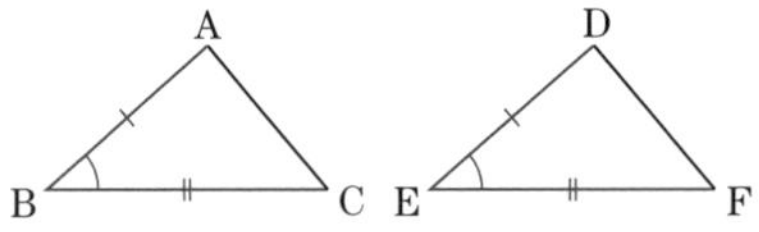

③ 1 組の辺とその両端の角がそれぞれ等しい。

BC＝EF
∠B＝∠E
∠C＝∠F

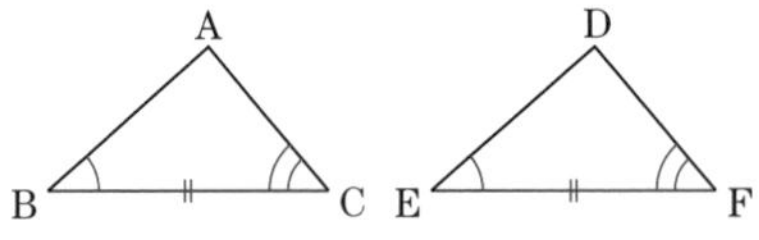

② 直角三角形の合同条件

∠C＝∠F＝90°の直角三角形では，①に加えて，次の①，②の場合も合同である。

① 斜辺と 1 つの鋭角がそれぞれ等しい。

AB＝DE
∠B＝∠E

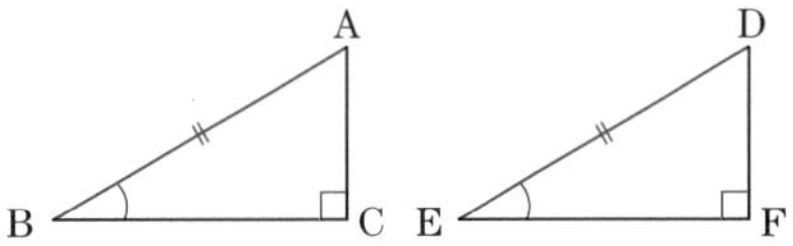

② 斜辺と他の 1 辺がそれぞれ等しい。

AB＝DE
BC＝EF

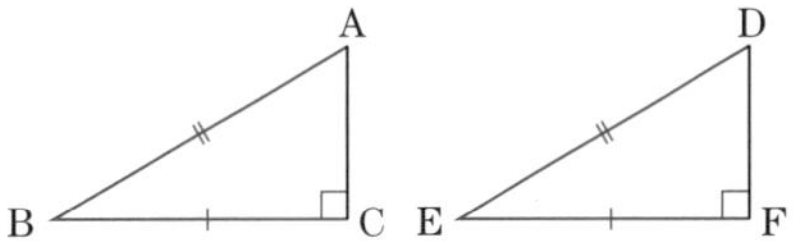

3 三角形の相似の証明 でる★★

① 三角形の相似条件

① 3 組の辺の比がすべて等しい。

$a:d=b:e=c:f$

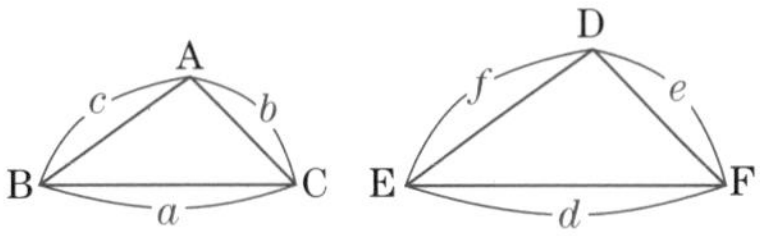

② 2 組の辺の比とその間の角がそれぞれ等しい。

$a:d=c:f$
∠B＝∠E

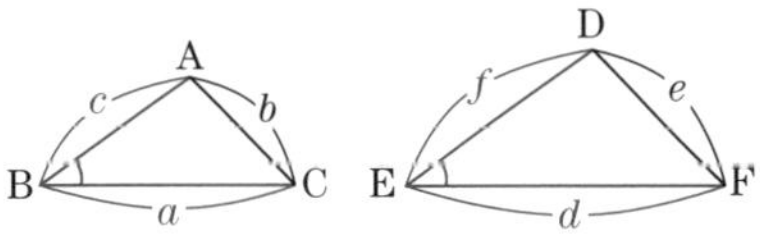

③ 2 組の角がそれぞれ等しい。

∠B＝∠E
∠C＝∠F

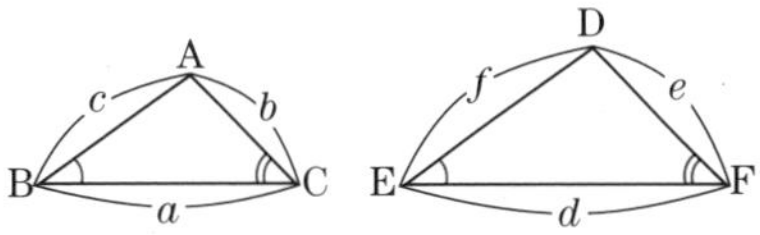

② 相似が現れる図形

① 次のような場合，相似が現れる。

ⅰ)平行線

AB // ED ならば，

△ABC∽△DEC

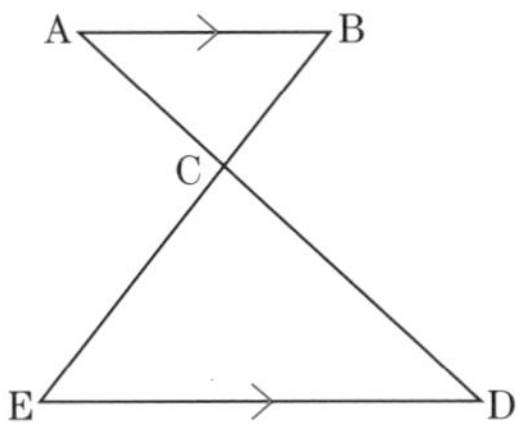

ⅱ)直角三角形

∠BAC＝∠ADC

＝90°ならば，

△ABC∽△DBA

∽△DAC

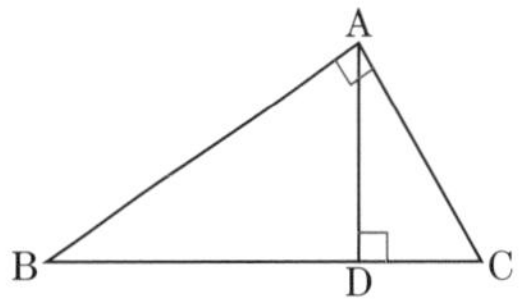

ⅲ)1 つの角を共有

∠ABC＝∠ADE

ならば，

△ABC∽△ADE

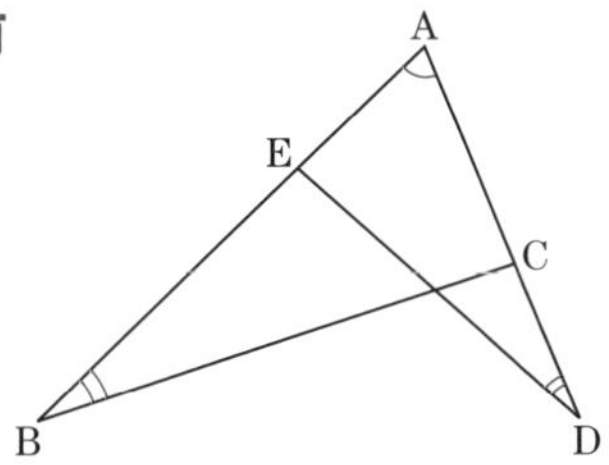

ⅳ)円

A，B，C，D が同じ

円周上の点ならば，

△EAB∽△EDC

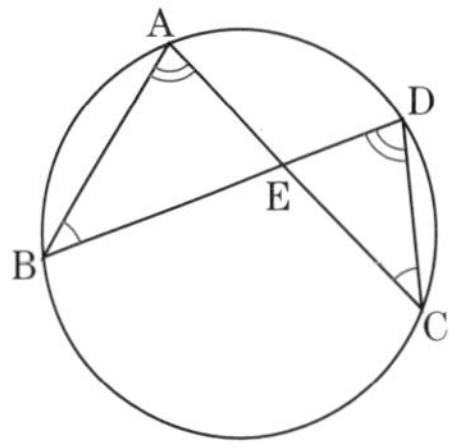

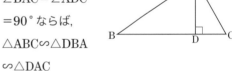

入試対策問題

時間 40分

得点 　　/100点

解答解説 別冊 P.14

1 右の図のような，2直線 ℓ，m と直線 m 上の点Aがある。中心が直線 ℓ 上にあり，点Aで直線 m に接する円を，コンパスと定規を使って作図せよ。作図に用いた線は消さずに残しておくこと。　〈宮崎県〉[10点]

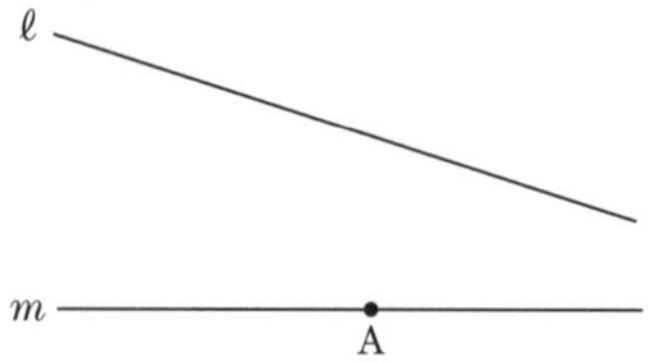

2 右の図において，3つの直線 ℓ，m，n との距離がすべて等しくなる点を1つ作図し，その点をPとして示せ。ただし，作図には定規とコンパスを使用し，作図に用いた線は残しておくこと。　〈静岡県〉[10点]

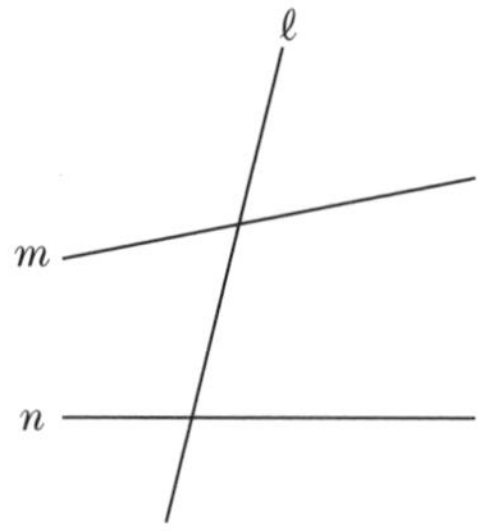

正答率 31.9%

3 右の図のように，直線 ℓ と円Oがあり，直線 ℓ 上に2点A，Bがある。円Oの円周上にあり，△ABPの面積がもっとも小さくなるような点Pを，コンパスと定規を使って作図せよ。作図に用いた線は消さずに残しておくこと。　〈宮崎県〉[12点]

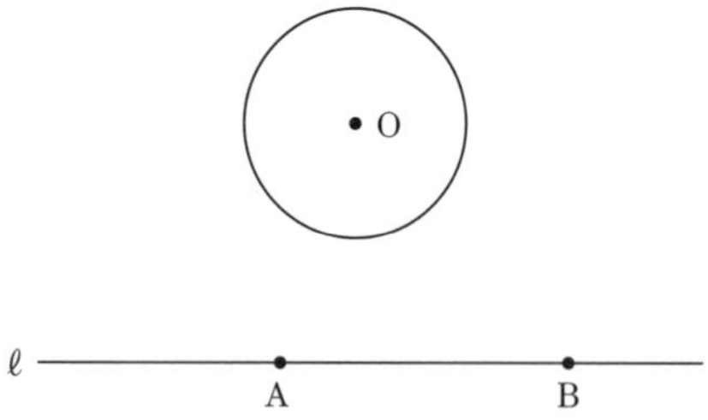

4 右の図のように，△ABCの辺AC上に2点D，Eがあり，AD＝DE＝ECとなる。点Dを通り，直線BEに平行な直線をひき，辺ABとの交点をFとする。また，点Cを通り，辺ABに平行な直線をひき，直線BEとの交点をGとする。このとき，△AFD≡△CGEであることを証明せよ。　〈岩手県〉[12点]

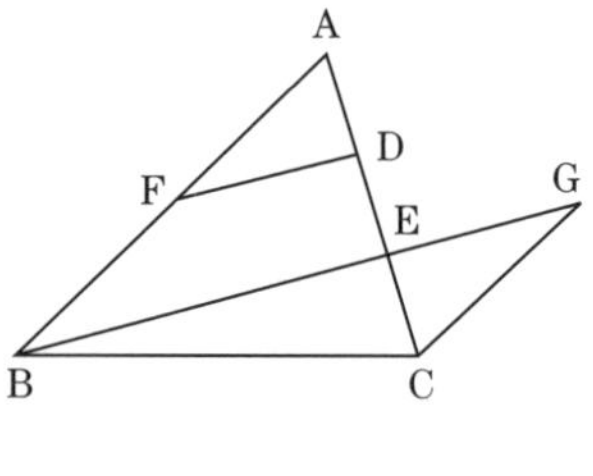

5 右の図のように，円Oの周上に4点A，B，C，Dがあり，AD＝CDとする。また，線分ACと線分BDの交点をEとし，2点A，Eから線分BCにひいた垂線と線分BCとの交点をそれぞれH，Fとする。このとき，△ABE≡△FBEであることを証明せよ。　〈佐賀県〉[12点]

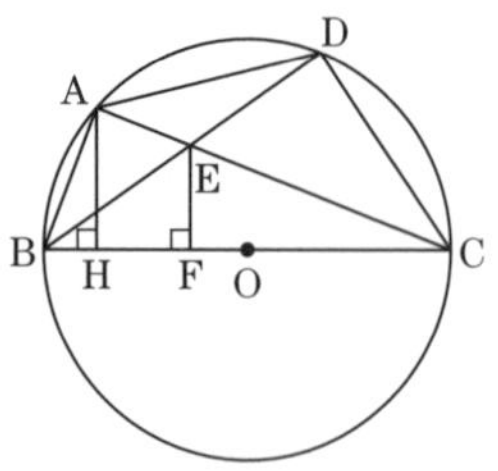

よくでる **6** 右の図のように，円周上に5つの点A，B，C，D，Eがある。BE // CDで，BEとACとの交点をF，BEとADとの交点をGとする。このとき，△ABG∽△EDGであることを証明せよ。ただし，証明の中に根拠となることがらを必ず書くこと。

〈沖縄県・一部抜粋〉[13点]

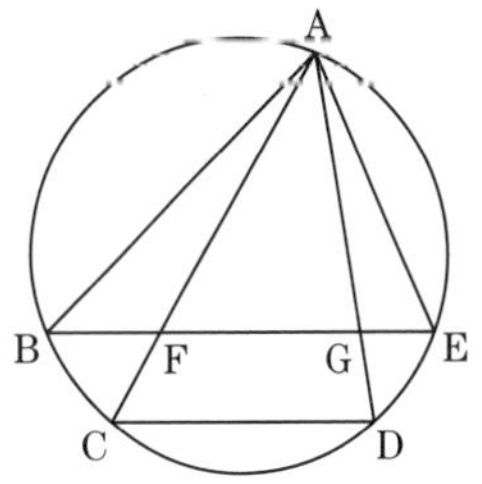

ハイレベル **7** 右の図において，△ABCは，AB＝AC＝7 cm，BC＝12 cmの二等辺三角形である。Dは，辺BC上にあってB，Cと異なる点である。AとDとを結ぶ。Eは直線ADについてBと反対側にある点であり，△AED≡△ABDである。EとCとを結ぶ。Fは，線分AEと辺BCとの交点である。△ADF∽△CEFであることを証明せよ。

〈大阪府・一部抜粋〉[13点]

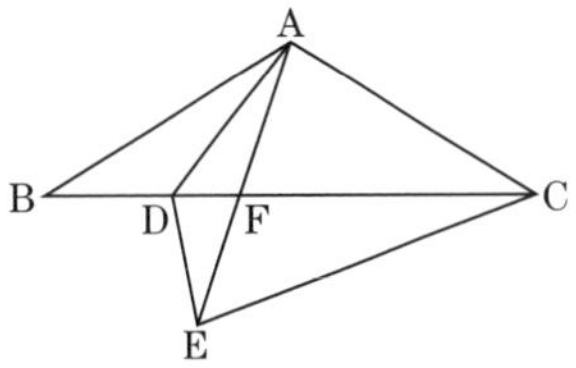

8 右の図のように，線分ABを直径とする半円があり，点Oは線分ABの中点である。$\widehat{AB}$上に3点C，D，Eがあり，$\widehat{CD}=\widehat{DE}=\widehat{EB}$である。線分AEと線分BCとの交点をFとする。このとき，次の問いに答えよ。

〈富山県〉[6点×3]

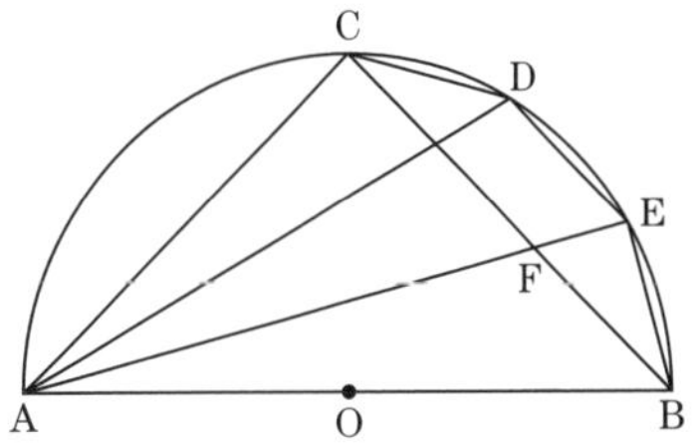

(1) △CAD∽△FABを証明せよ。

(2) AB＝12 cm，∠CAB＝45°とするとき，次の問いに答えよ。

① 線分CFの長さを求めよ。

思考力 ② △CADの面積を求めよ。

1 データの活用 でる★★★

① 度数分布表

① 度数分布表…データを右の表のように整理したもの。

② 階級…1つ1つの区間。

③ 階級の幅…区間の幅。

④ 階級値…階級の**真ん中の値**。

⑤ 度数…それぞれの階級に入るデータの**個数**。

⑥ 相対度数…各階級の度数の，**全体に対する割合**。

身長の記録

身長(cm)	度数(人)	相対度数
以上　未満		
140 ～ 150	3	0.12
150 ～ 160	7	0.28
160 ～ 170	10	0.40
170 ～ 180	5	0.20
計	25	1.00

② ヒストグラム

① ヒストグラム(柱状グラフ)…各階級の度数の分布のようすを柱状のグラフで表したもの。

③ 代表値

① 平均値…**個々のデータの値の合計**を**データの総数**でわったもの。

② 中央値(メジアン)…値を大きさの順に並べたときの**中央の値**。

総数が偶数個の場合は，**中央の2つの値の平均値**。

③ 最頻値(モード)…値のうち，**最も多い値**または**度数が最も多い階級の階級値**。

④ 範囲(モード)…最大値から最小値をひいた値。

2 表や樹形図で調べる確率 でる★

① 表で調べる確率

① 正確に作られたさいころの目の出方は**6通り**あり，目の出やすさは，いずれも同様に確からしい。

② 2個のさいころを投げた場合，目の出方は**6×6＝36(通り)**あり，表をかいて考える。

例題でチェック!

大小2つのさいころを同時に投げるとき，出た目の数の和が5の倍数になる確率を求めよ。

ココがカギ　表をかいて考える。

解き方　表から目の数の和が5の倍数になる出方は，

(1，4)，(2，3)，(3，2)，(4，1)，(4，6)，

(5，5)，(6，4)なので，場合の数は7通り。

さいころの目の出方は，6×6＝36(通り)

よって，求める確率は，

$\frac{7}{36}$

大＼小	1	2	3	4	5	6
1				○		
2			○			
3		○				
4	○					○
5					○	
6				○		

答え　$\frac{7}{36}$

② 樹形図で調べる確率

① ことがらAの起こる場合の数を順序も考えて数えるとき，**樹形図**を利用することができる。

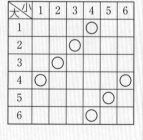

③ 硬貨を使った確率

① 硬貨を投げると表か裏が出る。このことがらの起こりやすさは同様に確からしい。

② 複数の硬貨を投げる場合，**樹形図**をかいて考える。

④ 玉を使った確率

①「もとにもどす場合」 →袋から取り出した玉をもとにもどす場合，もどした玉が再び取り出されることもありうる。

②「もとにもどさない場合」（**同時に取り出す**場合） →**樹形図**をかいて考える。

3 いろいろな確率 でる★★

① いろいろな確率

① じゃんけんの確率：それぞれの人について 3 通りの出し方がある。

② トランプの確率：4 種類の各マークに対して 13 枚ずつカードがある。

③ くじ引きの確率：あたりくじが複数本ある場合も，それぞれ区別して考える。

④ 図形と確率：平面図形の周を動く点についての確率を求める問題などがある。

⑤ 座標平面と確率：座標平面上の点の座標を$(a,\ b)$とおき，a，bと，さいころを投げたときの出た目の数を対応させて，ことがらの確率を求める問題がある。

4 四分位範囲と箱ひげ図 でる★

① 四分位数と四分位範囲

① 四分位数…データを小さい順に並べて 4 等分したときの，**3 つの区切りの値**。
四分位数を小さいほうから順に，**第 1 四分位数**，**第 2 四分位数**（中央値），**第 3 四分位数**という。

② 四分位範囲…**第 3 四分位数から第 1 四分位数をひいた値**。

② 箱ひげ図

① 箱ひげ図…3 つの四分位数と最大値，最小値を箱と線（ひげ）を用いて表した図。

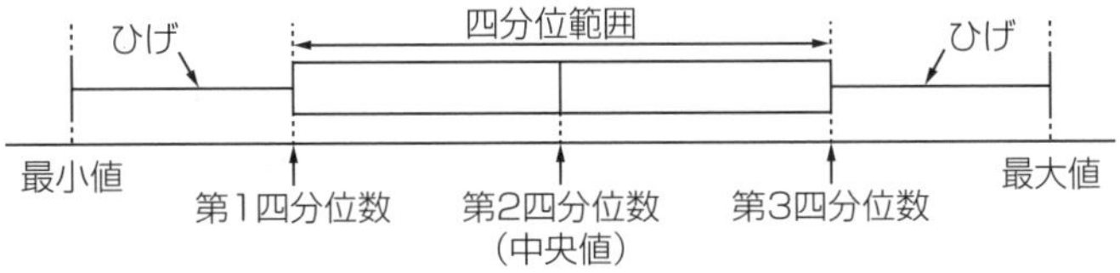

5 標本調査 でる★

① 標本調査

① 全数調査…**集団すべて**について行う調査。

② 標本調査…全体から**一部を取り出し**，これを調査することで集団全体の傾向を推測する調査。

③ 母集団…傾向を知りたい**集団全体**。

④ 標本…調査のために取り出した**集団の一部**。

入試対策問題

時間 30分　得点 ／100点　解答解説 別冊 P.15

よくでる **1** 次は，T さんが所属している柔道部の男子部員 12 人全員が，鉄棒でけんすいをした回数の記録である。次の問いに答えよ。〈埼玉県〉[11 点×2]

けんすいの回数の記録(回)

6, 5, 8, 3, 3, 4, 5, 24, 28, 3, 7, 6

(1) 平均値と中央値(メジアン)をそれぞれ求めよ。

(2) T さんのけんすいの回数は 8 回だった。家に帰ると，兄に T さん自身のけんすいの回数と，柔道部員の平均値を聞かれた。それに答えると「平均値と比べると，柔道部の男子部員の中ではけんすいができない方だね。」と言われた。この兄の意見に対する反論とその理由を述べ，代表値として平均値よりふさわしいものを書け。

2 2つのさいころを同時に投げるとき，目の数の和が 4 の倍数となる確率を求めよ。ただし，さいころの 1 から 6 の目の出方は同様に確からしいとする。〈福井県〉[12 点]

3 右の図のように，1 から 6 までの番号が書かれた 6 つのいすが番号順にすき間なく横一列に並んでいる。1 から 6 までの数字が 1 つずつ書かれた 6 枚のカードをよくきってから，花子さんと太郎さんは，この順に 1 枚ずつカードをひき，それぞれひいたカードの数字と同じ番号のいすに座るものとする。ただし，ひいたカードはもとにもどさないものとする。また，どのカードをひくことも同様に確からしいものとする。次の問いに答えよ。

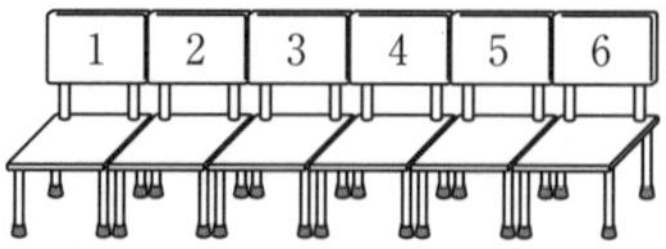

〈大分県〉[6 点×2]

正答率 58.9%　(1) 花子さんと太郎さんの座り方は，全部で何通りあるか求めよ。

正答率 48.1%　(2) 花子さんと太郎さんの間に，空席が 2 つ以上あるときの確率を求めよ。

4 箱の中に，[1]，[2]，[4]，[5]，[6] と書かれたカードが 1 枚ずつ，合計 5 枚入っている。この箱から 1 枚のカードを取り出し，箱にもどさずに続けてもう 1 枚のカードを取り出す。このとき，次の問いに答えよ。〈福井県〉[11 点×2]

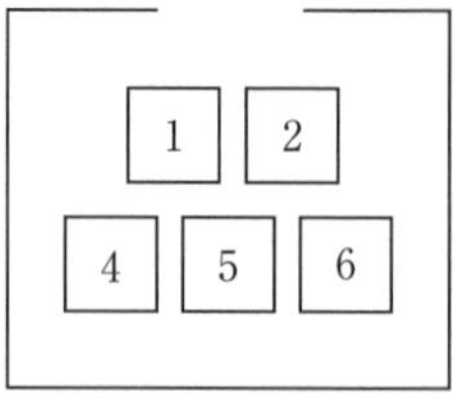

(1) 取り出した順に 2 枚のカードを並べるとき，その並べ方は全部で何通りあるか。

(2) 取り出した1枚目のカードに書かれている数字を x，2枚目のカードに書かれている数字を y として，$(x,\ y)$ を座標とする点をPとする。さらに，(3，3)を座標とする点をAとしたとき，2点A，Pを通る直線の傾きが正の数になる確率を求めよ。ただし，カードの取り出し方は，同様に確からしいとする。
(例) 1枚目のカードが[2]，2枚目のカードが[5]のときは，図のように点Pの座標は(2，5)で，2点A，Pを通る直線の傾きは−2となる。

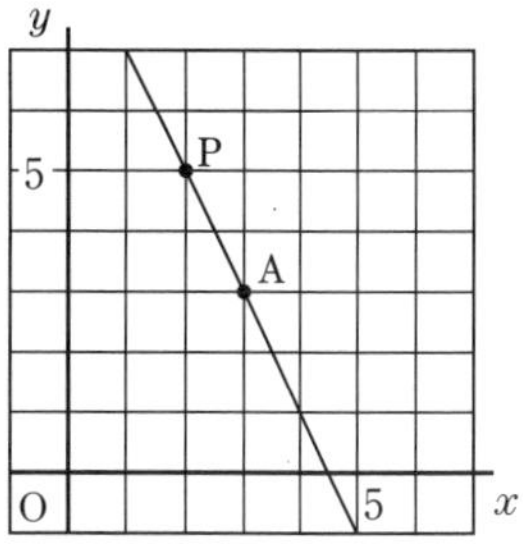

5 ある工場で同じ製品が60000個製造された。このうち300個を無作為に抽出して検査したところ，2個が不良品であった。このとき，この工場で製造された60000個の製品のうちの不良品の個数はおよそ何個と推測されるか，求めよ。 〈愛知県〉[11点]

6 3つの都市A，B，Cについて，ある年における，降水量が1mm以上であった日の月ごとの日数を調べた。このとき，次の問いに答えよ。 〈栃木県〉[6点×2]

(1) 下の表は，A市の月ごとのデータである。このデータの第1四分位数と第2四分位数(中央値)をそれぞれ求めよ。また，A市の月ごとのデータの箱ひげ図をかけ。

	1月	2月	3月	4月	5月	6月	7月	8月	9月	10月	11月	12月
日数(日)	5	4	6	11	13	15	21	6	13	8	3	1

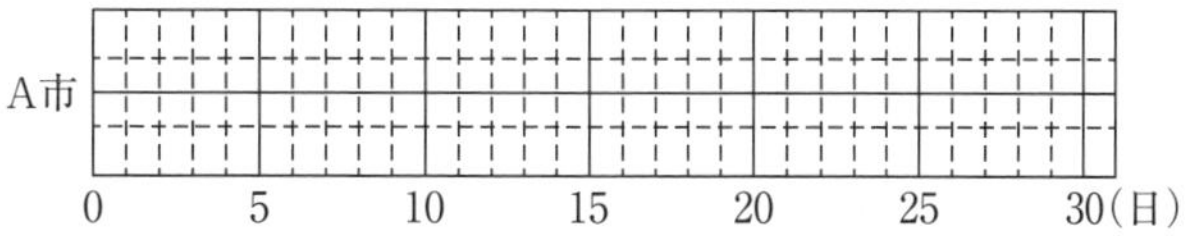

(2) 下の図は，B市とC市の月ごとのデータを箱ひげ図に表したものである。B市とC市を比べたとき，データの散らばりぐあいが大きいのはどちらか答えよ。
また，そのように判断できる理由を「範囲」と「四分位範囲」の両方の用語を用いて説明せよ。

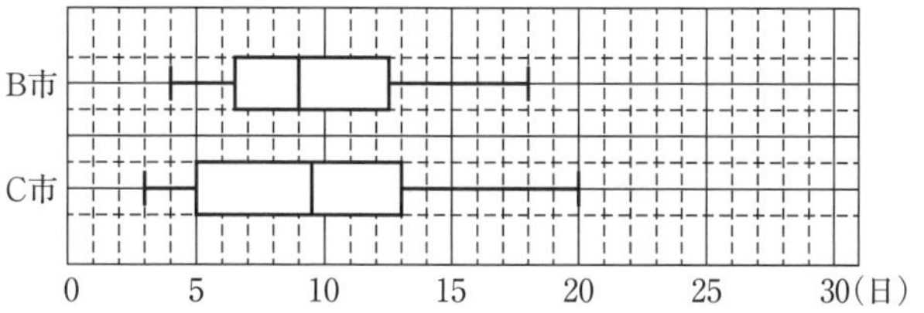

正答率 26.1%

7 あるクラスの生徒35人が，数学と英語のテストを受けた。図は，それぞれのテストについて，35人の得点の分布のようすを箱ひげ図に表したものである。この図から読み取れることとして正しいものを，あとの**ア**～**エ**から全て選んで，その符号を書け。 〈兵庫県〉[9点]

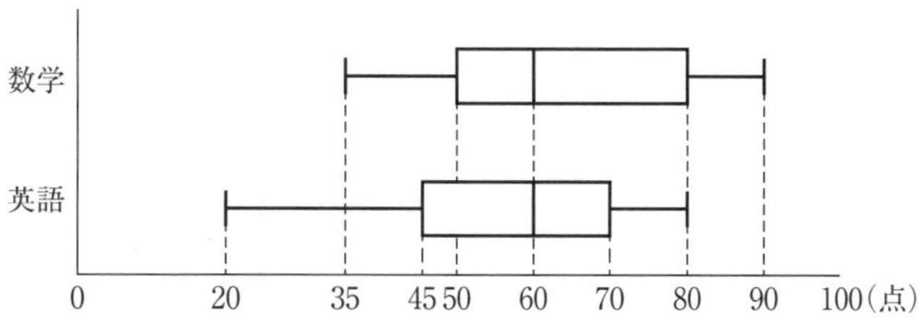

ア 数学，英語どちらの教科も平均点は60点である。
イ 四分位範囲は，英語より数学の方が大きい。
ウ 数学と英語の合計得点が170点である生徒が必ずいる。
エ 数学の得点が80点である生徒が必ずいる。

1 身のまわりの現象と物質

1 光 でる★★★

① **光の反射**…光が反射するとき，**入射角＝反射角**となる。

② **光の屈折**…空気中→水中(ガラス中)…**入射角＞屈折角**

水中(ガラス中)→空気中…**入射角＜屈折角**

③ **全反射**…光が水中(ガラス中)から空気中へ進むとき，入射角が一定以上大きくなると，すべての光が境界面で反射する現象。

▼光の進み方

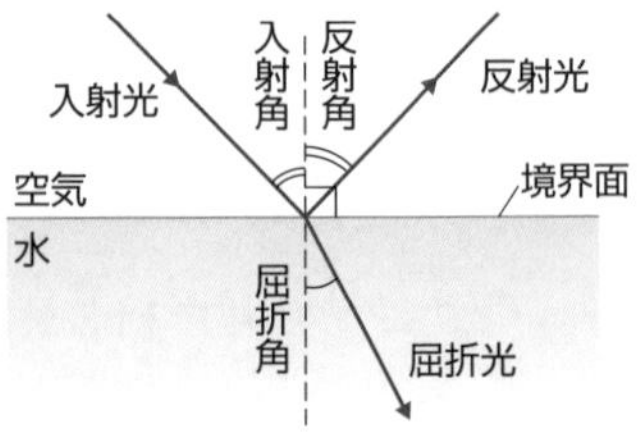

④ **実像**…実際に光が集まってできる像。

⑤ **虚像**…実際に光が集まってできた像ではない。鏡にうつった像やルーペで物体より大きく見える像などが虚像。

⑥ **凸レンズと像** おぼえる

凸レンズを通してできる像の作図

1. 光軸に平行な**光は焦点を通る**。
2. 凸レンズの**中心を通る光は直進**する。
3. **焦点を通った光は光軸に平行**に進む。

▼物体が焦点の外側

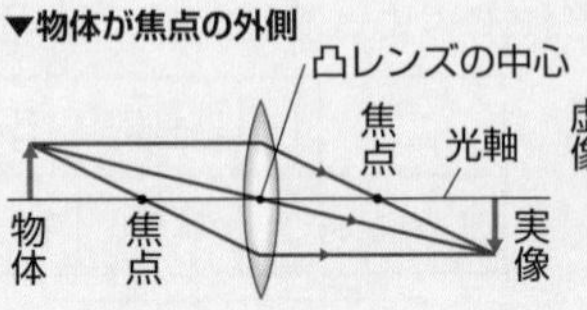

▼物体が焦点の内側

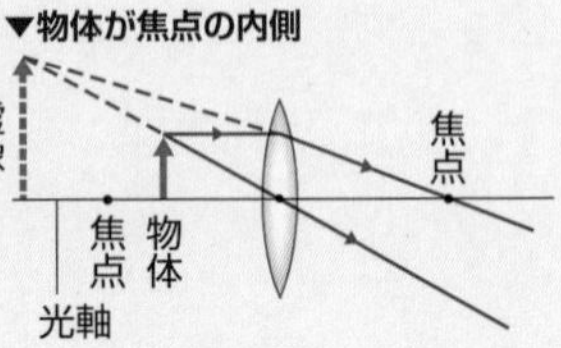

2 音 でる★★★

① **音**…物体が振動することによって発生し，気体，液体，固体を波として伝わる。

② **音の高さ**…**振動数**が多いほど音は高く聞こえる。

③ **音の大きさ**…**振幅**が大きいほど音は大きく聞こえる。

④ **音が伝わる速さ**…空気中では**約340m/s**である。

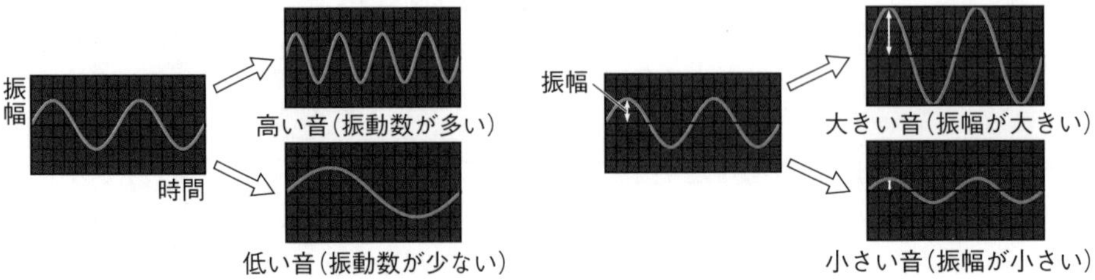

3 力 でる★★★

① **力の大きさの単位**…**N(ニュートン)**が使われる。

② **力の大きさとばねののび**…ばねののびは，ばねを引く力の大きさに**比例**する。これを**フックの法則**という。

③ **力の表し方**…力を矢印で表すことができる。

④ **質量と重さ**…物体そのものの量が**質量**，物体にはたらく重力の大きさが**重さ**。質量は場所によって変わらないが，重さは場所によって変わる。

▼力の表し方

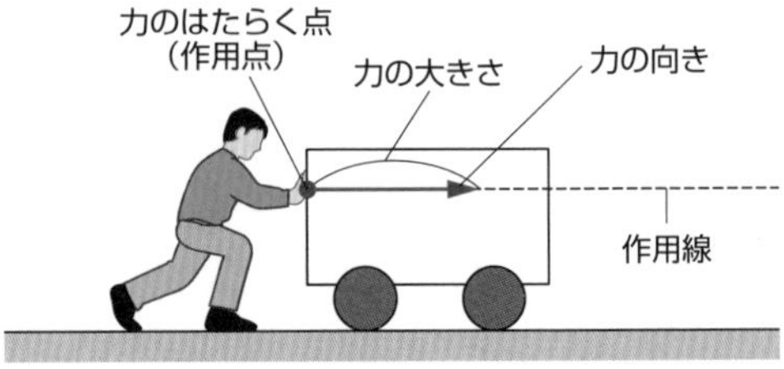

4 化学実験の基礎 でる★★★

① **ガスバーナーの使い方** よくでる

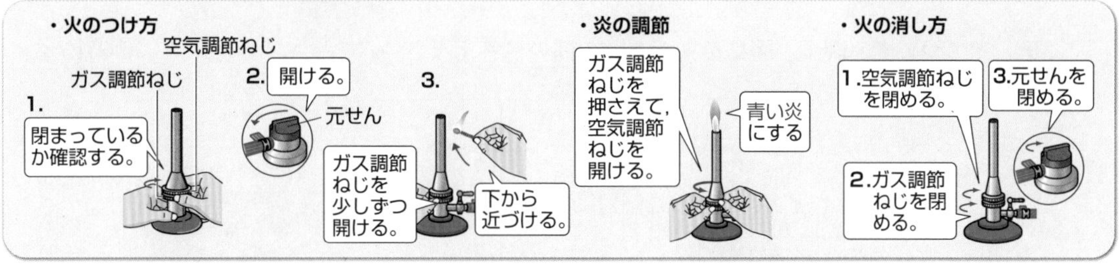

② **メスシリンダー**…**1目盛りの10分の1**まで目分量で読む。

③ **ろ過**…液体にとけているものはろ紙を通過し，液体にとけていないものはろ紙に残る。

▼ろ過のしかた

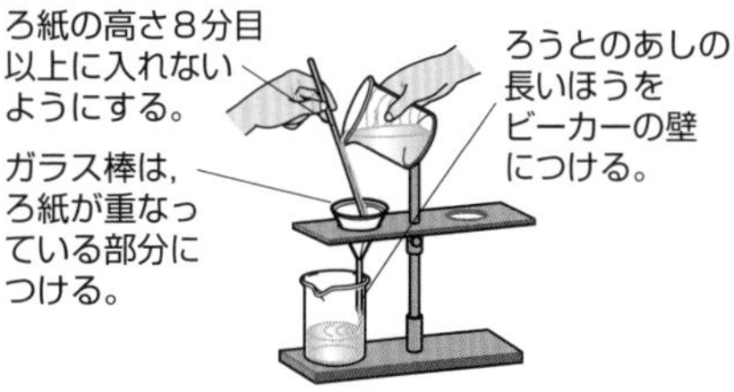

5 物質の性質 でる★★★

① **有機物と無機物**…炭素を含む物質を**有機物**，炭素を含まない物質を**無機物**という。

② **金属の特徴**…**●金属光沢がある。●熱や電気をよく通す。●展性(うすく広がる)，延性(のびる)がある。**

③ **密度**…物質1 cm^3あたりの質量。**密度〔g/cm^3〕＝$\dfrac{質量〔g〕}{体積〔cm^3〕}$**

④ **状態変化**…状態変化では，**質量は変わらないが，体積が変化する。**

⑤ **融点と沸点**…固体から液体に変化するときの温度が**融点**，液体が沸騰して気体に変化するときの温度が**沸点**。

⑥ **蒸留**…液体を加熱し，出てきた気体を冷やして再び液体にしてとり出すこと。

6 気体 でる★★★

① **酸素**…**物質を燃やす。二酸化マンガン**に**オキシドール**(うすい過酸化水素水)を加えると発生。

② **二酸化炭素**…**石灰水に通すと白くにごる。石灰石**に**うすい塩酸**を加えると発生。

③ **水素**…酸素との混合気体の中で爆発的に**燃えて水ができる。亜鉛**などの金属に**うすい塩酸**を加えると発生。

④ **アンモニア**…**水にひじょうにとけやすい。**水溶液は**アルカリ性。塩化アンモニウム**に**水酸化カルシウム**を加えて加熱すると発生する。

⑤ **気体の集め方** おぼえる

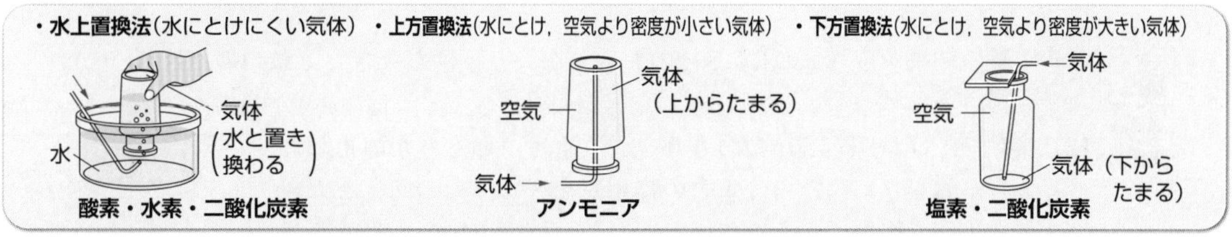

7 水溶液と溶解度 でる★★★

① **質量パーセント濃度**…**質量パーセント濃度〔%〕＝$\dfrac{溶質の質量〔g〕}{溶液の質量〔g〕}$×100**

② **飽和水溶液**…物質がそれ以上とけきれなくなった水溶液。

③ **再結晶**…いったん溶媒(水など)にとかした物質を，**再び結晶としてとり出す方法。**

入試対策問題

時間 30分　得点　／100点　解答解説 別冊 P.16

1 光について，**図1**，**図2**を見てあとの問いに答えなさい。　〈富山県〉［7点×4］

図1

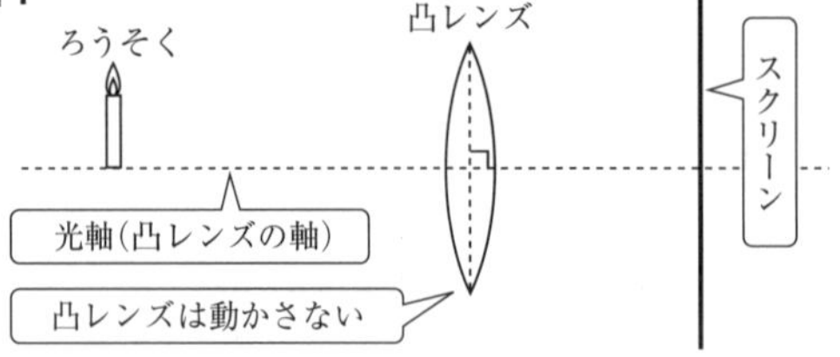

図2

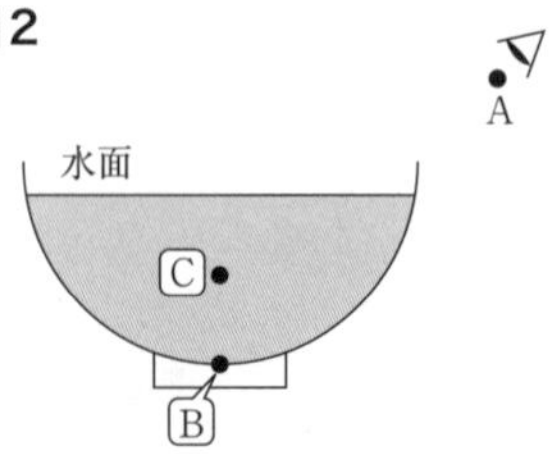

(1) **図1**は，凸レンズによるろうそくの像をスクリーンにうつし出す装置の模式図である。次の文中の①～③の(　　)の中から適当なものを，それぞれ1つずつ選び，記号で答えなさい。

スクリーンに像を結ばせてから，ろうそくだけを光軸(凸レンズの軸)に沿って凸レンズから遠ざけた。凸レンズを動かさずに再び像を結ばせるためには，ろうそくやスクリーンの位置によって凸レンズの焦点距離が ①(**ア**　変化する　　**イ**　変化しない)ことから，スクリーンを②(**ウ**　凸レンズに近づける　　**エ**　凸レンズから遠ざける)とよい。このようにして再び結んだ像の大きさは，最初の像に比べて③(**オ**　大きく　　**カ**　小さく)なる。

①［　　　　］　②［　　　　］　③［　　　　］

よくでる (2) **図2**のように半球型容器に水を注ぎ，点Aから見たところ，水を注ぐ前には見えなかった容器の底の点Bの位置に置いた砂つぶが，点Cの位置にあるように見えた。このとき，点Bから点Aに向かって光が進んだ道すじを，進む向きがわかるように，**図2**に矢印付きの実線(→)でかき入れなさい。ただし，作図に用いた補助線は残すこと。

2 ばねRを用いて次の実験を行った。このことについて，あとの問いに答えなさい。ただし，100gの物体にはたらく重力の大きさを1Nとし，ばねの重さは考えないものとする。　〈高知県〉［7点×4］

図1

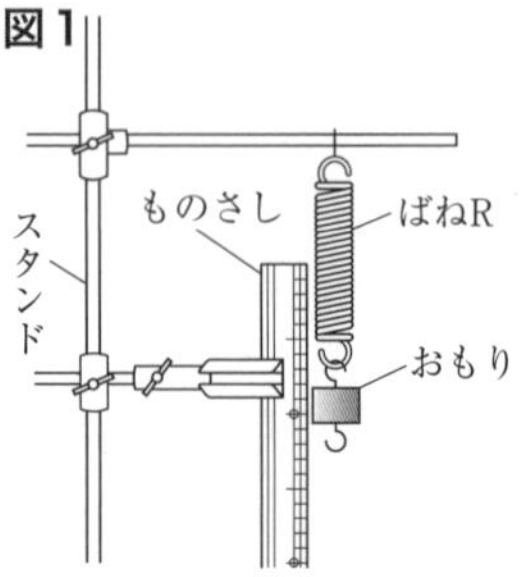

図2

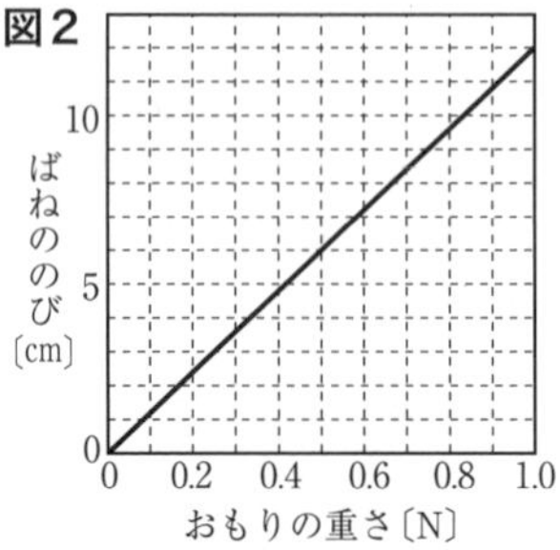

〔実験〕**図1**のようにばねRの一方の端をスタンドに固定し，ばねRのもう一方の端におもりをつり下げおもりが静止したあと，ばねののびを測定した。**図2**は，このとき得られた結果をもとに，横軸におもりの重さ，縦軸にばねののびを表したグラフである。

正答率80% (1) 実験の結果から，ばねRに50gのおもりをつり下げたとき，ばねののびは何cmか。

［　　　　cm］

よくでる (2) 実験で，ばねRに150gのおもりをつり下げ，おもりが静止したとき，おもりにはたらく重力の作用点を・で，力の向きと大きさを矢印で図中にかきなさい。ただし，図の方眼の1目盛りの長さを1Nとする。

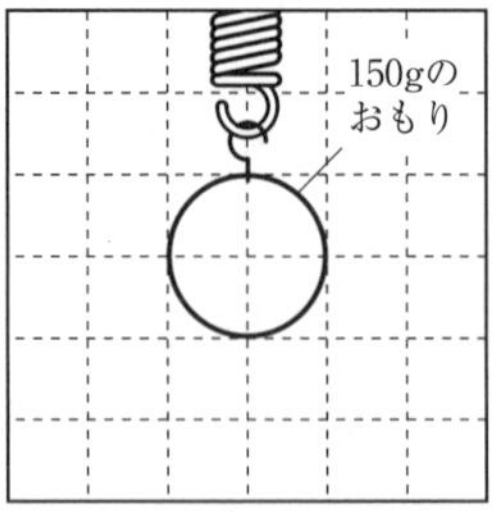

(3) 実験の結果から，ばねRを9cmのばすために必要な力は何Nか。

［　　　　N］

(4) 実験の結果からわかる，ばねRに加わる力とばねののびとの関係を簡潔に書きなさい。

［　　　　　　　　　　　　　　］

3 **表1**は，液体のロウと固体のロウの体積と質量を，それぞれまとめたものである。次の問いに答えなさい。 〈岐阜県〉[８点×２]

表1

	液体のロウ	固体のロウ
体積[cm^3]	62	55
質量[g]	50	50

(1) 固体のロウの密度は何g/cm^3か。小数第３位を四捨五入して，小数第２位まで書きなさい。[g/cm^3]

(2) 次の［　　］の①～③にあてはまる正しい組み合わせを，**ア～カ**から１つ選び，符号で書きなさい。

液体のロウに固体のロウを入れると，固体のほうが液体よりも密度が［①］ため，固体のロウは［②］。水に氷を入れると，氷のほうが水よりも密度が［③］ため，氷は浮かぶ。

ア ①小さい ②沈む ③大きい　**イ** ①小さい ②浮かぶ ③小さい
ウ ①小さい ②浮かぶ ③大きい　**エ** ①大きい ②沈む ③大きい
オ ①大きい ②浮かぶ ③小さい　**カ** ①大きい ②沈む ③小さい

[ ]

4 下の表は，0℃，10℃，20℃，30℃，40℃，50℃における物質A，Bの溶解度を示したものである。ただし，溶解度は100gの水にとける物質の質量を表す。また，右の図はこの表をもとに，物質Aの溶解度の温度による変化を表したグラフである。このことについて，あとの問いに答えなさい。 〈山梨県〉[７点×４]

	0℃	10℃	20℃	30℃	40℃	50℃
物質A〔g〕	13.3	22.0	31.6	45.6	63.9	85.2
物質B〔g〕	35.7	35.7	35.8	36.1	36.3	36.7

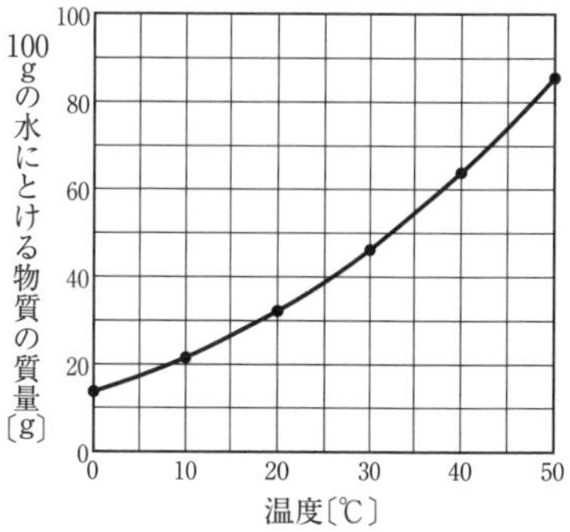

(1) 物質A，Bのとけ方について述べた文として，正しいものはどれか。次の**ア～エ**からすべて選び，記号で答えなさい。 [ ]

ア 30℃の水100gに，物質Aを50g入れてよくかき混ぜるとすべてとける。
イ 50℃の水100gに，物質Aを30gとかした水溶液を20℃に冷やしても，結晶は現れない。
ウ 10℃の水100gに，物質Bを30g入れてよくかき混ぜるとすべてとける。
エ 40℃の水100gに，物質Bを20gとかした水溶液に物質Bはさらに20gとける。

正答率 11% ハイレベル
(2) ビーカーに40℃の水50gをとり，物質Aを20g入れてかき混ぜ，物質Aがすべてとけたことを確認した。その後，水溶液を冷やすと結晶が現れはじめた。このときの温度は何℃か，整数で答えなさい。 [℃]

正答率 16% ハイレベル
(3) ビーカーに水100gをとり，物質Aを60g入れ，ガスバーナーで加熱し，物質Aをすべてとかした。このとき，しばらく加熱を続けたため，水の一部が蒸発しているようすが確認できた。加熱をやめ，しばらく放置したところ，40℃で結晶が現れはじめた。蒸発した水はおよそ何gと考えられるか。次の**ア～エ**から最も適当なものを１つ選び，記号で答えなさい。ただし，計算には表の値を使うこと。 [ ]

ア 3g　**イ** 4g　**ウ** 5g　**エ** 6g

よくでる
(4) 水溶液の温度を下げて結晶をとり出す場合，物質Bは物質Aに比べて結晶をとり出しにくい。物質Bが結晶をとり出しにくいのはなぜか。その理由を「温度」という語句を使って簡単に書きなさい。

[ ]

2 植物・動物の特徴と分類/大地の変化

1 身のまわりの生物 でる★★★

① 顕微鏡の操作手順 よくでる

(1) **接眼レンズ**をとりつけてから，**対物レンズ**をとりつける。
(2) 接眼レンズをのぞきながら，視野全体が一様に明るくなるように**反射鏡**と**しぼり**を調節する。
(3) プレパラートをステージにのせ，クリップでとめる。
(4) 横から見ながら，調節ねじを回して**対物レンズとプレパラートをできるだけ近づける。**
(5) 接眼レンズをのぞきながら，**(4)と逆の向き**に調節ねじを回し，ピントを合わせる。

② **ルーペの使い方**…ルーペを**目に近づけて持ち**，観察するものが動かせる場合は，**観察するものを前後に動かして**ピントを合わせる。動かせない場合は，顔を前後に動かしてピントを合わせる。

2 植物の特徴 でる★★

① **受粉**…**やく**でつくられた花粉が，めしべの先の**柱頭**につくこと。
② **種子のでき方**…受粉後，**胚珠は種子**に，**子房は果実**になる。
③ **根毛**…根の先端には**根毛**とよばれる毛のようなものがある。

▼被子植物の花

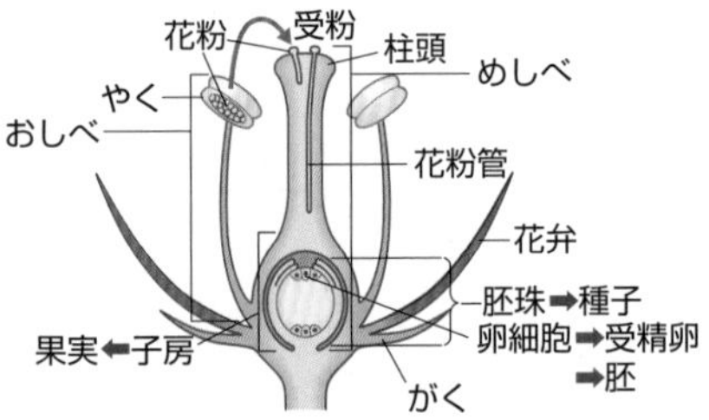

3 植物の分類 でる★★★

① **種子植物**…花を咲かせ，種子でなかまをふやす植物。**被子植物**と**裸子植物**に分けられる。
・**被子植物**…**胚珠**が**子房**の中にある。　・**裸子植物**…子房がなく，**胚珠がむき出しになっている。**

② **双子葉類と単子葉類**…被子植物は，**双子葉類**と**単子葉類**に分けられる。

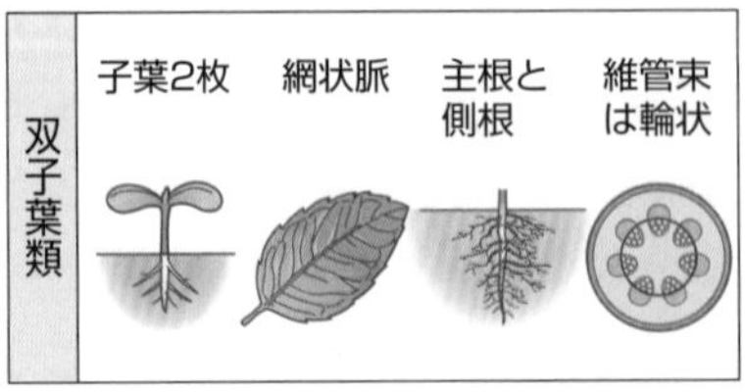

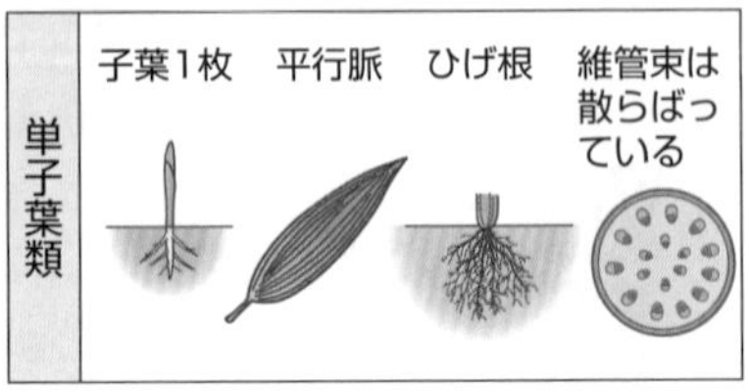

③ **離弁花類と合弁花類**…双子葉類は，**離弁花類**(花弁が分かれている)と**合弁花類**(花弁が合わさっている)に分けられる。
④ **シダ植物**…**胞子**でなかまをふやす。根・茎・葉の区別がある。例 イヌワラビ，スギナ
⑤ **コケ植物**…**胞子**でなかまをふやす。根・茎・葉の区別がない。例 スギゴケ，ゼニゴケ

4 動物の分類 でる★★

① **脊椎動物**…背骨のある動物で，**魚類・両生類・は虫類・鳥類・哺乳類**に分けられる。
② **無脊椎動物**…背骨のない動物。**節足動物・軟体動物**など。
・**節足動物**…からだが**外骨格**でおおわれ，**からだやあしに節がある**動物。例 昆虫類，甲殻類など
・**軟体動物**…内臓が**外とう膜**でおおわれている動物。例 イカ，タコ，アサリなど

5 地層 でる★★

① **風化**…地表付近の岩石が，気温の変化や風雨のはたらきでもろくなって，ぼろぼろになる現象。

② **地層のでき方**…**侵食・運搬・堆積**という流水のはたらきによって地層ができる。海や湖で土砂は，**粒が大きいものほど河口に近いところに堆積**する。

③ **れき岩・砂岩・泥岩**…**粒の大きさ**で区別される。粒が大きい順に，れき岩，砂岩，泥岩となる。

④ **凝灰岩**…火山灰などが堆積してできた岩石。火山活動があった証拠となる。

⑤ **石灰岩・チャート**…生物の死がいが堆積した岩石。**石灰岩はうすい塩酸に反応**して二酸化炭素が発生。

⑥ **化石** おぼえる

示相化石…地層が堆積した当時の**環境を知る**手がかりになる。限られた環境にしかすめず，長い期間にわたって栄えた生物の化石。例 サンゴ…あたたかくて浅い海，シジミ…湖や河口

示準化石…地層が堆積した**時代を知る**手がかりになる。広い範囲にすんでいて，限られた期間に栄えて絶滅した生物の化石。例 サンヨウチュウ…**古生代**，アンモナイト…**中生代**，ビカリア…**新生代**

⑦ **断層としゅう曲**…地層のずれを**断層**，地層の波打つような曲がりを**しゅう曲**という。

6 火山と火成岩 でる★★

① **火山の形とマグマ**…マグマの**ねばりけが強いと盛り上がったドーム状の火山**に，**ねばりけが弱いと傾斜のゆるやかな火山**になる。

② **火成岩**…マグマが冷えて固まってできた岩石。**火山岩**と**深成岩**がある。

・**火山岩**…マグマが地表や地表近くで，**急に冷えて**固まってできる。**石基**の中に，比較的大きい結晶である**斑晶**が散らばった**斑状組織**。

・**深成岩**…マグマが地下深くで，**ゆっくり冷えて**できる。鉱物がすべて大きい結晶からなる**等粒状組織**。

▼火山岩

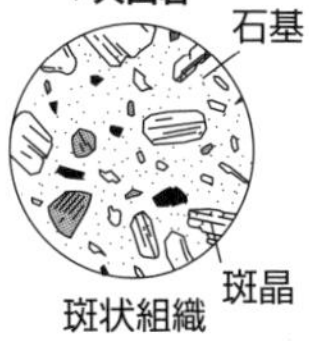

斑状組織

▼深成岩

等粒状組織

③ **鉱物**…マグマが冷えてできた結晶。無色透明または白色の鉱物を**無色鉱物**という。例 セキエイ，チョウ石など。

黒色や暗緑色などの鉱物を**有色鉱物**という。例 クロウンモ，カクセン石，キ石，カンラン石など。

7 地震 でる★

① **震源と震央**…地震が発生した場所を**震源**といい，震源の真上の地表の地点を**震央**という。

② **地震のゆれ** おぼえる

初期微動…はじめに起こる小さなゆれ。速さの速いP波で伝わる。

主要動…初期微動に続く大きなゆれ。速さの遅いS波で伝わる。

▼地震のゆれと震源からの距離

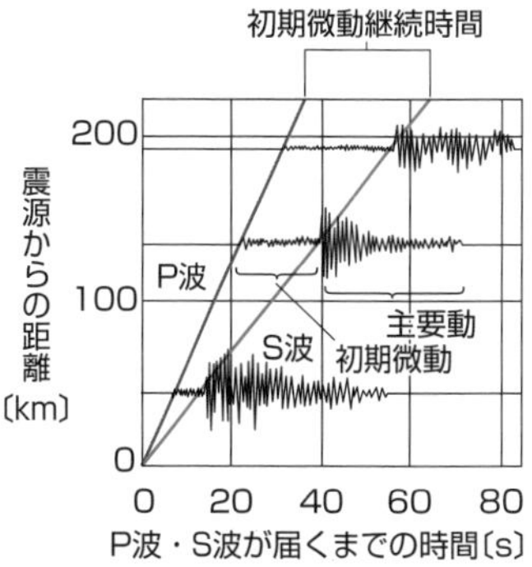

③ **初期微動継続時間**…Ｐ波が届いてからＳ波が届くまでの時刻の差。震源からの距離が遠くなるほど，初期微動継続時間は長くなる。

④ **震度**…観測地点での地震のゆれの程度。10段階で表す。

⑤ **マグニチュード**…地震そのものの規模の大きさ。

⑥ **プレート**…地球の表面をおおう厚さ100kmほどの岩盤。日本付近では，太平洋側の海洋プレートが，日本海側の大陸プレートの下に沈みこんでいるため，プレートの境界にひずみができて大きな地震が起こる。

入試対策問題

時間 30分　得点　／100点　解答解説 別冊 P.16

1 次の各問いに答えなさい。 ［6点×2］

正答率73%
(1) 次の**ア**～**エ**の中から，被子植物を１つ選び，記号で答えなさい。〈静岡県〉

ア イチョウ　**イ** スギ　**ウ** イヌワラビ　**エ** アブラナ　［　　　］

よくでる。
(2) 双子葉類に分類されるものを，次の**ア**～**エ**から１つ選び，記号で答えなさい。〈愛知県〉

ア トウモロコシ　**イ** ツユクサ　**ウ** ユリ　**エ** アブラナ　［　　　］

2 次の文を読んで，あとの各問いに答えなさい。 〈三重県〉［7点×6］

まさとさんは，動物に興味をもち，脊椎動物や無脊椎動物である軟体動物について，教科書や資料集で調べたことを①，②のようにノートにまとめた。

［まさとさんのノートの一部］

① 脊椎動物について．

脊椎動物であるメダカ，イモリ，トカゲ，ハト，ウサギの特徴やなかま分けは，下の表のように表すことができる。

	メダカ	イモリ	トカゲ	ハト	ウサギ
子のふやし方	卵生				X
なかま分け	魚類	両生類	は虫類	鳥類	哺乳類

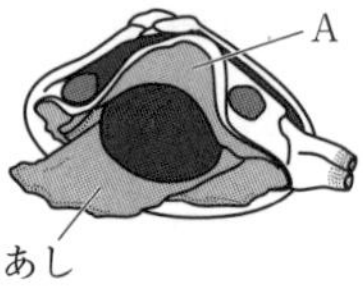

② 無脊椎動物である軟体動物について．

軟体動物であるアサリのからだのつくりは，図のように模式的に表すことができる。

(1) ①について，次の(a)～(c)の各問いに答えなさい。

(a) ウサギの子は，母親の体内で，ある程度育ってから親と同じような姿でうまれる。このような表の X に入る，子のふやし方を何というか，その名称を書きなさい。

［　　　］

(b) 卵生のメダカ，イモリ，トカゲ，ハトの中で，陸上に殻のある卵をうむ動物はどれか，メダカ，イモリ，トカゲ，ハトから適当なものをすべて選び，書きなさい。

［　　　］

よくでる。
(c) 次の文は，イモリの呼吸のしかたについて説明したものである。文中の（ あ ），（ い ）に入る最も適当な言葉は何か，それぞれ書きなさい。

子は（ あ ）という器官と皮膚で呼吸する。親は（ い ）という器官と，皮膚で呼吸する。

あ［　　　］　い［　　　］

(2) ②について，次の(a)，(b)の各問いに答えなさい。

(a) 図で示したAは内臓をおおう膜である。Aを何というか，その名称を書きなさい。

［　　　］

(b) アサリのように，軟体動物になかま分けすることができる動物はどれか，次の**ア**～**オ**から最も適当なものを１つ選び，その記号を書きなさい。

ア クラゲ　**イ** ミジンコ　**ウ** イソギンチャク

エ イカ　**オ** ミミズ　［　　　］

3 **図1**はボーリング調査が行われたA，B，Cの３地点とその標高を示す地形図であり，**図2**は，各地点の柱状図である。なお，この地域では，凝灰岩の層は1つしかない。また，地層には上下逆転や断層は見られず，各層は平行に重なり，ある一定の方向に傾いている。このことについて，次の問いに答えなさい。　〈栃木県〉［７点×４］

図1

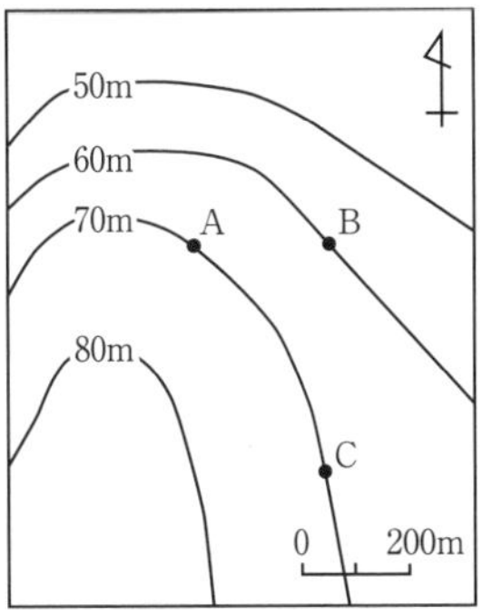

(1) 泥岩，砂岩，れき岩，凝灰岩のうち，かつてこの地域の近くで火山の噴火があったことを示しているのはどれか。

［　　　　　　　］

よくでる

(2) B地点の石灰岩の層からサンゴの化石が見つかった。この層が堆積していた当時，この地域はどのような環境だったか。

［　　　　　　　　　　　　　　］

図2

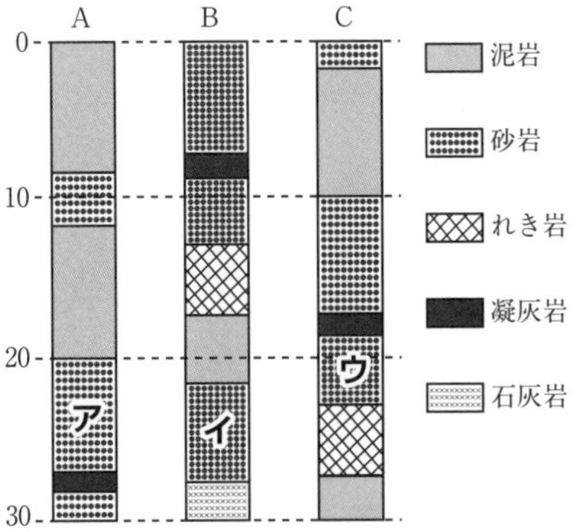

(3) **図2**の**ア**，**イ**，**ウ**の層を，堆積した時代が古い順に並べなさい。

［　　　→　　　→　　　］

ハイレベル

(4) この地域の地層が傾いて低くなっている方角はどれか。次の**ア**～**エ**から１つ選び，記号で答えなさい。　［　　　］

ア 東　**イ** 西　**ウ** 南　**エ** 北

4 地震について，あとの問いに答えなさい。　〈東京都〉［６点×３］

右の図は，震源からの距離がそれぞれ26km，55km，82kmの３か所の観測点の地震計で同じ地震によるゆれを記録したものである。また，a，bの２つの直線は，３か所の観測点での観測記録で初期微動が始まった時刻を示した点と主要動が始まった時刻を示した点をそれぞれ結んだ直線で，震源からの距離と，P波，S波のいずれかが観測点に届いた時刻との関係をそれぞれ示している。

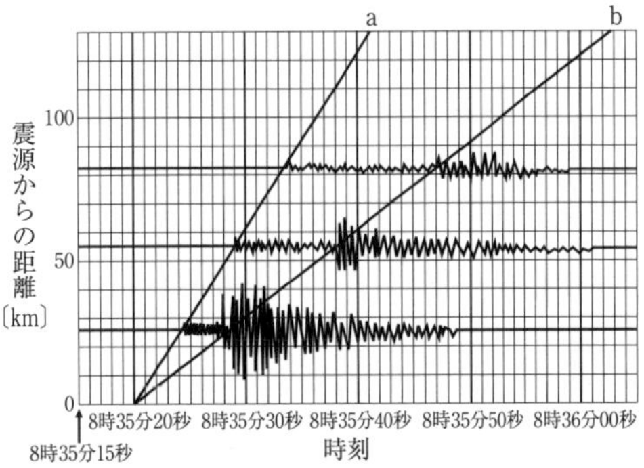

正答率88%

(1) 図に示した，３か所の観測点での観測記録からわかることとして適当なものを，次の**ア**～**エ**から１つ選び，記号で答えなさい。また，地震の大きさを表す数値として震度とマグニチュードのそれぞれが表す内容について，違いがわかるように簡単に書きなさい。

ア 初期微動継続時間の長さは，震源からの距離にほぼ比例している。

イ 初期微動継続時間の長さは，震源からの距離にほぼ反比例している。

ウ 主要動の振幅(振動の幅)は，震源からの距離に関係なく一定である。

エ 主要動の振幅(振動の幅)は，時間の経過に関係なく一定である。

記号［　　　　　］

震度とマグニチュード

［　　　　　　　　　　　　　　　　　　　　　　　　　　　　］

(2) 図から２種類の地震の波が伝わる速さを求めた値のうち，S波が伝わる速さを求めた値を示したものとして適当なものを，次の**ア**～**エ**から１つ選び，記号で答えなさい。

［　　　　　］

ア 1.5km/s　**イ** 1.8km/s　**ウ** 3.0km/s　**エ** 6.0km/s

3 電流/化学変化と原子・分子

1 電流 でる★★★

① **電流計・電圧計の使い方**…はかろうとする部分に対して，電流計は**直列**に，電圧計は**並列**につなぐ。

② **回路と電流・電圧** おぼえる

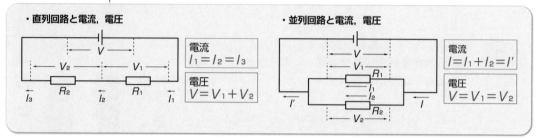

・直列回路と電流，電圧

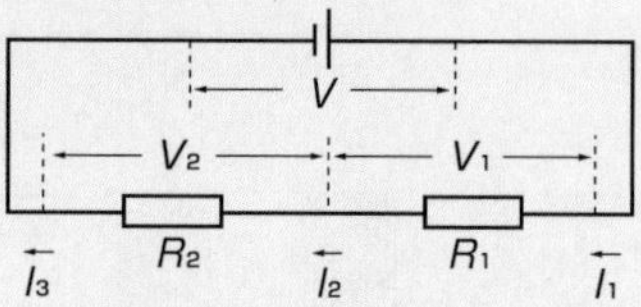

電流 $I_1=I_2=I_3$

電圧 $V=V_1+V_2$

・並列回路と電流，電圧

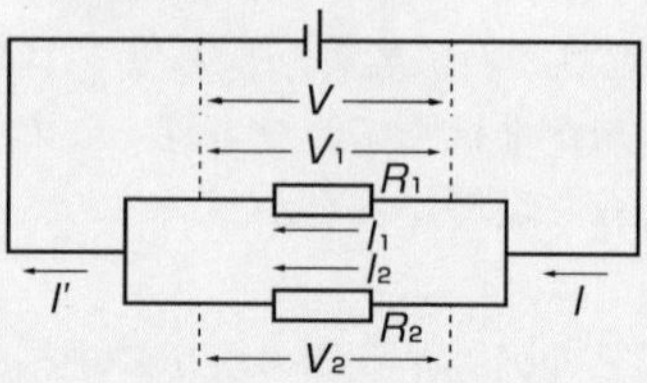

電流 $I=I_1+I_2=I'$

電圧 $V=V_1=V_2$

③ **オームの法則**…回路を流れる電流は，電圧に比例する。この関係を**オームの法則**という。

おぼえる

V(電圧)〔V〕$=R$(抵抗)〔Ω〕$\times I$(電流)〔A〕　R〔Ω〕$=\dfrac{V〔V〕}{I〔A〕}$　I〔A〕$=\dfrac{V〔V〕}{R〔Ω〕}$

④ **直列回路・並列回路と全体の抵抗**…直列回路の全体の抵抗は，**各抵抗の和**になる。並列回路の全体の抵抗は，**各抵抗より小さくなる。**

⑤ **電力**…電気器具の能力の大小を表す量。**電力〔W〕＝電流〔A〕×電圧〔V〕**

⑥ **電力量**…電気器具をある時間使用したときに消費するエネルギー。**電力量〔J〕＝電力〔W〕×時間〔s〕**

⑦ **熱量**…電流を流したときに発生する熱の量。**熱量〔J〕＝電力〔W〕×時間〔s〕**

⑧ **静電気**…同じ種類の電気はしりぞけ合い，違う種類の電気は引き合う。

⑨ **陰極線(電子線)**…クルックス管に電圧を加えたとき，陰極から出る**電子**の流れ。電子は**－の電気**をもつ。

2 電流と磁界 でる★

① **磁界**…磁力のはたらいている空間。方位磁針の**N極がさす向きが磁界の向き。**

② **電流と磁界** おぼえる

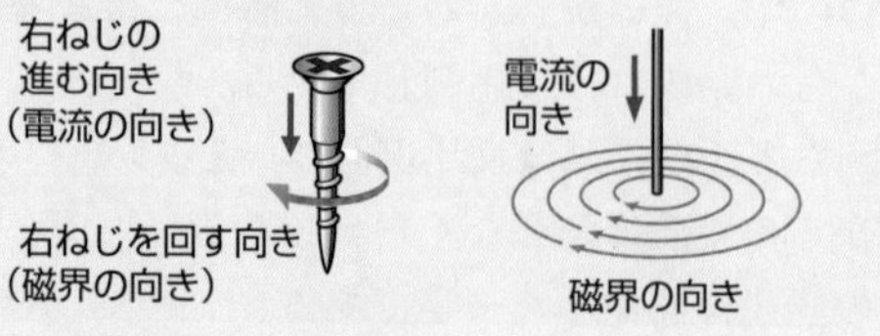

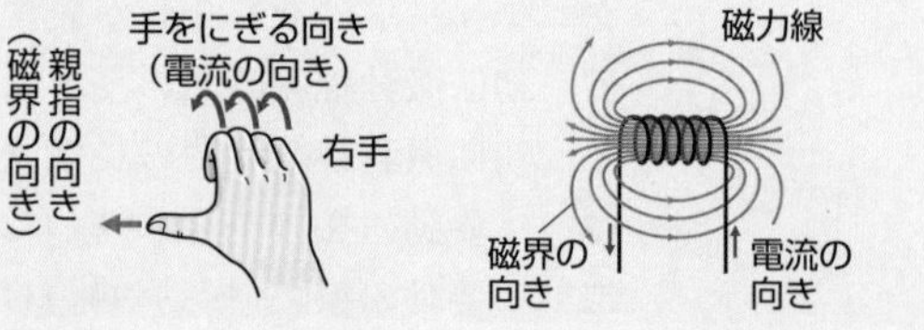

③ **電流が磁界から受ける力**…力の向きは，**磁界の向き**と**電流の向き**で変わる。力の大きさは，**電流の大きさが大きい**ほど，**磁界が強い**ほど**大きくなる。**

④ **電磁誘導**…コイル内の磁界が変化することによって電圧が生じ，コイルに電流が流れる現象。このとき流れる電流を**誘導電流**という。

⑤ **直流と交流**…電流の向きが一定の電流を**直流**，電流の向きが周期的に変化する電流を**交流**という。

3 物質のなり立ち でる★★

① **化学変化**…もとの物質が別の物質に変わる変化。

② **分解**…1種類の物質が2種類以上の物質に分かれる化学変化。加熱によって分解する化学変化を**熱分解**，電流を流すことによって分解する化学変化を**電気分解**という。

例 **熱分解**… 炭酸水素ナトリウム → 炭酸ナトリウム ＋ 二酸化炭素 ＋ 水

$2NaHCO_3 \longrightarrow Na_2CO_3 + CO_2 + H_2O$

酸化銀 → 銀 ＋ 酸素

$2Ag_2O \longrightarrow 4Ag + O_2$

電気分解… 水 → 水素 ＋ 酸素

$2H_2O \longrightarrow 2H_2 + O_2$

▼炭酸水素ナトリウムの熱分解

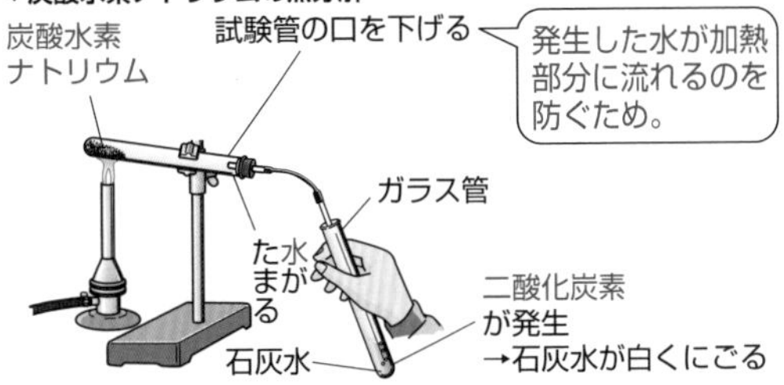

③ **物質が結びつく化学変化**…２種類以上の物質が結びついて，別の物質に変わる化学変化。このときできた物質を**化合物**という。

例 鉄 ＋ 硫黄 → 硫化鉄

$Fe + S \longrightarrow FeS$

④ **化合物と単体**…2種類以上の元素でできている物質を**化合物**といい，１種類の元素でできている物質を**単体**という。

▼化合物と単体

	分子をつくる物質	分子をつくらない物質
単体	水素，酸素，窒素など	鉄，銅，マグネシウムなど
化合物	水，二酸化炭素，アンモニアなど	塩化ナトリウム，酸化銅など

4 いろいろな化学変化 でる★★★

① **酸化**…酸素と結びつく化学変化。**酸化**によってできた化合物を**酸化物**という。

② **燃焼**…酸化の中でも，熱や光を出す激しい反応を特に**燃焼**という。

③ **還元**…酸化物から酸素をうばうこと。**酸化と還元は同時に起こる。**

▼酸化銅の還元

例 酸化銅 ＋ 炭　素 → 銅 ＋ 二酸化炭素（酸化銅→銅：還元，炭素→二酸化炭素：酸化）

$2CuO + C \longrightarrow 2Cu + CO_2$

④ **化学変化と熱**…化学変化後に温度が上がる反応(発熱反応)では，**熱が発生**している。また，化学変化後に温度が下がる反応(吸熱反応)では，**熱を吸収**している。

- 発熱反応の例…鉄＋酸素→酸化鉄

  鉄＋硫黄→硫化鉄

- 吸熱反応の例…水酸化バリウム＋塩化アンモニウム→塩化バリウム＋アンモニア＋水

⑤ **質量保存の法則**…化学変化の前後で，変化に関係した物質全体の質量は変わらない。

⑥ **質量保存の法則がなり立つ理由**…化学変化の前後で，原子の組み合わせは変わるが，**原子の種類と数は変わらない**からである。

⑦ **化学変化と物質の質量の比**…化学変化に関係する物質の質量の割合は，いつも**一定**である。

- 銅と酸素が結びつくときの質量比…銅：酸素＝4：1
- マグネシウムと酸素が結びつくときの質量比…
  マグネシウム：酸素＝3：2

▼金属と酸素が結びつく反応

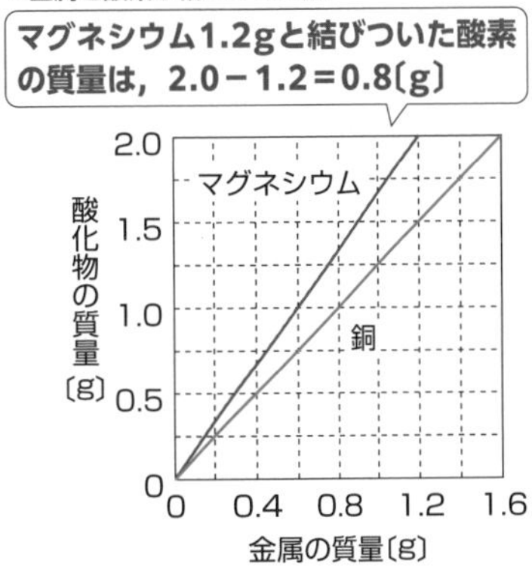

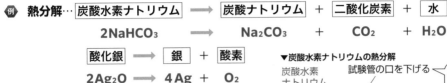

1 次の実験について，あとの各問いに答えなさい。　〈三重県〉[15点×2]

〔実験〕抵抗の大きさが，それぞれ2.0Ω，8.0Ωの電熱線X，Yを用いて，次の①，②の実験を行った。ただし電熱線X，Yの抵抗の大きさは電熱線の発熱によって変化しないものとする。

① **図1**のように，電熱線X，Yを用いて回路をつくり，電源装置の電圧を変化させ，電熱線X，Yそれぞれに加わる電圧を調べた。**図2**はその結果をグラフに表したものである。

図1

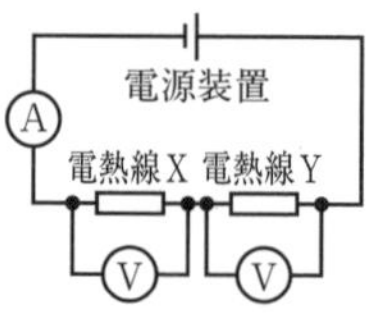

図2

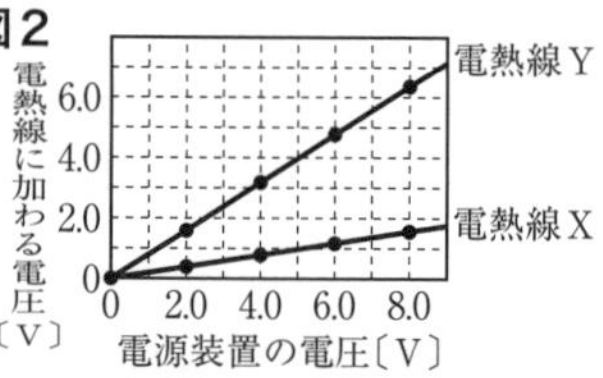

② **図3**のような装置をつくり，室温と同じ20℃の水100gをポリエチレンの容器に入れ，電源装置の電圧を6.0Vにして回路に電流を流し，かき混ぜながら水の温度を測定した。**表1**は，電流を流しはじめてからの時間と水の上昇温度をまとめたものである。

図3

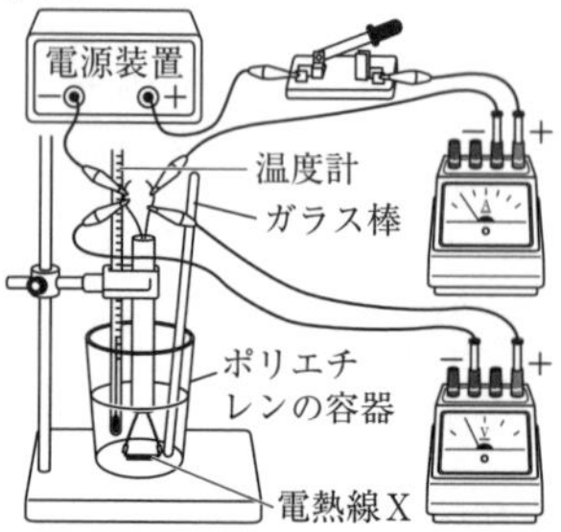

表1

電流を流しはじめてからの時間[分]	0	2	4	6	8
水の上昇温度[℃]	0	3.2	6.5	9.7	13.0

よくでる

(1) ①について，電源装置の電圧を変化させると，電熱線Xに加わる電圧も変化した。電熱線Xに加わる電圧が1.5Vになったとき，電源装置の電圧の大きさは何Vか，求めなさい。

[　　　　V]

(2) ②について，電流を流しはじめてから6分で，容器中の水100gの温度を上昇させた熱量は何Jか，求めなさい。ただし，水1gの温度を1℃上昇させるのに必要な熱量は4.2Jとする。

[　　　　J]

2 正答率 30%　ハイレベル

図1の回路中のZは，エナメル線を巻いてつくったコイルの両端を水平にのばし，金属でできた軸受けを通してなめらかに回転できるようにしたものである。点線で囲まれた部分は軸受けの部分を拡大したもので，軸受けと接する部分のエナメルはすべてはがしてある。**図2**のように磁石を近づけスイッチを入れたところ，コイルは少し動いた。次の**ア**～**エ**の中で，少し動いた結果，回転をはじめる方向が**図2**と同じものはどれか。1つ選び，記号で答えなさい。　〈山梨県〉[10点]

[　　　　]

図1

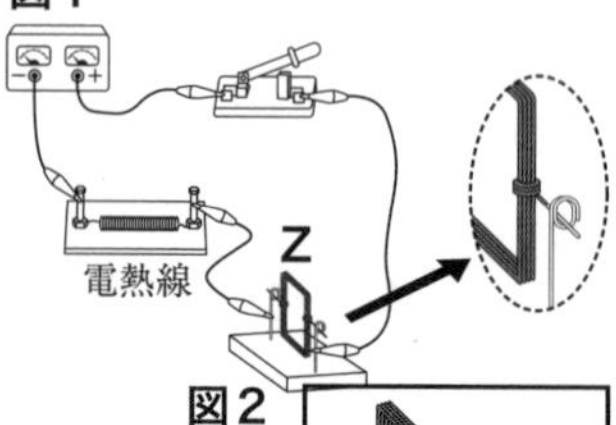

図2

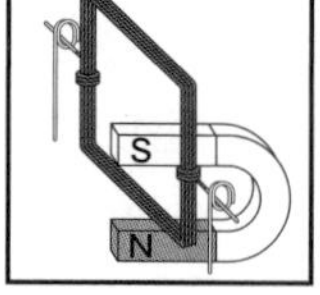

ア

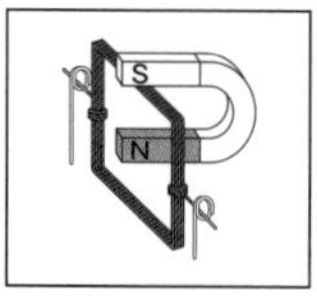

イ

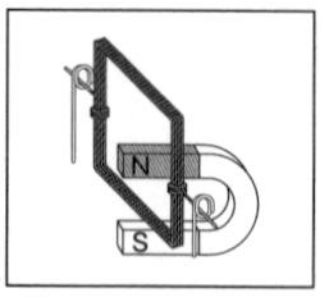

ウ

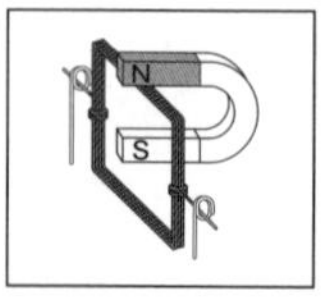

エ

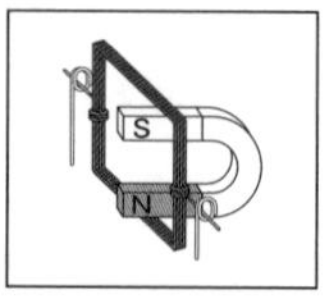

3 化学変化について調べるために，実験を行った。あとの文は，実験で起こった反応についてまとめたものの一部である。文中の①～③について，それぞれ**ア**，**イ**のうち適切なものを1つ選び，その記号を書きなさい。 〈和歌山県〉[10点×3]

〔実験〕「鉄と硫黄の混合物を加熱したときの変化」

(i) 鉄粉7.0gと硫黄の粉末4.0gをそれぞれ用意し，乳鉢と乳棒を使ってそれらをよく混ぜ合わせた混合物をつくったあと，2本の試験管A，Bに半分ずつ入れた(**図1**)。

(ii) 試験管Aの口を脱脂綿でふたをして，混合物の上部をガスバーナーで加熱し(**図2**)，混合物の上部が赤く変わり始めたら加熱をやめ，その後の混合物のようすを観察した。

(iii) 試験管Bは加熱せず，試験管Aがよく冷えたあと，試験管A，Bにそれぞれ磁石を近づけ，そのようすを観察した(**図3**)。

(iv) 試験管Aの反応後の物質を少量とり出して，試験管Cに入れ，試験管Bの混合物を少量とり出して，試験管Dに入れた。試験管C，Dにそれぞれうすい塩酸を2，3滴加え(**図4**)，発生した気体のにおいをそれぞれ調べた。

図1 混合物を試験管に入れるようす

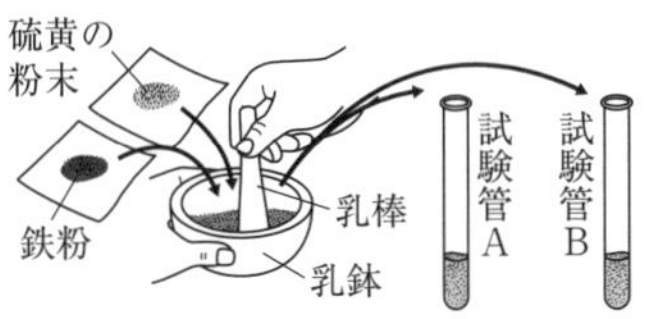

図2 試験管Aを加熱するようす

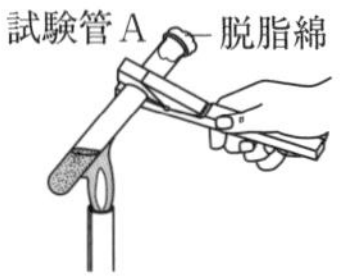

図3 試験管に磁石を近づけるようす

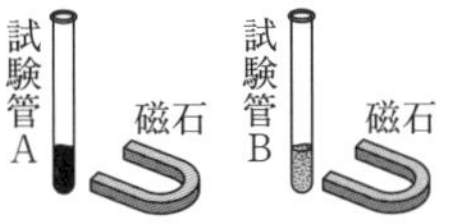

図4 うすい塩酸を加えるようす

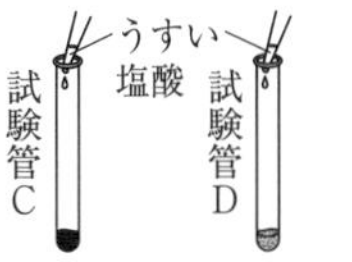

実験(iii)で，磁石を近づけたとき，試験管の中の物質が磁石にひきつけられたのは，①〔**ア** 試験管A **イ** 試験管B〕であった。実験(iv)で，無臭の気体が発生したのは②〔**ア** 試験管C **イ** 試験管D〕で，もう一方からは，特有のにおいのある気体が発生した。特有のにおいは，卵の腐ったようなにおいであったことから，この気体は③〔**ア** 硫化水素 **イ** 塩素〕であることがわかった。
これらのことから，加熱によってできた物質は，もとの鉄や硫黄と性質の違う物質であることがわかった。

①[ ] ②[ ] ③[ ]

4 図のように，銅の粉末を入れたステンレス皿をガスバーナーでしばらく加熱すると，銅の粉末は黒っぽい酸化銅に変わった。この実験を，ステンレス皿に入れる銅の粉末の質量を変えて，くり返し行った。表は，この実験で得られた銅の質量と酸化銅の質量との関係を示したものである。ただし，用いた銅の粉末には銅以外の物質は含まれておらず，加熱後には銅はすべて酸化銅(CuO)に変わったものとする。 〈大阪府〉[15点×2]

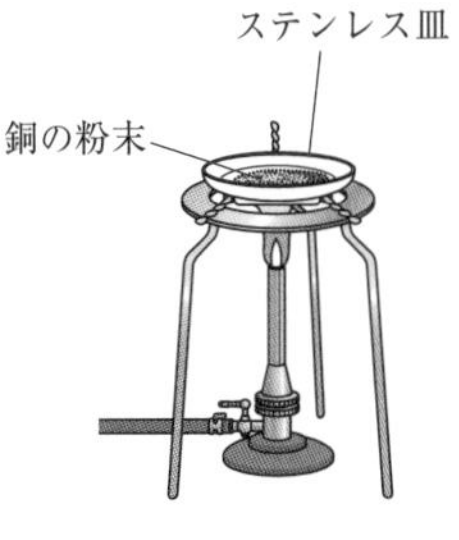

銅の質量〔g〕	1.2	1.6	2.0	2.4
酸化銅の質量〔g〕	1.5	2.0	2.5	3.0

よくでる

(1) 実験において，銅と酸素から酸化銅ができる反応の化学反応式を書きなさい。

[ ]

正答率23%
ハイレベル

(2) 実験の結果から，4.0gの銅を用いて実験を行うと，加熱後の質量は5.0gになると予想し，4.0gの銅を加熱する実験を行ったが，加熱後の質量は4.7gにしかならなかった。この理由を，銅の一部が酸化銅に変わらずに銅のままで残ったためと考えると，酸化銅に変わらずに残った銅は何gであったと考えられるか。 [g]

4 生物のからだのつくりとはたらき/天気の変化

1 細胞 でる★★

① **細胞のつくり**…細胞の中にはふつう１個の**核**がある。

② **単細胞生物と多細胞生物**…からだが１個の細胞でできている生物を**単細胞生物**といい，からだが多くの細胞でできている生物を**多細胞生物**という。

▼植物の細胞と動物の細胞

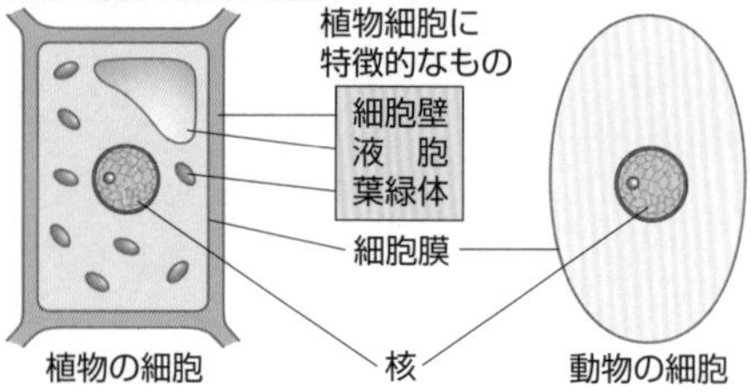

2 植物のつくりとはたらき でる★★

① **維管束**…**道管**と**師管**が集まっている部分。葉では**葉脈**となる。

② **道管**…根で吸収した**水や水にとけた養分（無機物）が通る管**。

③ **師管**…葉でつくられた**栄養分（有機物）が通る管**。

④ **光合成と呼吸の関係**

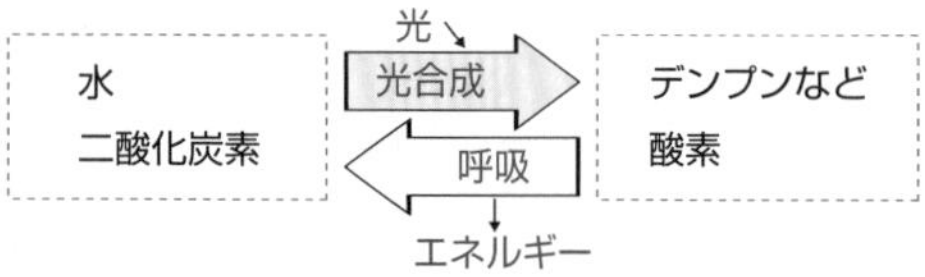

▼双子葉類の茎

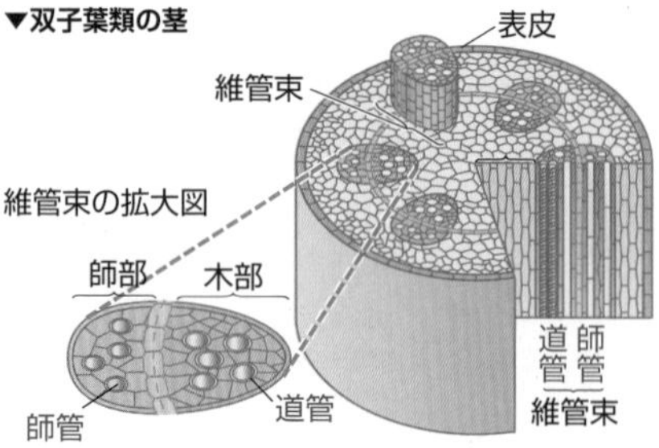

⑤ **蒸散**…根から吸収された水が道管を通って運ばれ，水蒸気として**気孔**から空気中に出ていくこと。

3 動物のつくりとはたらき でる★★★

① **消化酵素**…養分は，**消化酵素**のはたらきによって消化される。

② **柔毛**…小腸の壁の**表面積が大きくなり効率的に養分を吸収**できる。

③ **養分の吸収**…デンプンは，**ブドウ糖**に消化され→**毛細血管**へ。タンパク質は，**アミノ酸**に消化され→**毛細血管**へ。脂肪は，**脂肪酸**，**モノグリセリド**に消化されたあと，再び脂肪となり→**リンパ管**へ。

④ **血液の循環**…心臓から出た血液が流れる血管を**動脈**，心臓にもどる血液が流れる血管を**静脈**という。

⑤ **血液の成分とはたらき**…**赤血球**（ヘモグロビンという赤い物質を含み，酸素を運ぶ）・**白血球**（細菌などを分解する）・**血小板**（血液を固める）・**血しょう**（養分や二酸化炭素を運ぶ）がある。

⑥ **組織液**…血しょうの一部が毛細血管からしみ出て，細胞のまわりを満たした液。毛細血管と細胞の間で物質の受けわたしのなかだちとなる。

⑦ **肺胞**…酸素と二酸化炭素の交換が行われる。

⑧ **不要物の排出**…細胞で出された**アンモニア**は，**肝臓**で害の少ない**尿素**に変えられ，**腎臓**でこしとられて，尿として排出される。腎臓では，血液中の**水分や塩分の量を調節**するはたらきも行っている。

⑨ **感覚神経**…感覚器官からの信号を，**脳**や**脊髄**に伝える神経。

⑩ **運動神経**…脳や脊髄からの命令を，**筋肉**などに伝える神経。

⑪ **反射**…無意識に行われる反応。反応が速く，危険からからだを守ることに役立つ。

▼ヒトの消化系

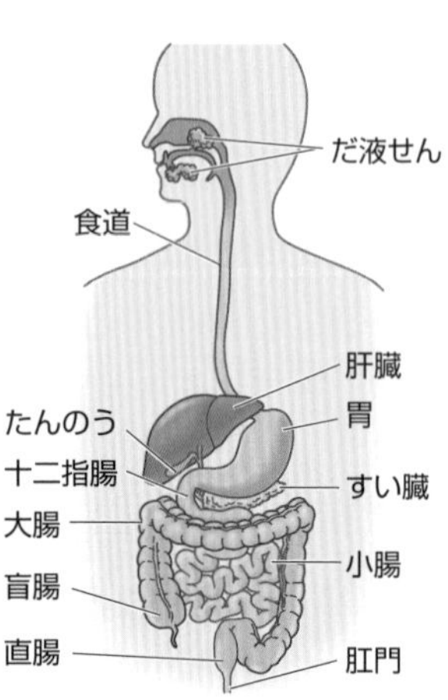

▼柔毛のつくり

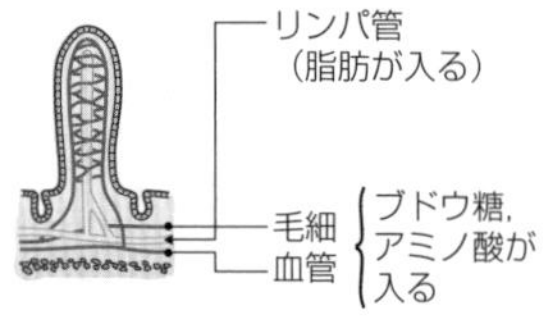

4 圧力 でる★

① **圧力**…単位は**Pa**（**パスカル**）または**N/m^2**（**ニュートン毎平方メートル**）が使われる。

おぼえる

$$\text{圧力〔Pa〕}=\frac{\text{面を垂直に押す力の大きさ〔N〕}}{\text{力がはたらく面積〔m}^2\text{〕}}$$

5 気象観測と天気の変化 でる★★★

▼高気圧と低気圧（北半球）

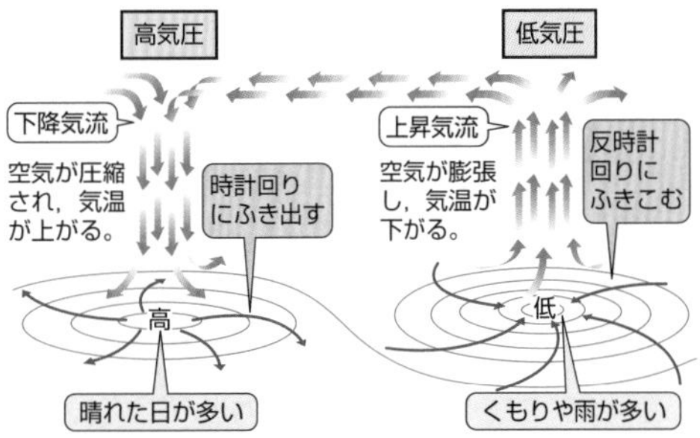

① **温暖前線と天気**…**暖気が寒気の上にはい上がる⇒乱層雲**が発達⇒**広い範囲におだやかな雨**が長く降り続く。

② **寒冷前線と天気**…**寒気が暖気の下にもぐりこむ⇒積乱雲**が発達⇒**せまい範囲に激しい雨が短時間**降る。

③ **停滞前線**…寒気と暖気の勢力が同じぐらいになったときにできる前線⇒位置がほとんど変わらない。（**梅雨前線・秋雨前線**）

④ **閉そく前線**…低気圧の発達につれて，**寒冷前線が温暖前線に追いついてできる**前線。

6 水蒸気と雲のでき方 でる★★★

① **飽和水蒸気量**…空気１m^{3}中に含むことのできる最大の水蒸気量のこと。飽和水蒸気量は，**気温が上がると大きくなり**，**気温が下がると小さくなる。**

② **湿度** おぼえる

$$\text{湿度〔\%〕}=\frac{\text{空気1m}^3\text{中の水蒸気量〔g/m}^3\text{〕}}{\text{その気温での飽和水蒸気量〔g/m}^3\text{〕}}\times 100$$

③ **露点**…空気中の水蒸気が飽和して凝結し，水滴になりはじめるときの温度。露点が高いほど，空気中に含まれる水蒸気量が多い。

④ **雲のでき方**…水蒸気を含んだ**空気が上昇**⇒上空は気圧が低いため，膨張して**温度が下がり露点に達する**⇒ちりなどを核として**水蒸気が凝結**し，水滴や氷の粒になり上空に浮かぶ（雲になる）。

7 大気の動きと日本の気象 でる★★

① **偏西風**…中緯度地域の上空を１年中ふく**西寄りの風**。偏西風の影響で，日本付近では，低気圧や移動性高気圧は**西から東へ移動**する。それにともなって，**天気も西から東へ変化**することが多い。

② **季節風**…大陸と海洋のあたたまり方の違いによって生じる。

③ **日本の天気の特徴**…冬：**シベリア気団**が発達。**西高東低の気圧配置⇒北西の季節風**。日本海側で大雪。

夏：**小笠原気団**が発達。**南高北低の気圧配置⇒南東の季節風**。蒸し暑い。

春と秋：**移動性高気圧**と低気圧が交互に通過。天気が周期的に変化する。

梅雨：**オホーツク海気団**と**小笠原気団**の影響。

台風：最大風速が17.2m/s以上の熱帯低気圧。

▼日本付近の気団

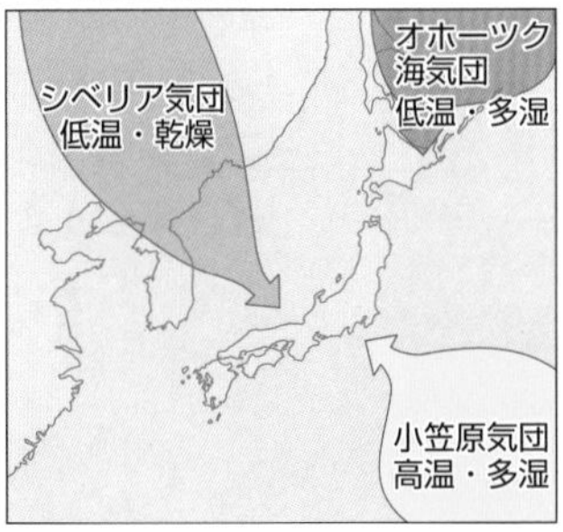

1 **図1**は，タンパク質がヒトのからだの中で分解されてできる物質と，その物質が体外へ排出される過程についてまとめたものである。なお，矢印➡は物質の変化を表し，矢印⇨は物質の移動を表している。　〈山梨県〉[６点×５]

図１

タンパク質 ➡ 物質X ⇨ 器官Y ➡ 尿素 ⇨ 心臓 ⇨ 腎臓 ⇨ 体外へ

正答率72%
(1) 物質Xは，窒素を含み，からだにとって有害な物質であり，器官Yで尿素に変えられる。物質Xの名称を書きなさい。

[　　　　　　　　]

図２

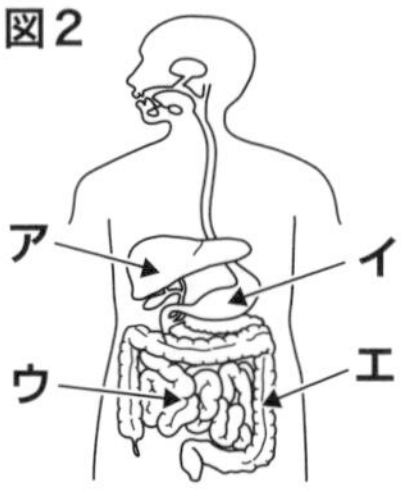

正答率76%
(2) **図２**は，ヒトのからだのつくりの一部を模式的に表したものであり，**ア**〜**エ**は，からだの器官を示している。**図１**の器官**Y**はどれか，**ア**〜**エ**から最も適当なものを１つ選び，記号で答えなさい。

[　　　　]

正答率83%
(3) **図３**は，ヒトの腎臓のつくりを，**図４**は，**図３**のじん臓の断面を拡大したものを，それぞれ模式的に表したものである。また，**図３**，**図４**の矢印⇨は，それぞれの管の中を流れる液体の向きを表している。**図３**で，A，B，Cの名称として最も適当なものを，次の**ア**〜**エ**からそれぞれ１つずつ選び，記号で答えなさい。

図３

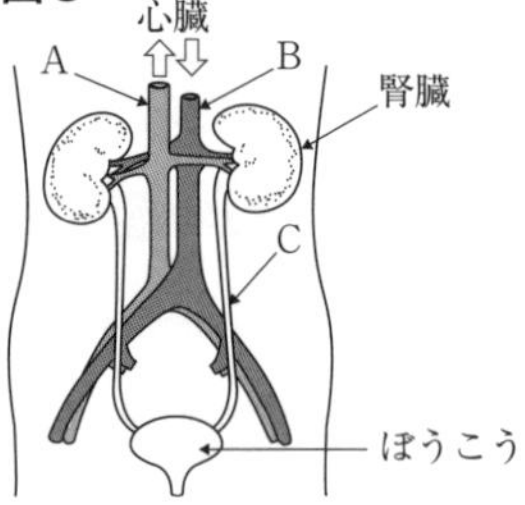

図４

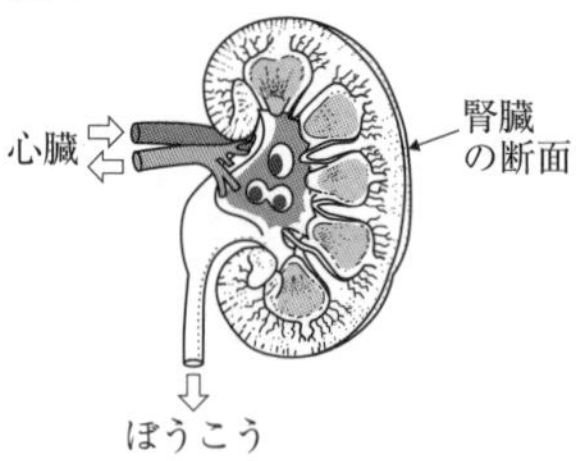

A[　　　　]　B[　　　　]　C[　　　　]

ア　動脈　　**イ**　静脈　　**ウ**　輸尿管　　**エ**　リンパ管

2 植物のはたらきについて，実験を行った。表の①〜④に入る言葉は何か。あとの**ア**，**イ**から適当なものをそれぞれ１つずつ選び，記号で答えなさい。　〈山梨県〉[７点×４]

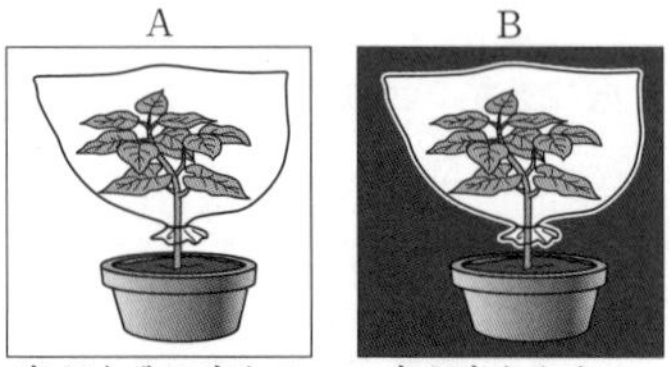

光が十分に当たる明るい場所　　光が当たらない暗い場所

〔実験１〕 ほぼ同じ大きさの葉で，枚数がそろっている同じ種類の植物を２つ用意した。それぞれ，十分な空気を入れた同じ大きさのポリエチレンの袋で葉全体を包んで密閉し，A，Bとした。

〔実験２〕 図のように，Aは光が十分に当たる明るい場所，Bは光が当たらない暗い場所に置いた。４時間後，気体検知管でA，Bの袋の中の酸素と二酸化炭素の体積の割合をそれぞれ測定し，結果を表にまとめた。ただし，気体検知管の使用における空気の出入りはないものとする。

表

	酸素の体積の割合	二酸化炭素の体積の割合
A	①	②
B	③	④

ア　実験１より実験２のほうが小さかった
イ　実験１より実験２のほうが大きかった

①[　　　　]　②[　　　　]　③[　　　　]　④[　　　　]

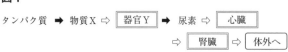

3 天気の変化について調べるために，ある年の10月の連続した3日間の12時に，次の観測と実験を行った。また，**図2**は，観測と実験を行った場所における，その3日間の天気，気圧，気温の変化をインターネットで調べ，まとめたものである。このことについて，あとの問いに答えなさい。

〈山梨県〉〔7点×6〕

図1

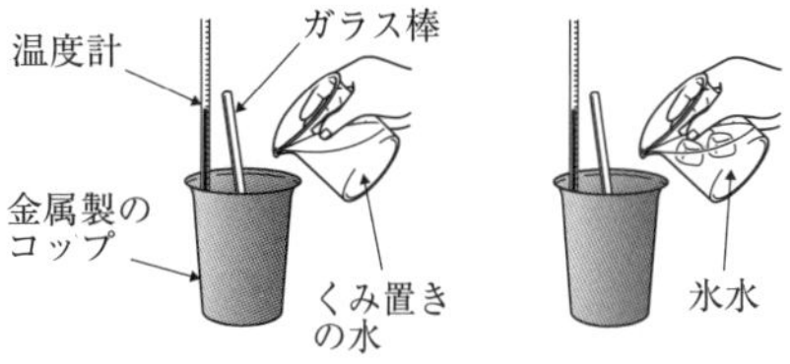

〔観測〕天気を判断し，また，風向風力計を用いて風向，風力を調べた。

〔実験〕風通しのよい室内で気温を測定し，**図1**のように，温度計の入った金属製のコップに気温と同じ温度のくみ置きの水を半分くらい入れた。次に，コップの中の水をガラス棒でゆっくりとかき混ぜながら，氷水を少しずつ加え，コップの表面に水滴がつきはじめたときの水の温度を測定した。**表1**は，その結果である。ただし，このときの水の温度とコップの表面付近の空気の温度は等しいものとする。

表1

日時	気温〔℃〕	水滴がつきはじめたときの水の温度〔℃〕
1日目 12時	21	7
2日目 12時	20	8
3日目 12時	16	14

図2

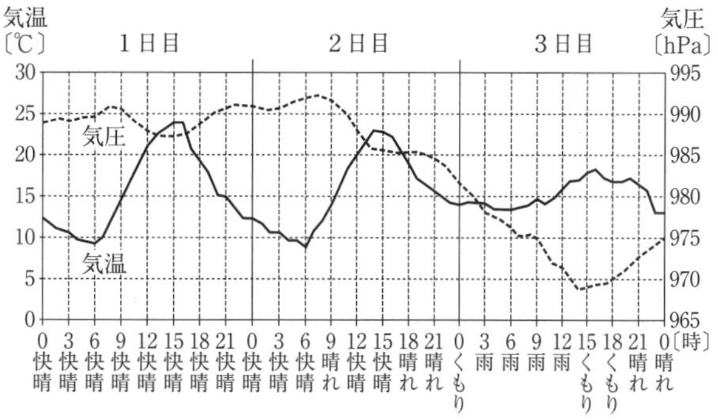

(1) 〔観測〕の結果，3日目の12時の天気は雨，風向は北西，風力は2であった。このときの天気，風向，風力を**図3**の補助線を利用して，天気図記号でかき入れなさい。

図3

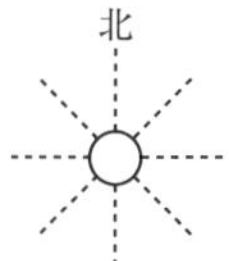

正答率 27%　ハイレベル

(2) **図2**で，1日目の21時から2日目の6時までと，2日目の21時から3日目の6時までの気温の変化を比較すると，1日目の21時から2日目の6時までの気温の下がり方がより大きくなっている。その理由を天気に着目し，「熱」という語句を使って簡単に書きなさい。

[　　　　　　　　　　　　]

正答率 73%（湿度が最も高い日）　正答率 25%（湿度）

(3) 3日間の中で，12時の湿度が最も高い日は何日目か，**表1**をもとにして答えなさい。また，そのときの湿度は何%か，求めなさい。答えは小数第一位を四捨五入して整数で書きなさい。なお，それぞれの気温における飽和水蒸気量は**表2**のとおりである。（完答）

湿度が最も高い日[　　　日目]　湿度[　　　%]

表2

気温〔℃〕	7	8	9	10	11	12	13	14	15	16	17	18	19	20	21
飽和水蒸気量〔g/m^3〕	7.8	8.3	8.8	9.4	10.0	10.7	11.4	12.1	12.8	13.6	14.5	15.4	16.3	17.3	18.3

(4) 次の［　　］は，**表1**と**図2**について述べた文章である。①～③にあてはまるものを，それぞれ**ア**，**イ**から1つずつ選び，記号で答えなさい。

①[　　　]　②[　　　]　③[　　　]

> コップの表面に水滴がつきはじめたときの表面付近の空気の温度を，その空気の露点という。雨のときには，快晴のときと比べて，露点は①〔**ア**　高く　**イ**　低く〕なり，気圧は②〔**ア**　高く　**イ**　低く〕なった。また，日中の気温の変化は，③〔**ア**　大きく　**イ**　小さく〕なった。

5 運動とエネルギー/化学変化とイオン

1 水圧と浮力 でる★

① **水圧**…水の重さによって生じる圧力。**水の深さが深いほど大きくなる。**

② **浮力**…水中の物体にはたらく上向きの力。

浮力の大きさ〔N〕＝空気中での重さ〔N〕－水中での重さ〔N〕

2 物体の運動 でる★★

① **2力がつり合う条件**…**2力の大きさが等しく，2力が一直線上にあり，2力の向きが反対。**

② **速さ**…**速さ〔m/s〕＝$\dfrac{\text{移動距離〔m〕}}{\text{かかった時間〔s〕}}$**

③ **記録タイマー**…$\dfrac{1}{50}$秒または$\dfrac{1}{60}$秒ごとに打点する。0.1秒間に打つ打点間の距離を測定すると，**0.1秒間に進んだ距離**が求められる。

▼斜面の角度と台車の速さの変化

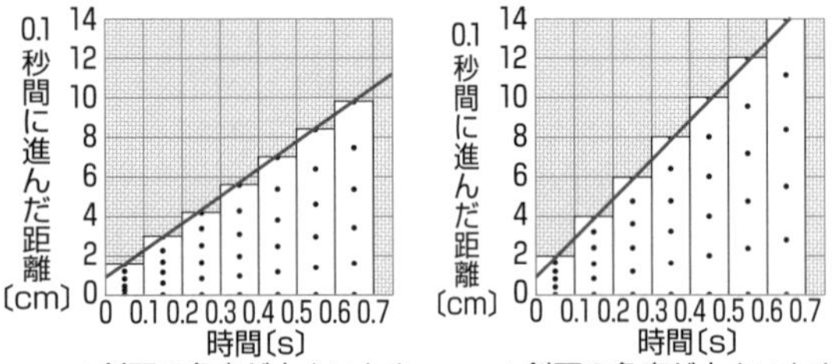

▲斜面の角度が小さいとき　▲斜面の角度が大きいとき

④ **力がはたらいているときの運動**…ⓐ**物体の運動の向きに力がはたらき続ける**と，速さが一定の割合で**はやくなる。**ⓑ**物体の運動の向きと逆向きに力がはたらき続ける**と，速さが一定の割合で**おそくなる。**

⑤ **等速直線運動**…一定の速さで一直線上を進む運動。移動距離は時間に比例する。等速直線運動をしている物体には，運動の向きに力がはたらいていないか，力がはたらいていてもつり合っている。

▼等速直線運動のグラフ

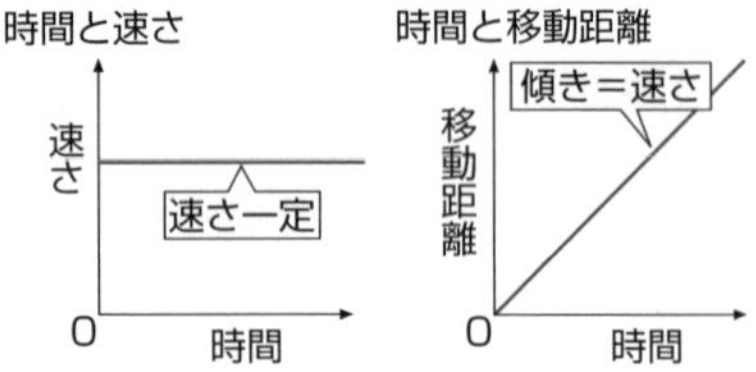

⑥ **慣性の法則**…物体に力がはたらいていない（またはつり合っている）とき，静止している物体は静止し続け，運動している物体はそのままの速さで**等速直線運動**を続ける。

⑦ **慣性**…物体に力がはたらいていない（またはつり合っている）とき，物体がその運動の状態を続けようとする性質。

⑧ **力のはたらき合い**…**作用・反作用の力は2つの物体**にはたらき，**つり合う2力は1つの物体**にはたらく。

3 仕事とエネルギー でる★★

① **仕事**…**仕事〔J〕＝物体に加えた力の大きさ〔N〕×物体が力の向きに移動した距離〔m〕**

② **仕事率**…**仕事率〔W〕＝$\dfrac{\text{仕事〔J〕}}{\text{時間〔s〕}}$**

③ **位置エネルギー**…高いところにある物体がもつエネルギー。

④ **運動エネルギー**…運動している物体がもつエネルギー。

⑤ **力学的エネルギー**…運動エネルギーと位置エネルギーの和。

⑥ **力学的エネルギーの保存（力学的エネルギー保存の法則）**…**力学的エネルギーの総量は一定**に保たれる。

4 水溶液とイオン でる★★

① **原子の構造**…原子の中心には**原子核**があり，そのまわりに**－**の電気をもつ**電子**がある。原子核は，**＋**の電気をもつ**陽子**と電気を帯びていない**中性子**からなる。

② **イオン** おぼえる

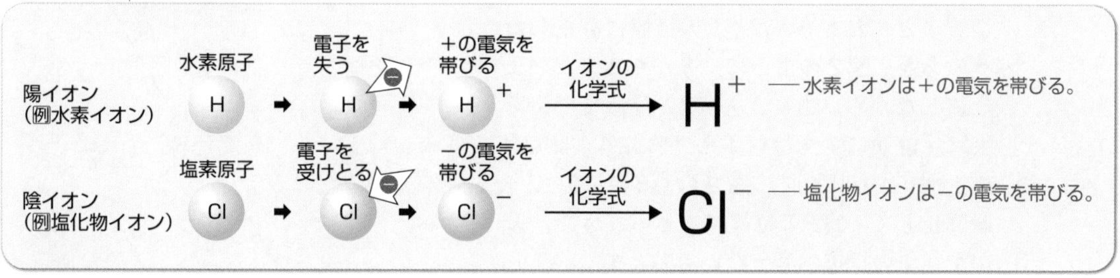

③ **電離**…物質が水にとけて**陽イオン**と**陰イオン**に分かれること。

④ **電解質と非電解質**…水溶液にしたとき，イオンに分かれて電流が流れる物質を**電解質**，イオンに分かれず電流が流れない物質を**非電解質**という。

⑤ **塩酸の電気分解**…陽極から**塩素**が，陰極から**水素**が発生する。$2HCl \longrightarrow H_2 + Cl_2$

⑥ **塩化銅水溶液の電気分解**…陽極から**塩素**が発生し，陰極に**銅**が付着する。$CuCl_2 \longrightarrow Cu + Cl_2$

⑦ **電池（化学電池）**…化学変化を利用して，化学エネルギーから電気エネルギーをとり出す装置。（例 ダニエル電池）

⑧ **燃料電池**…水素と酸素から水をつくる化学変化によって，電気エネルギーをとり出す装置。このときの化学変化を化学反応式で表すと，$\mathbf{2H_2+O_2 \longrightarrow 2H_2O}$

5 酸・アルカリとイオン でる★★★

① **酸**…水溶液にしたとき**水素イオン**$\mathbf{H^+}$が生じる物質。水溶液は**酸性**を示す。

② **酸の性質**…**青色リトマス紙を赤色**に変化させる。／**BTB溶液を黄色**に変化させる。／マグネシウムや亜鉛などの**金属と反応して水素が発生**する。／**pHの値が7より小さい。**

③ **アルカリ**…水溶液にしたとき**水酸化物イオン**$\mathbf{OH^-}$が生じる物質。水溶液は**アルカリ性**を示す。

④ **アルカリの性質**…**赤色リトマス紙を青色**に変化させる。／**BTB溶液を青色**に変化させる。／**フェノールフタレイン溶液を無色から赤色**に変化させる。／**pHの値が7より大きい。**

⑤ **中和**…酸の水溶液とアルカリの水溶液を混ぜ合わせたとき，たがいの性質を打ち消し合う反応が起こる。このとき**水**と**塩**《えん》（例 塩化ナトリウム，硫酸バリウム）ができる。

⑥ **塩酸（HCl）と水酸化ナトリウム（NaOH）水溶液の中和** よくでる

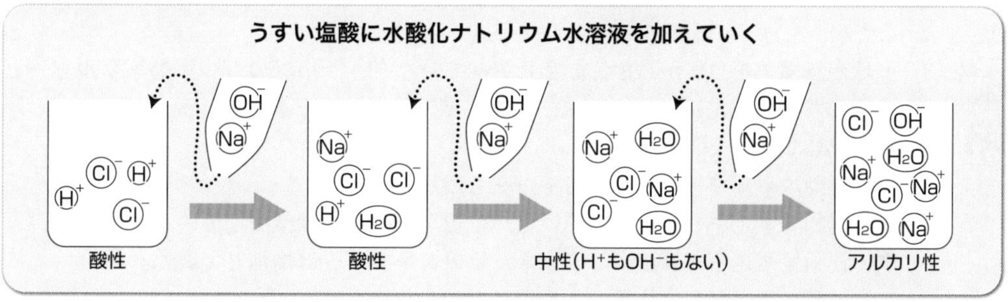

1 **図1**のように，のび縮みしない糸の一端を天井の点Oに固定し，他端におもりAをつけてつるすと，おもりAは点Rの位置に静止した。そのあと，**図2**のように，糸がたるまないようにしながらおもりAを点Pの位置まで持ち上げ，静かに手をはなすと，おもりAは点Q，Rを通り，点Pと同じ高さの点Sの位置で一瞬静止して，点Pの位置にもどってきた。摩擦や空気の抵抗は考えないものとする。

〈鹿児島県〉［11点×2］

図1

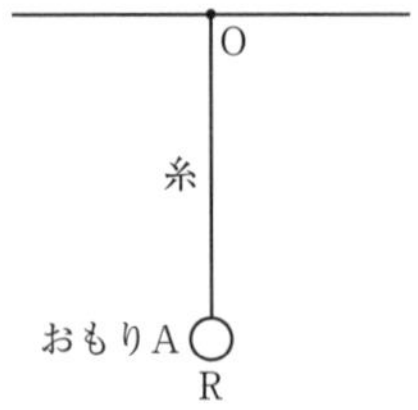

図2

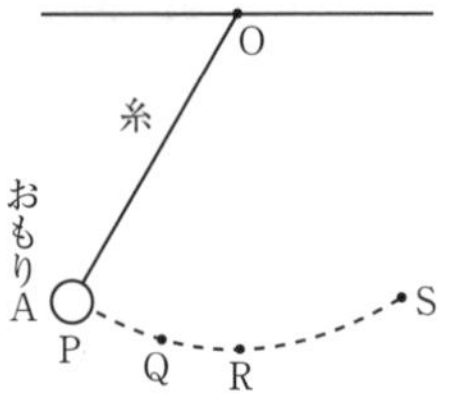

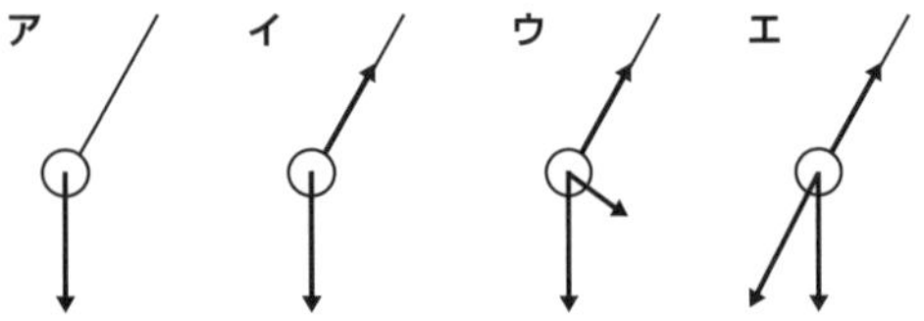

(1) 点Pの位置で手をはなしたとき，おもりAにはたらいている力を矢印で表した図として適当なものを，右上の**ア**～**エ**から１つ選び，記号で答えなさい。［　　　］

ハイレベル (2) ∠POQと∠QORは等しい角度であった。おもりAが点Pの位置から点Qの位置にいくまでの時間t_1，点Qの位置から点Rの位置にいくまでの時間をt_2とすると，t_1とt_2の関係として適当なものを，次の**ア**～**ウ**から１つ選び，記号で答えなさい。［　　　］

ア　$t_1 = t_2$　　**イ**　$t_1 < t_2$　　**ウ**　$t_1 > t_2$

2 小球の運動を調べるために，次の実験を行った。これについて，あとの問いに答えなさい。ただし，小球と実験装置の間には，摩擦力ははたらかないものとする。〈新潟県〉［10点×３］

〔実験〕図のように，斜面上のP点で，小球を静かにはなしたところ，小球は斜面をすべり落ち，水平面上のB点，C点，D点を通り，さらに斜面を上がって，水平面上のE点，F点を通る運動をした。この小球の運動を，0.1秒間隔で発光するストロボスコープを用いて写真に記録した。図の各小球は，写真に記録された小球を模式的に示したものであり，水平面上にある小球の上に示した数値は，小球の位置を示すものさしの目盛りを読みとったものである。

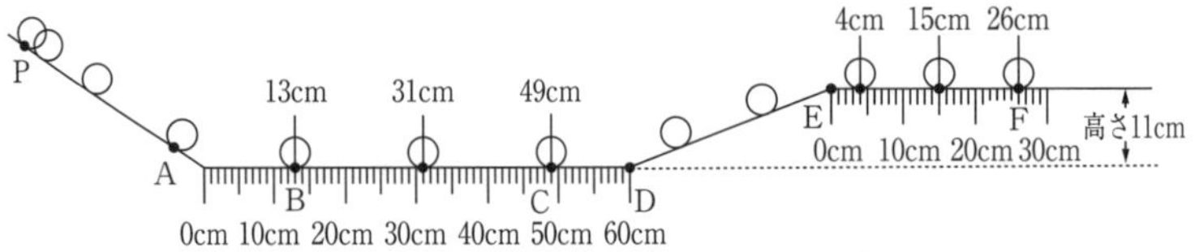

(1) 小球がA点からF点まで移動するのに，かかった時間は何秒か，求めなさい。［　　　秒］

(2) 小球が水平面上をB点からC点まで移動するとき，小球の平均の速さは何cm/sか，求めなさい。［　　　cm/s］

正答率83％ よくでる (3) 小球が斜面上をD点からE点まで上がっていくとき，小球のもつ運動エネルギーと位置エネルギーの変化について述べた文として，最も適当なものを，次の**ア**～**エ**から１つ選び，記号で答えなさい。［　　　］

ア　運動エネルギーも位置エネルギーも増加していく。

イ　運動エネルギーは増加していき，位置エネルギーは減少していく。

ウ　運動エネルギーは減少していき，位置エネルギーは増加していく。

エ　運動エネルギーも位置エネルギーも減少していく。

3 電池のしくみについて調べるために，次の実験を行った。あとの問いに答えなさい。

〈三重県〉[12点×4]

〔実験〕

〈目的〉金属と電解質の水溶液を用いてダニエル電池をつくり，電気エネルギーをとり出せるかどうかを調べる。

〈方法〉1．図のように，素焼きの容器をビーカーに入れ，素焼きの容器の中に14％硫酸銅水溶液を入れた。

2．ビーカーの素焼きの容器が入っていないほうに，5％硫酸亜鉛水溶液を入れた。

3．それぞれの水溶液に銅板，亜鉛板をさしこみ，ダニエル電池を組み立てた。

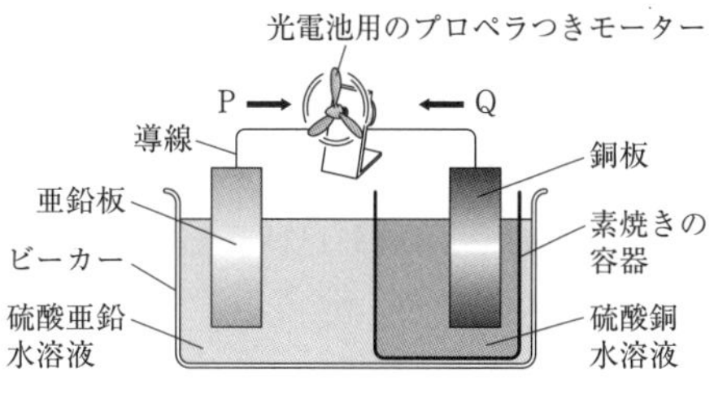

4．ダニエル電池に光電池用のプロペラつきモーターをつなぎ，電気エネルギーをとり出せるかを調べた。電池にプロペラつきモーターをしばらくつないだままにした後，金属板のようすを観察した。

〈結果〉ダニエル電池に光電池用のプロペラつきモーターをつなぐと，プロペラつきモーターが回転した。電池にプロペラつきモーターをしばらくつないだままにした後の金属板のようすは，**表1**のようになった。

表1

	金属板のようす
亜鉛板	X
銅板	表面に新たな銅が付着していた。

(1) 実験では，物質がもっているエネルギーを電気エネルギーに変換してとり出すことで，モーターが回転している。実験で，電気エネルギーに変換された，物質がもっているエネルギーを何エネルギーというか，漢字で書きなさい。

[　　　　　　エネルギー]

(2) 図において，電子の移動の向きはP，Qのどちらか，また，＋極は亜鉛板，銅板のどちらか，**表2**の**ア**～**エ**から最も適当なものを1つ選び，その記号を書きなさい。

表2

	ア	**イ**	**ウ**	**エ**
電子の移動の向き	P	P	Q	Q
＋極	亜鉛板	銅板	亜鉛板	銅板

[　　　]

(3) **表1**の中の**X**に入ることがらは何か，次の**ア**～**エ**から最も適当なものを1つ選び，その記号を書きなさい。

ア 表面に新たな亜鉛が付着していた。　**イ** 表面に銅が付着していた。

ウ 表面がぼろぼろになり，細くなっていた。　**エ** 表面から気体が発生していた。

[　　　]

(4) 次の文は，素焼きの容器がないと，電池のはたらきをしなくなる理由について説明したものである。文中の（　あ　）～（　え　）に入る言葉はそれぞれ何か，下の**ア**～**エ**から最も適当な組み合わせを1つ選び，その記号を書きなさい。　[　　　]

> 素焼きの容器がないと，2つの電解質水溶液がはじめから混じり合い，（　あ　）イオンが（　い　）原子から直接電子を受けとり，（　う　）板に（　え　）が現れ，導線では電子の移動がなくなるから。

ア あ－銅　い－亜鉛　う－銅　え－亜鉛

イ あ－銅　い－亜鉛　う－亜鉛　え－銅

ウ あ－亜鉛　い－銅　う－銅　え－亜鉛

エ あ－亜鉛　い－銅　う－亜鉛　え－銅

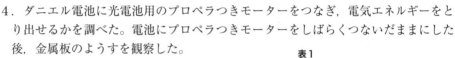

6 生命の連続性/地球と宇宙

1 生殖と遺伝 でる★★

① **無性生殖**…受精によらない生殖。分裂やさし木。

② **有性生殖**…受精によって，新しい個体がふえる生殖。

③ **減数分裂**…生殖細胞をつくるときに行われる。染色体の数がもとの細胞の半数になる。受精後，染色体はもとの数になる。

▼減数分裂

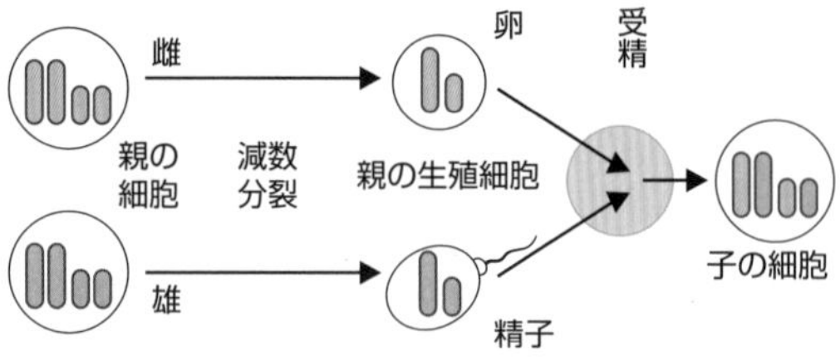

④ **遺伝子**…核の中の染色体にある。遺伝子の本体は**DNA**(デオキシリボ核酸)。

⑤ **顕性形質と潜性形質**…形質の異なる純系を交配したとき，子に現れる形質を**顕性**形質といい，子に現れない形質を**潜性**形質という。

⑥ **遺伝のしくみ** よくでる

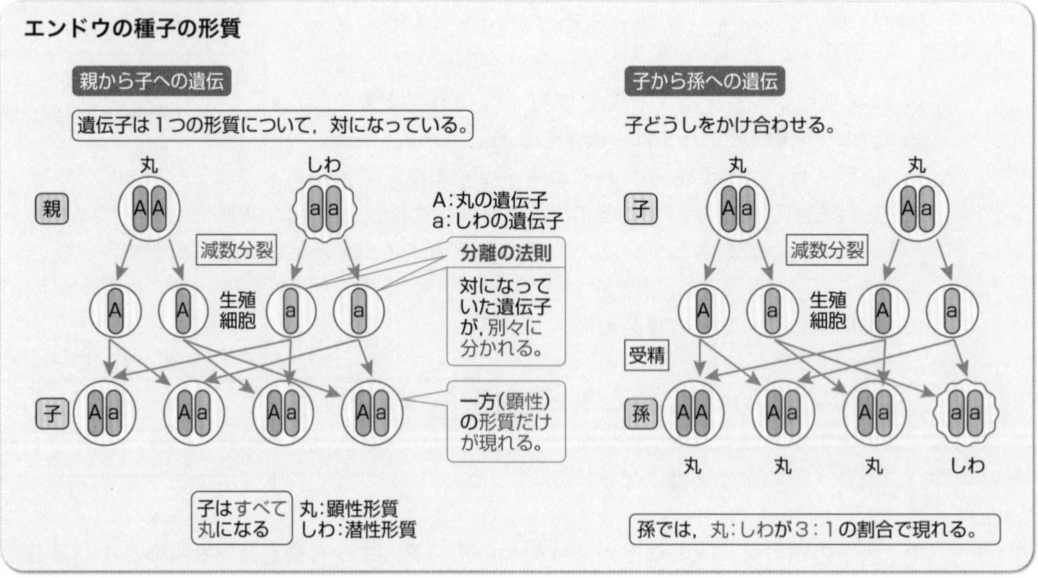

2 生物と環境 でる★

① **生産者**…光合成を行って**有機物をつくる植物。**

② **消費者**…生産者がつくった**有機物を食べる草食動物**や，**動物を食べる肉食動物。**

③ **分解者**…植物や動物の死がいやふんなどの有機物を無機物に分解する。**菌類や細菌類などの微生物。**

④ **食物連鎖**…生物どうしの「食べる・食べられる」という関係。

⑤ **生物界のつながり**…自然界の生物の数や量は，つり合っている。つり合いがくずれると，**もとにもどるまでに長い年月がかかる。**

⑥ **地球温暖化**…化石燃料の大量使用や森林伐採による**二酸化炭素の増加**が原因と考えられている。

⑦ **酸性雨**…排気ガスなどに含まれる硫黄酸化物や窒素酸化物が原因と考えられている。

▼物質の循環

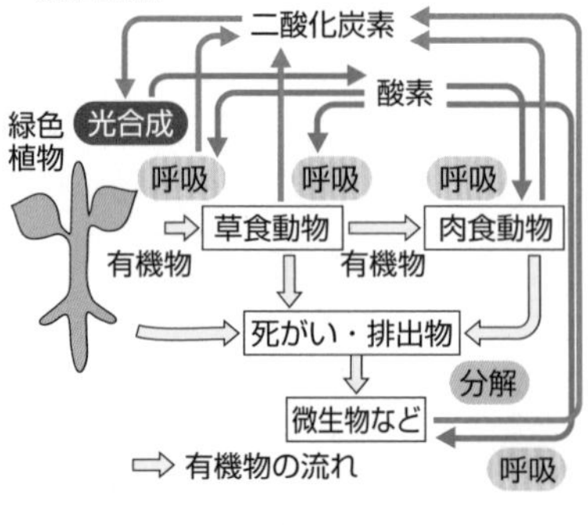

3 天体の動きと地球の自転・公転 でる★★

① **地球の自転**…地球は地軸を中心として，**西から東へ１日に１回転**している。

② **太陽や星の日周運動**…地球の自転によって起こる太陽や星の見かけの動き。**1時間に15°**ずつ東から西へ動いているように見える。

③ **太陽の年周運動**…季節によって，昼の長さや南中高度が変わる。

・**夏至**…太陽の南中高度は1年で最も**高く**，昼の長さは1年で最も**長い**。

陽の南中 … 昼の長さは1年で最も**短い**。

… 公転面に垂直な方向に対

… **ら西へ**動くように見える。

… **か月で**

… 公転し

… 太陽

… わり

… 転し

… 位

… ②

… **ら**

… **の明星・よいの明星**）。

▼季節による南中高度の変化(北半球)

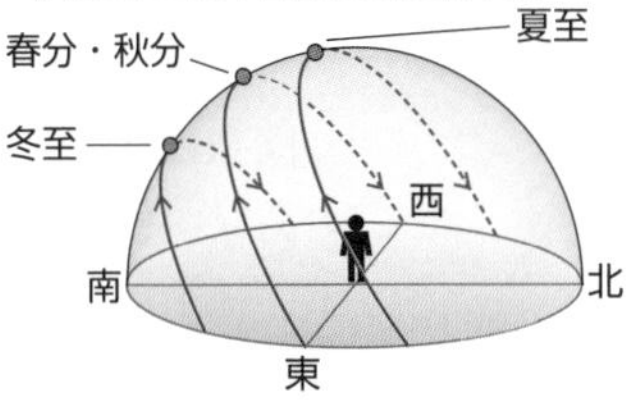

季節により南中高度は変わる。

▼オリオン座の動き

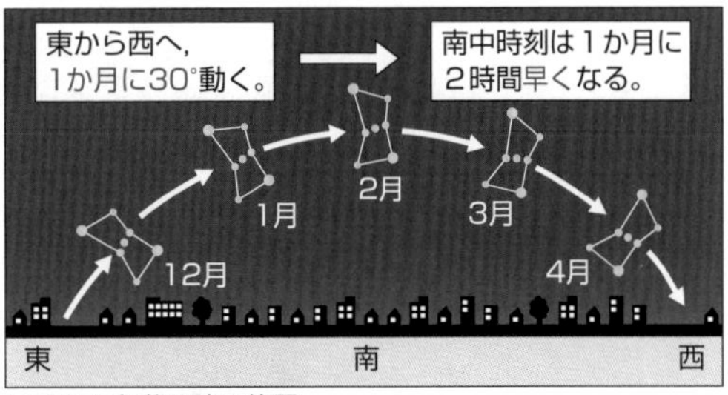

いずれも午後8時の位置

▼金星と地球の関係図

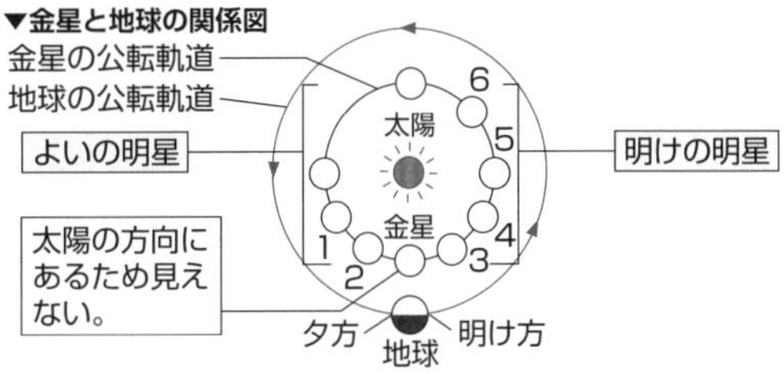

▼金星の見え方(形と大きさ)

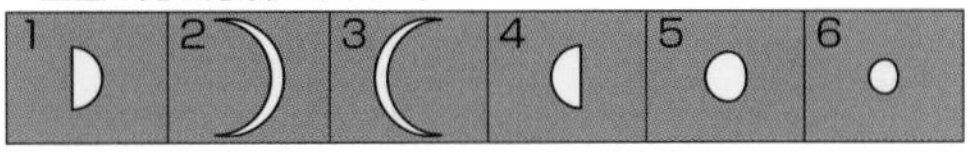

5 月の運動と見え方 でる★★

① **月**…地球のまわりを公転する**衛星**。

② **月の満ち欠け**…月は，太陽の光を反射して光っているので，太陽や地球との位置関係によって満ち欠けして見える。満ち欠けの周期は，約１か月(約29.5日)。

③ **日食**…「**太陽－月－地球**」と一直線上に並んだとき，太陽が月にかくれる現象。太陽が全部かくれるときを**皆既日食**という。

④ **月食**…「**太陽－地球－月**」と一直線上に並んだとき，月が地球の影に入る現象。

▼月の見え方

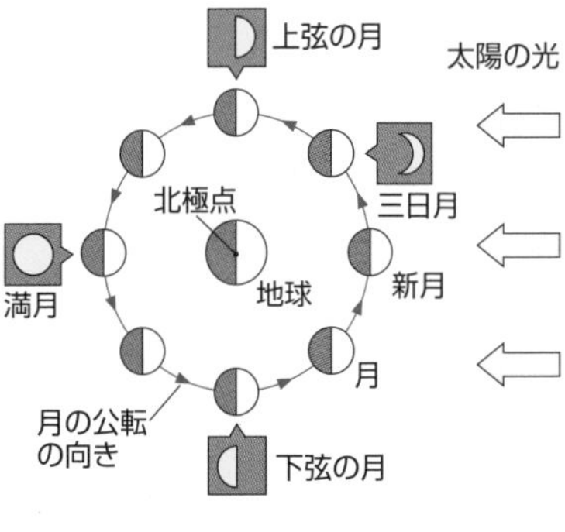

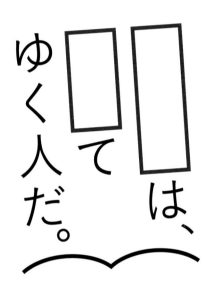

入試対策問題

時間 30分　得点 ／100点

解答解説 別冊 P.17

1 親から子への形質の伝わり方を調べるため，次のような資料収集を行った。これについて，あとの(1)～(3)の問いに答えなさい。〈岩手県〉[10点×3]

〔資料〕メンデルはエンドウを栽培し，純粋な品種(純系)を選び出した。そして種子の形と草たけ(茎の長さ)に着目して，次の実験を行った。

図1は，①，②の実験を説明したもので，**図2**は，草たけ(茎の長さ)の高低(長短)を示したものである。

① 種子の形が丸い純系の個体(親)としわの純系の個体(親)をかけ合わせると，できた種子の形はすべて丸(子)となった。

② ①でできた丸い種子から成長した個体(子)を自家受粉させると，丸い種子(孫)が5474個，しわの種子(孫)が1850個できた。

③ 草たけが低い純系の個体(親)と，草たけが高い純系の個体(親)をかけ合わせてできた種子を育てると，できた個体(子)は **X** になった。

④ ③でできた個体(子)を自家受粉させてできた種子を育てると，草たけが低い個体(孫)の数は，草たけの高い個体(孫)の約３分の１になった。

図1

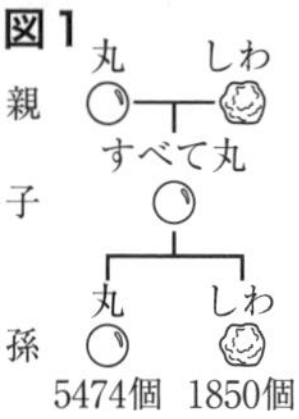

図2

草たけ(茎の長さ)が
高い(長い)　低い(短い)

(1) ③で，次の**ア**～**エ**のうち， **X** にあてはまる内容として最も適当なものはどれか。１つ選び，その記号を書きなさい。

ア すべて低い草たけ　　**イ** すべて高い草たけ

ウ すべて両親の中間の草たけ　　**エ** 草たけが低い個体と高い個体がほぼ同数

[　　　]

(2) ④で，できた個体(孫)のうち，草たけを高くする遺伝子だけをもつ個体の割合は何％になると考えられるか。数字で書きなさい。　[　　　％]

(3) 次の**図3**，**図4**は，有性生殖をする生物の，からだをつくる細胞の核の中にある染色体の一部を模式的に示したものである。両親と子の，染色体の組み合わせが**図3**のようなとき，**図3**の両親から**図4**のような染色体の組み合わせをもつ子は生じない。それは減数分裂で生殖細胞ができるとき，染色体がどのように受けつがれるからか。簡単に書きなさい。

図3

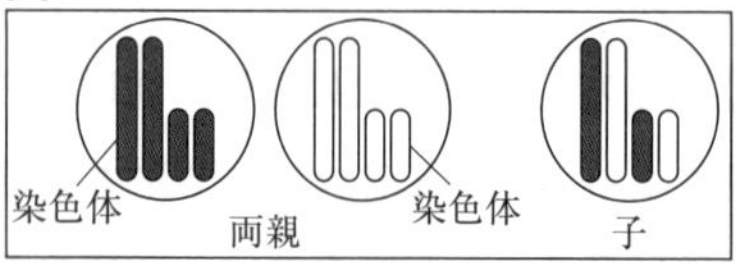

図4

[　　　　　　　　　　]

2 自然界における生物どうしのつながりについて，あとの問いに答えなさい。〈福井県〉[10点×４]

図1は，自然界における炭素の循環を模式的に表したもので，A～Dは，菌類・細菌類，草食動物，肉食動物，植物のいずれかを示している。

図1

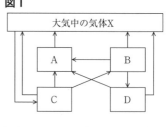

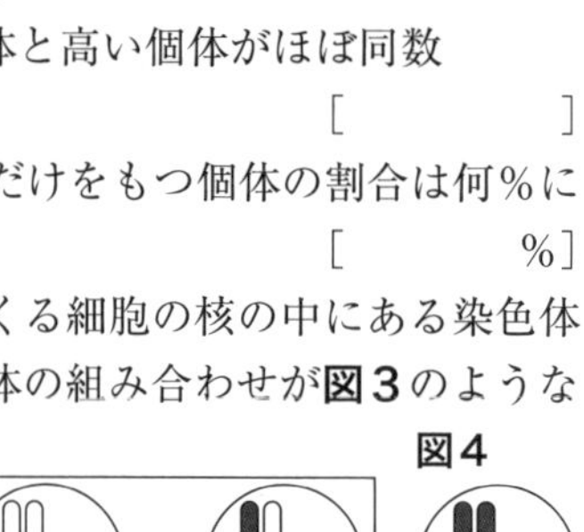

(1) **図1**で大気中の気体Xは何か。　[　　　　]

(2) **図1**の生物の中で，食物連鎖のはじまりはどれか。**図1**のA～Dから１つ選び，記号で答えなさい。また，この生物が有機物を無機物に分解してエネルギーをとり出すはたらきは何か。その名称を答えなさい。(完答)　記号[　　　]　名称[　　　　]

(3) **図1**で，動物の死がいやふんによる有機物の流れを表す矢印はどれか。次のページの**ア**～**カ**から１つ選び，記号で答えなさい。　[　　　]

ア　B→A，C→A，D→A　**イ**　B→A，D→A　**ウ**　B→A，C→A
エ　B→D，C→B，D→A　**オ**　B→D，C→B　**カ**　B→A，C→B

(4) ある地域の食物連鎖における動物の数量関係を示すと**図2**のようにピラミッド形に表すことができた。このあと，何らかの原因でバッタの個体数が異常に増加したことが確認できたとすると，この増加の原因として考えられることは何か。次の**ア**～**エ**から1つ選び，記号で答えなさい。また，バッタは**図1**のどのグループに属するか。**図1**のA～Dから1つ選び，記号で答えなさい。(完答)

図2

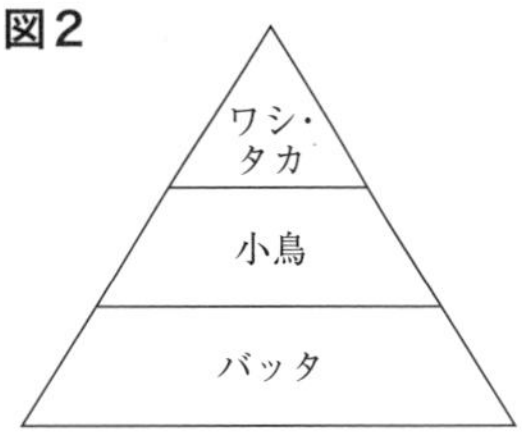

原因[　　　　　]　グループ[　　　　　]

ア　この地域の植物が，水不足によりあまり育たなかった。
イ　この地域の小鳥の産卵数が例年以上に増加した。
ウ　人間が，この地域に生息していたワシやタカを排除した。
エ　新たに，外部からワシが侵入し，ワシの生息数が増加した。

3 山形県内に住む恵子さんは，天体の運動について興味をもち星座の観察をした。次は，恵子さんがまとめたものである。あとの問いに答えなさい。　〈山形県〉[10点×3]

【星座の観察】

星座の形や星座の見える位置を比べるために，2019年7月3日と8月5日の午前0時に，自宅の窓から，南の空に見える星を，デジタルカメラのタイマー機能を使って撮影した。**図1**，**図2**は，撮影した星の画像をもとに，7月3日と8月5日の午前0時におけるそれぞれの南の空の星をスケッチしたものである。

図1

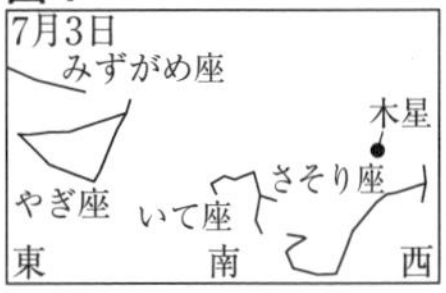

図2

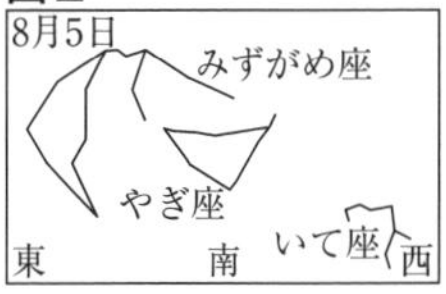

【観察の結果】

8月5日の南の空で観察できた星座の位置は，7月3日の同じ時刻に比べて西へ移っていた。また，7月3日にはさそり座の近くに①木星を観察できた。

【調べたこと】

星座を形づくる星々は，太陽と同じようにみずから光を出している[　a　]である。地球から星座を形づくるそれぞれの星までの距離は[　b　]ため，星は，天にはりついているように見える。同じ時刻に見える星座の位置が1年を周期として変化したり，太陽が天球上を1年かけて動いていくように見えたりするのは，②地球が太陽のまわりを1年に1回公転しているからである。

(1) [　a　]，[　b　]にあてはまる言葉の組み合わせとして適切なものを，次の**ア**～**カ**から1つ選び，記号で答えなさい。

ア　a. 衛星　b. 異なるが，とても遠い　**イ**　a. 衛星　b. 等しく，とても遠い
ウ　a. 恒星　b. 異なるが，とても遠い　**エ**　a. 恒星　b. 等しく，とても遠い
オ　a. 惑星　b. 異なるが，とても遠い　**カ**　a. 惑星　b. 等しく，とても遠い

[　　　]

よくでる。

(2) 下線部①について，木星は真夜中に見ることができるが，金星は明け方や夕方にしか見ることができない。金星が明け方や夕方にしか見ることができない理由を書きなさい。

[　　　　　　　　　　　　　　　　　　　　　　　　]

(3) 下線部②について，地球が公転の軌道上を1か月で移動する角度は何度か。最も適切なものを，次の**ア**～**エ**から1つ選び，記号で答えなさい。

ア　約15°　**イ**　約30°　**ウ**　約45°　**エ**　約60°　[　　　]

世界と日本のすがた／世界の諸地域

1 地球のすがたと世界の国々 でる★★★

① **地球の大きさ**…表面積は約５億km²。全周は**約４万km**。

② **陸地と海洋**…面積の比は約**３：７**で，海洋が広い。

・**六大陸**…**ユーラシア**，**アフリカ**，**北アメリカ**，**南アメリカ**，**南極**，**オーストラリア**。

・**三大洋**…**太平洋**，**大西洋**，**インド洋**。

▼緯度と経度

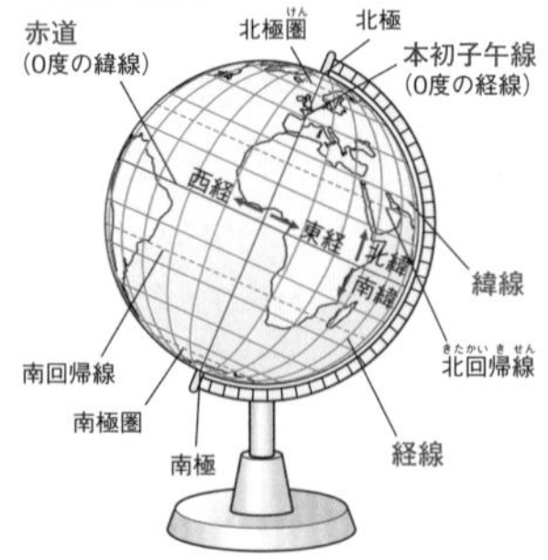

③ **地球上の位置**…緯度《いど》と経度によって表される。

・緯度…**赤道**を０度として，南北に90度ずつ。

・経度…ロンドンを通る**本初子午線**を０度として，東西に180度ずつ。

◉時差の考え方 おぼえる

> 日本の標準時子午線…**東経135度**の経線。
> **経度15度で１時間の時差**➡ロンドンとは135÷15＝９時間の時差。

④ **世界の地域区分**…**アジア州**，**アフリカ州**，**ヨーロッパ州**，**北アメリカ州**，**南アメリカ州**，**オセアニア州**。

⑤ **国境**…山脈や河川を利用。アフリカ州には，**緯線・経線に沿った直線的な国境線**も見られる。

2 世界の人々の生活と環境《かんきょう》 でる★

◉高山気候 ココがカギ

> 標高が高いため，農作物が育たない➡**リャマ**や**アルパカ**の放牧を行う。

① **世界の気候**

・**熱帯**…一年を通じて高温で，降水量が多い。

・**乾燥《かんそう》帯**…降水量がきわめて少ない。羊などの遊牧。

・**冷帯〔亜《あ》寒帯〕**…夏と冬の気温の差が大きい。タイガとよばれる針葉樹林帯。

・**寒帯**…気温が一年じゅう低く，氷や雪におおわれる。

・**温帯**…四季の変化が明らかな**温暖湿潤《しつじゅん》気候**。冬に雨が降り，夏は乾燥する**地中海性気候**。偏西風《へんせいふう》と暖流の影響《えいきょう》で冬も温暖な**西岸海洋性気候**。

② **世界の主な宗教**…**キリスト教**，**イスラム教**，**仏教**。インドでは**ヒンドゥー教**を信仰《しんこう》。

3 日本のすがた でる★★

▼日本の範囲

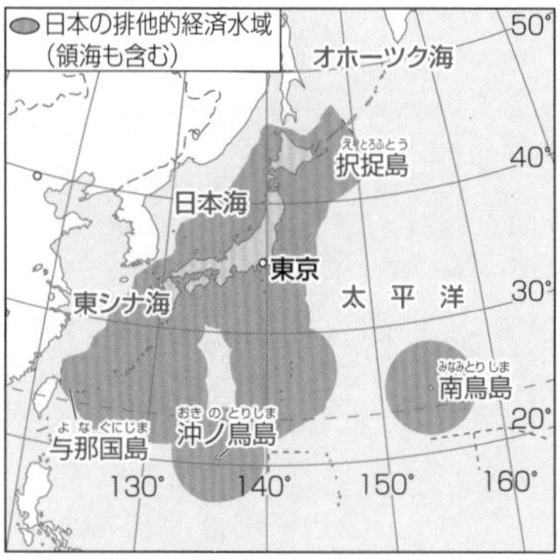

① **日本の位置**…ユーラシア大陸の東にある**島国〔海洋国〕**。

② **日本の領域**…領土面積は約38万km²。海岸線から12海里までは領海，領土と領海の上空は領空。領海を除く，海岸線から200海里までは**排他《はいた》的経済水域**。

◉日本の領域の特徴《とくちょう》 ミス注意

> 日本の**排他的経済水域**は国土面積のわりに広い。

③ **地域区分**…北海道，東北，関東，中部，近畿，中国・四国，九州の７地方に区分。中部地方は**北陸《ほくりく》**・**中央高地**・**東海《とうかい》**，中国・四国地方は**山陰《さんいん》**・**瀬戸内《せとうち》**・**南四国**にも分けられる。

4 世界の諸地域 でる★★★

① アジア州

・中国〔中華《ちゅうか》人民共和国〕…人口増加をおさえるため，**一人っ子政策**が行われていた。**経済特区**を設置したことで，1980年代に工業化が進み，現在は「**世界の工場**」とよばれる。

▼中国の農業地域

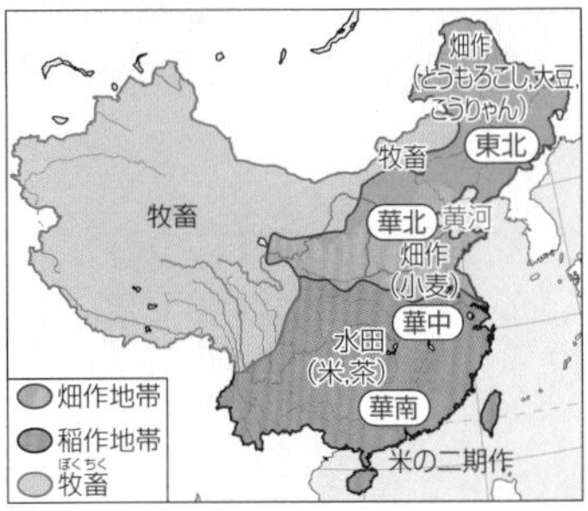

・**アジアNIES**…韓国《かんこく》，シンガポール，台湾《たいわん》，香港《ホンコン》は，近年，工業化が進み，経済発展が著しい。

・東南アジア…**季節風**の影響で**稲作《いなさく》**がさかん➡**二期作**も行われる。**東南アジア諸国連合〔ＡＳＥＡＮ〕**を結成し，結びつきを強化。

・インド…英語や数学の教育水準が高く，欧米《おうべい》の**ＩＣＴ〔情報通信技術〕**産業が進出。

・西アジア…**ペルシャ湾《わん》**沿岸は**石油**の産出地➡多くの国が**石油輸出国機構〔ＯＰＥＣ〕**に加盟。

② ヨーロッパ州

▼EU加盟国（2023年７月現在）

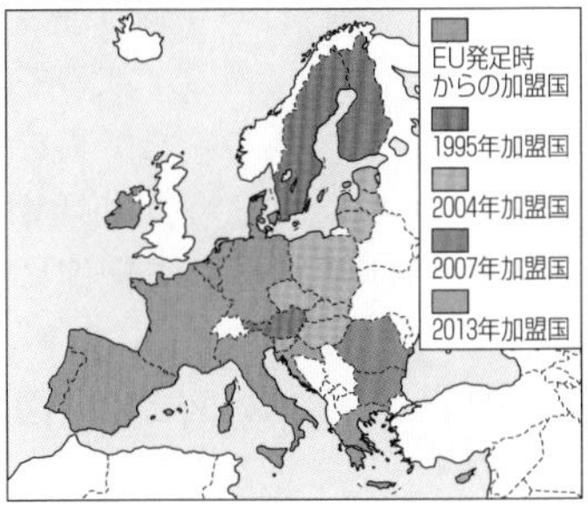

・気候…暖流の**北大西洋海流**と**偏西風**の影響で，比較《ひかく》的温暖。

・農業…**混合農業**，**酪農《らくのう》**，**地中海式農業**がさかん。

◉ヨーロッパ連合〔ＥＵ〕 よくでる

通貨…共通通貨**ユーロ**を発行。
工業…貿易品に関税がかからないため，国際分業で**航空機**生産。賃金の安い東ヨーロッパへ工場を移す企業《きぎょう》が増加。
課題…加盟国間の**経済格差**。環境問題。

③ アフリカ州

▼アフリカの鉱産資源

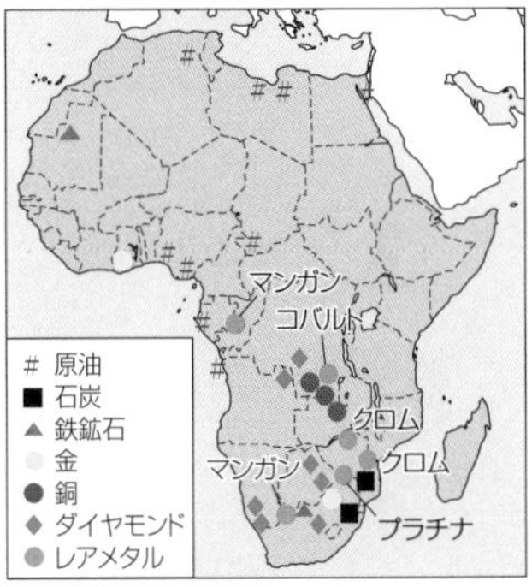

・農業…**プランテーション**農業，**ギニア湾**沿岸ではカカオ豆の生産。

・鉱工業…鉱産資源が豊富で，**レアメタル**が多く産出。

・課題…**モノカルチャー経済**の国が多い。**地域紛争《ふんそう》**も多発。
➡アフリカ連合〔ＡＵ〕を結成し，結びつきを強化。

④ 北アメリカ州…アメリカ合衆国を中心に結びつく。

・農業…自然条件に合った**適地適作**。アメリカは「**世界の食料庫**」。

・人口…アメリカは人種・民族が多様。中南米から移住した**ヒスパニック**が増加。

・工業…近年アメリカの**サンベルト**でＩＣＴ〔情報通信技術〕産業が発展。

⑤ 南アメリカ州

▼アメリカ合衆国の農業地域

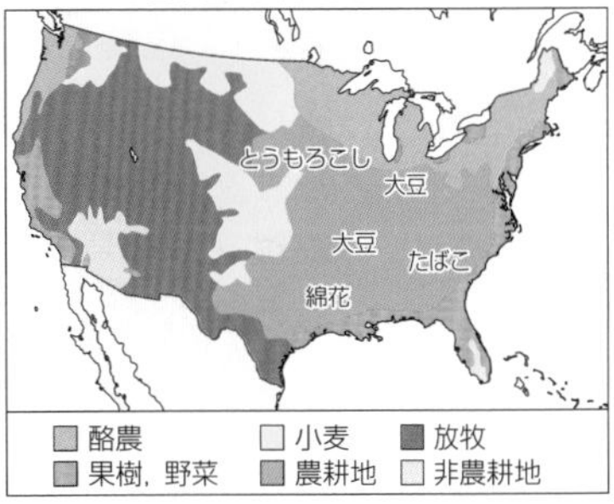

・農業…**アマゾン川**流域で**焼畑農業**。**パンパ**で小麦の栽培《さいばい》や放牧。

・資源・エネルギー…豊富な鉱産資源。さとうきびを原料とする**バイオエタノール〔バイオ燃料〕**を開発。

⑥ オセアニア州

・先住民…オーストラリアのアボリジニやニュージーランドのマオリ。

・**多文化社会**…**白豪《はくごう》主義**を廃止《はいし》し，アジアからの移民が増加。

入試対策問題

時間 30分　得点 ／100点　解答解説 別冊 P.19

1 右の**図1**について，次の問いに答えなさい。〈沖縄県〉［7点×4］

(1) **図1**中の線**X**および線**X′**に挟《はさ》まれた範囲《はんい》は日本の領土と同緯度《いど》，線**Y**および線**Y′**に挟まれた範囲は同経度の範囲を示したものである。領土の大半がこのいずれの範囲にも含《ふく》まれていない国はどれか。次の**ア**～**エ**から1つ選び，記号で答えよ。

図1

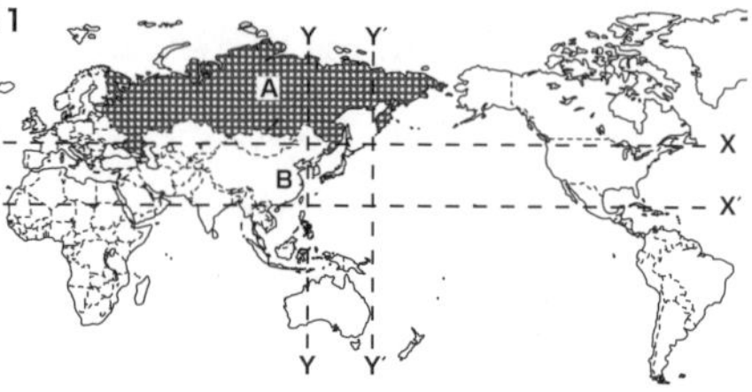

ア　オーストラリア　**イ**　イギリス　**ウ**　アメリカ　**エ**　エジプト［　　　］

(2) 日本の領土について，日本固有の領土でありながら，**図1**中の**A**国によって占拠《せんきょ》されている島々をまとめて何というか，**漢字4字**で書け。［　　　］

(3) 右の写真の沖ノ鳥《おきのとり》島は北小島と東小島からなる日本最南端《さいなんたん》の領土である。波の侵食《しんしょく》で島が消失しないようコンクリートの護岸と金属のふたで島を保護している。この島が消失することで日本にどのような問題が発生するか。「**広大な**」「**失う**」という2つの語句を用いて簡潔に書け。

［　　　］

思考力 (4) 右の**図2**は，**図1**中の**B**国の地域別の工業生産額を3段階に分けて示したものである。**B**国の工業にはどのような特色があるか，この図から読みとることができることがらを「**比べて**」「**内陸部**」という2つの語句を用いて簡潔に書け。

［　　　］

図2

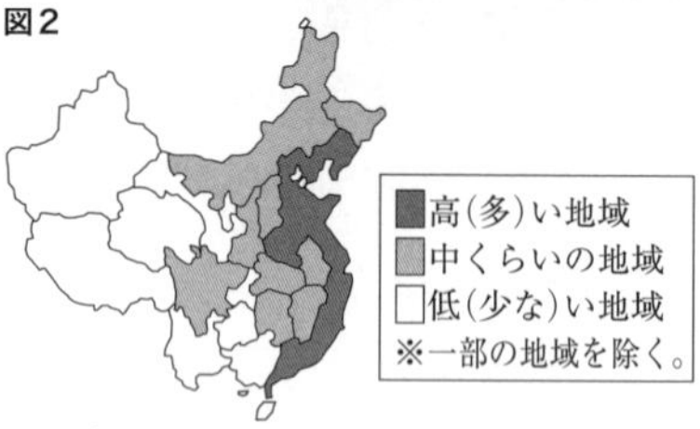

（地理データファイル2010年度版による）

2 右の**図3**を見て，次の問いに答えなさい。〈栃木県〉［6点×3］

よくでる (1) **図3**中の**X**で示した経度0度の線を何というか。

［　　　］

(2) アルプス山脈の位置を示しているものを，**図3**中の**ア**～**エ**から1つ選び，記号で答えよ。［　　　］

(3) 右の**表1**は，**図3**中の●で示した都市を首都とする4か国について，人口と人口密度をまとめたものである。面積が最も大きい国を，**表1**中の**A**～**D**から1つ選び，記号で答えよ。また，その国名を書け。

記号［　　　］

国名［　　　］

図3

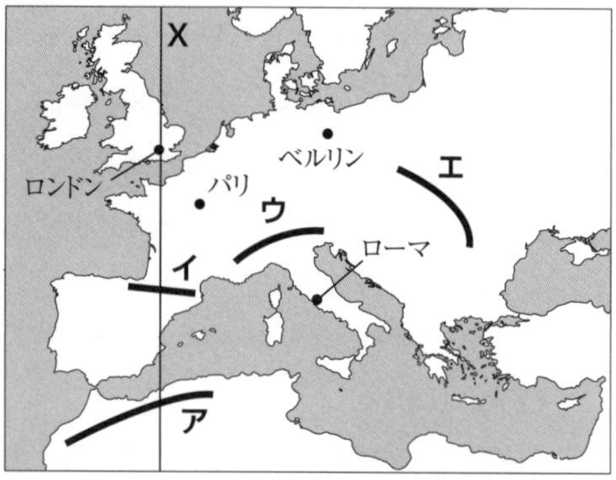

表1

国（首都）	人口（2021年）	人口密度（2021年）
A（ロンドン）	6728万人	277人／km²
B（パリ）	6453万人	117人／km²
C（ベルリン）	8341万人	233人／km²
D（ローマ）	5924万人	196人／km²

（「データブック　オブ・ザ・ワールド2023」による）

3 緯線と経線が直角に交わった地図である右の**図4**を見て，次の問いに答えなさい。

〈静岡県〉［9点×6］

正答率 80.8%　よくでる

(1) 赤道を示しているものを，**図4**中の**ア**～**ウ**から1つ選び，記号で答えよ。

［　　　］

図4

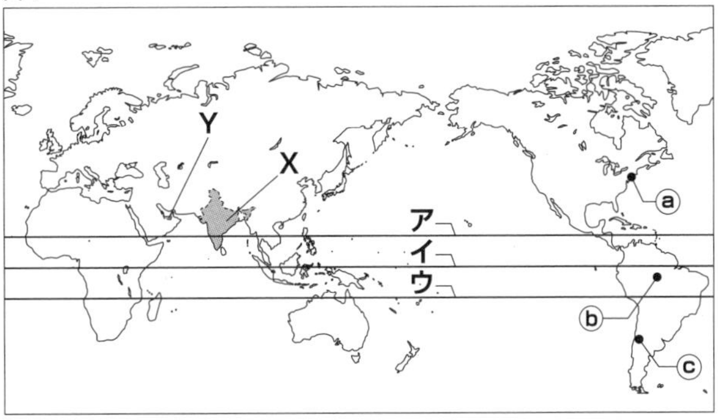

正答率 71.3%

(2) **図4**中の**X**の国の北側には標高8000m級の山々が連なる高い山脈が見られる。この山脈を含む，ヨーロッパからインドネシアにのびる造山帯は何とよばれるか。

［　　　］

正答率 75.0%

(3) 右の**表2**は，**図4**中の**X**の国，中国，ブラジル，オーストラリア，日本のいずれかの，1990年と2016年における人口と，2016年における1人あたりの国民総所得を示している。**X**の国にあたるものを，**表2**中の**ア**～**エ**から1つ選び，記号で答えよ。［　　　］

表2

	人口(万人)		1人あたりの国民総所得(ドル，2016年)
	1990年	2016年	
ア	117,245	140,350	7,963
イ	1,704	2,413	52,730
ウ	87,013	132,417	1,685
エ	14,935	20,765	8,467
日本	12,452	12,775	39,881

(「世界国勢図会2018/19」などによる)

グラフ1

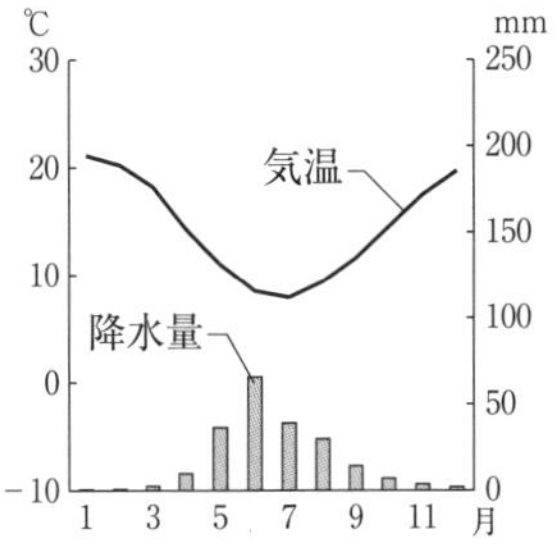

(「理科年表2023」による)

正答率 65.2%

(4) 右上の**グラフ1**は，**図4**中のⓐ～ⓒのいずれかの都市の，気温と降水量を示したものである。**グラフ1**にあたる都市として適切なものを，ⓐ～ⓒから1つ選び，記号で答えよ。

［　　　］

正答率 80.8%

(5) **図4**中の**Y**の国は，西アジアに属している。7世紀に西アジアでおこり，現在は西アジアを中心に，広い地域で信仰《しんこう》されている宗教がある。この宗教には，信者が聖地に向かって1日5回の礼拝を行うなどの特徴《とくちょう》がある。この宗教は何とよばれるか。

［　　　］

思考力　正答率 57.7%　ハイレベル

(6) **図4**中の**Y**の国では，原油の輸出で得た豊富な資金などを使い，1990年代から，高級ホテルがある人工島をつくるなどのリゾート開発を進めてきた。右の**表3**は，1987年における，世界の原油の可採年数(採掘《さいくつ》可能年数)を示している。右の**グラフ2**は，1987年と2017年における，**Y**の国の，輸出総額と，輸出総額に占《し》める原油の輸出額の割合を示している。**Y**の国で，原油の輸出で得た豊富な資金などを使い，リゾート開発を進めようとした目的を，**表3**と**グラフ2**から考えられることに関連づけて，簡潔に書け。

表3

	可採年数(年)
原油	43.6

(「世界国勢図会1990/91」による)

グラフ2

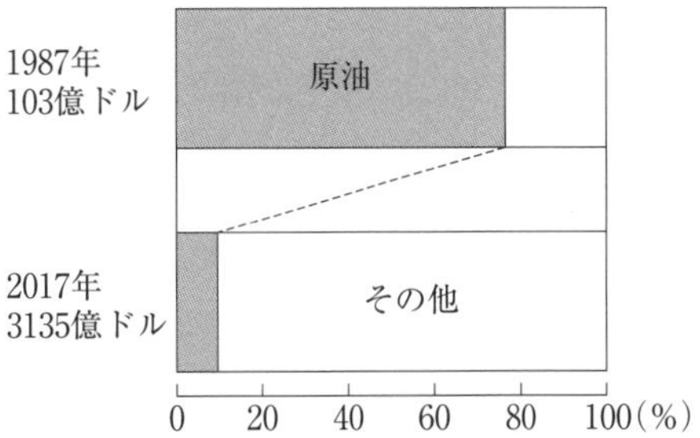

(「世界国勢図会1995/96」などによる)

［　　　　　　　　　　　　］

1 身近な地域の調査 でる★★

① **地形図のきまり**…地形図は**国土地理院**が発行。

・縮尺…実際の距離《きょり》を縮めた割合。

◉実際の距離の求め方 ココがカギ

実際の距離…(地図上の長さ)×(縮尺の分母)で求める。

・**等高線**…同じ標高の地点を結んだ線。等高線の**間隔《かんかく》がせまいと傾斜《けいしゃ》が急，広いと傾斜がゆるやか。**

② **地域調査**…調査テーマの決定➡仮説の考察➡実際に調査➡整理・分析《ぶんせき》➡発表。

▼地図記号

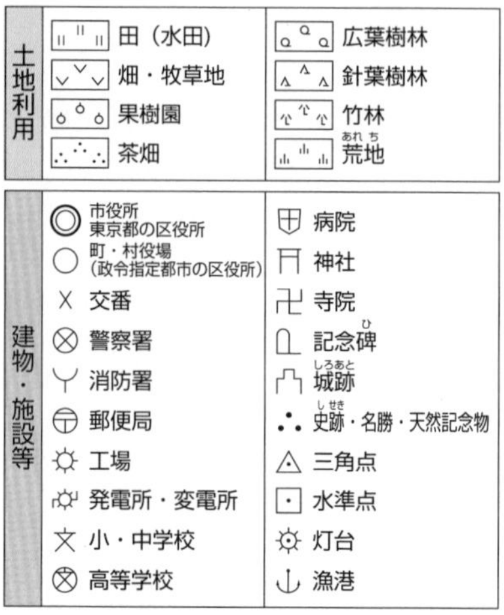

2 日本の地域的特色 でる★★★

① **地形**…山がちで，国土の約４分の３が山地。

・山地…本州中央部に**日本アルプス**。火山が多い。

・海岸…三陸《さんりく》海岸や志摩《しま》半島は複雑な**リアス海岸**。

・海流…暖流の**対馬《つしま》海流**，**黒潮〔日本海流〕**，寒流の**リマン海流**，**親潮〔千島《ちしま》海流〕**。暖流と寒流がぶつかるところには**潮目〔潮境〕**ができる。

・川…**急流で短い**。最長は**信濃《しなの》川**，流域面積最大は**利根《とね》川**。

・平地…せまい平野に人口が集中。

◉河川がつくる地形 ミス注意

三角州…川の河口付近にできる低くて平らな土地。
扇状地《せんじょうち》…川が山から流れ出るところにできたゆるやかな傾斜地。

② **気候**…国土の大部分が**温帯**，北海道は冷帯〔亜《あ》寒帯〕に属する。**季節風**や梅雨・台風の影響《えいきょう》を受ける。

③ **自然災害**…地震《じしん》，火山の噴火《ふんか》，台風による洪水《こうずい》や土砂くずれなど。災害に備えて各自治体で**ハザードマップ**を作成。

④ **人口**…東京・大阪・名古屋《なごや》の**三大都市圏《けん》**に集中。**少子高齢《こうれい》化**が進行し，**人口ピラミッド**が**富士山型**→**つりがね型**→**つぼ型**へと変化。

◉人口分布 おぼえる

過密…人口が密集。騒音《そうおん》・大気汚染《おせん》や交通渋滞《じゅうたい》などの問題。
過疎《かそ》…人口が流出。高齢化が進行。社会生活の維持《いじ》が困難。

⑤ **資源・エネルギー**

・鉱産資源…石油，石炭，鉄鉱石のほとんどを輸入に依存《いぞん》。

・発電…**火力発電**中心。原子力発電所の事故をきっかけに，**原子力発電**の割合が大幅《おおはば》に減少。近年は，太陽光・風力・地熱などの**再生可能エネルギー**が注目されている。

▼日本の気候区分

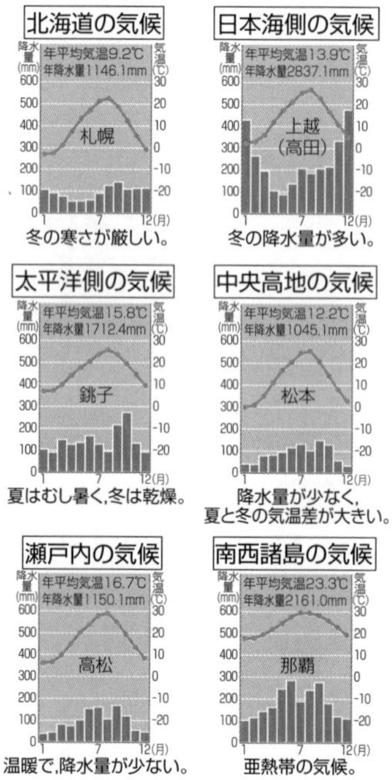

冬の寒さが厳しい。

夏はむし暑く,冬は乾燥。

降水量が少なく，夏と冬の気温差が大きい。

温暖で,降水量が少ない。

亜熱帯の気候。

(「理科年表2023」による)

▼日本の人口ピラミッド

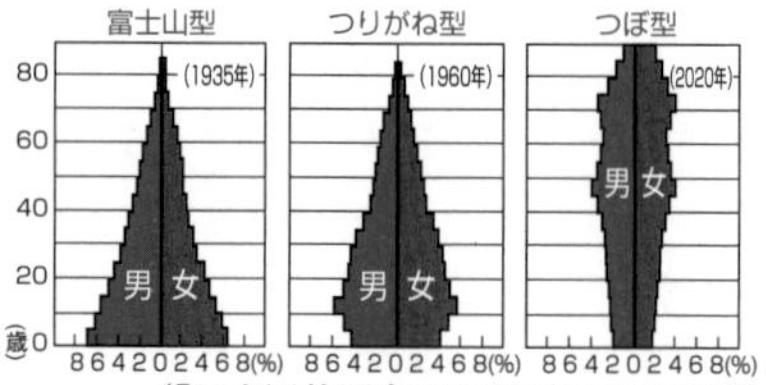

(「日本国勢図会2023/24」ほかによる)

⑥ **農業**…日本は**稲作《いなさく》**が中心で，農産物の自給率が低い。

◉特色ある農業 よくでる

促成栽培《そくせいさいばい》…冬でも暖かい気候を利用し，出荷時期を早めて野菜を栽培。高知平野や宮崎平野など。

抑制《よくせい》栽培…夏でも涼《すず》しい高原の気候を利用し，出荷時期を遅《おく》らせて野菜を栽培。群馬県や長野県など。

近郊《きんこう》農業…大都市の近郊で野菜などを栽培。輸送費や保冷費があまりかからない。千葉県や埼玉県など。

▼おもな農産物の産地

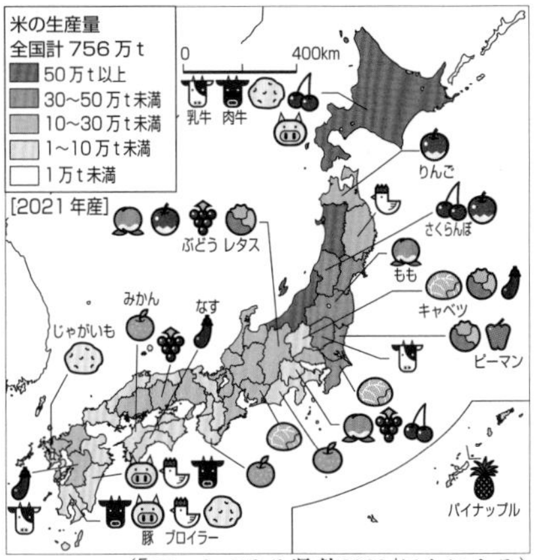

(「データでみる県勢2023」ほかによる)

⑦ **漁業**…**養殖《ようしょく》業**や**栽培漁業**などの**育てる漁業**の推進。

⑧ **工業**…**太平洋ベルト**に工業地帯・工業地域が集中。交通網《もう》の発達により，内陸型の工業地域も見られる。

⑨ **交通**…交通網の発達により移動時間が短縮。

・**鉄道**…新幹線の整備が進む。

・**自動車**…高速道路が整備され，国内の貨物輸送の中心になっている。

▼日本のおもな工業地帯・地域

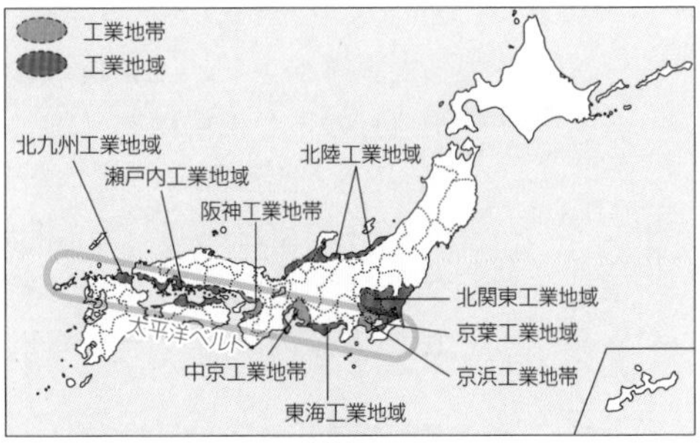

3 日本の諸地域 でる★

① **九州地方**…火山が多く，比較《ひかく》的温暖。

・農業…**筑紫《つくし》平野**では米と麦の**二毛作**。**シラス台地**が広がる南部では畑作や**畜産《ちくさん》**がさかん。

・工業…公害の発生を教訓にリサイクルを推進➡北九州市や水俣《みなまた》市は**エコタウン**に選出。

② **中国・四国地方**…本州四国連絡橋の開通。

・工業…瀬戸内海《せとないかい》沿岸に**石油化学コンビナート**。

・過疎地域の増加…**町おこし**，**村おこし**によって，地域の活性化を進める。

◉本州四国連絡橋 おぼえる

神戸《こうべ》・鳴門《なると》ルート…明石海峡《あかしかいきょう》大橋と大鳴門橋。

児島《こじま》・坂出《さかいで》ルート…瀬戸大橋。

尾道《おのみち》・今治《いまばり》ルート…瀬戸内しまなみ海道。

③ **近畿地方**…歴史的文化財が多い。

・工業…大阪湾《わん》沿いに**阪神工業地帯**を形成。**中小工場**が多い。

・都市開発…人口集中を緩和《かんわ》するために**ニュータウン**や埋《う》め立て地を建設。

④ **中部地方**…北陸《ほくりく》，中央高地，東海《とうかい》の３つに分けられる。

・農業…北陸は**稲作**がさかん。中央高地は果樹栽培や野菜の**抑制栽培**。東海は**施設《しせつ》園芸農業**がさかん。

・工業…**中京工業地帯**は日本最大の工業地帯。北陸では**地場産業**や**伝統産業**も発達。

⑤ **関東地方**…東京は日本の首都。

・人口…日本の人口の約３分の１が集中。都心では**昼間人口**が**夜間人口**よりも多い。

⑥ **東北地方**

・農業…日本有数の**稲作**地帯。果樹栽培がさかん。夏に北東から冷たい**やませ**が吹《ふ》くと冷害が発生。

・伝統文化…祭りなどの**伝統行事**，**伝統的工芸品**が多く残されている。

⑦ **北海道地方**…**畑作**，**酪農《らくのう》**がさかん。豊かな自然を生かした**エコツーリズム**が広がる。

1 右の略地図を見て，次の問いに答えなさい。

〈鹿児島県〉［5点×2］

正答率 84.7%　よくでる

(1) 略地図中のXに見られるような，多くの入り江《え》や湾《わん》を持つ海岸を何というか。

［　　　　　　　］

(2) 略地図中の太平洋ベルトとよばれる工業地域と九州地方のＩＣ工場の立地について述べた次の文中の①，②にあてはまることばの組み合わせとして，最も適当なものを，あとのア～エから１つ選び，記号で答えよ。

［　　　　　］

太平洋ベルトの工業地域は ① に，九州地方のＩＣ工場は ② に多く立地する。

ア（①　臨海部　②　空港の近く）

イ（①　臨海部　②　港湾の近く）

ウ（①　内陸部　②　空港の近く）

エ（①　内陸部　②　港湾の近く）

2 右の図を見て，次の問いに答えなさい。

〈栃木県〉［10点×３］

(1) **図１**は，A町と福島県いわき市の雨温図である。**図１**から読み取れることを正しく述べているものを，次の**ア**～**エ**から１つ選び，記号で答えよ。

［　　　　　］

ア　４月の降水量はA町の方が多い。

イ　どちらも７月の平均気温が最も高い。

ウ　どちらも９月より６月の降水量の方が多い。

エ　１月と８月の平均気温の差はA町の方が大きい。

図１

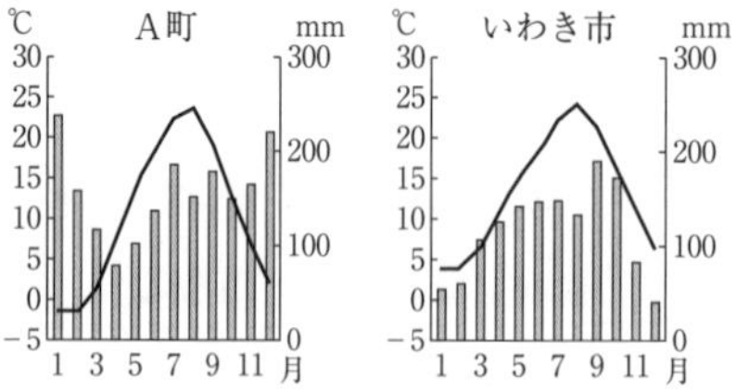

（「気象庁ホームページ」による）

正答率 32.3%　ハイレベル

(2) A町の位置を，**図２**中の**ア**～**エ**から１つ選び，記号で答えよ。また，そのように判断した理由を**図１**から読み取り，「**季節風**」という語句を用いて簡潔に書け。

記号［　　　　　］

理由［　　　　　　　　　　　　　　　　　　　　］

図２

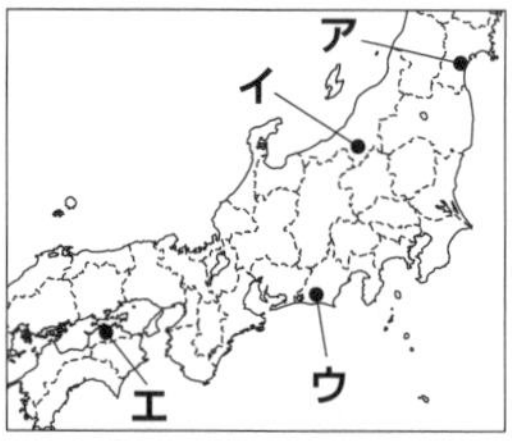

3 右の図３は２万５千分の１の地形図である。図３から読み取ることができることがらで下線部が正しいものを，次のア～エから１つ選び，記号で答えよ。

〈沖縄県〉［10点］　［　　　　　］

ア　「梅井一丁目」地区にはまばらであるが<u>畑</u>が分布している。

イ　図中の**C**－**D**間の長さは３cmであるので，実際の距離《きょり》は<u>800m</u>である。

ウ　「高須」地区の川沿いには<u>工場</u>が立地している。

エ　高等学校は市役所の<u>北東部</u>に位置している。

図３

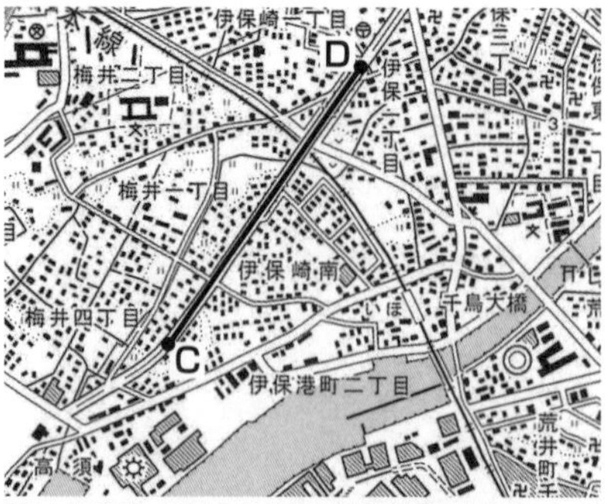

（国土地理院　2万5千分の1地形図「加古川」による）

4 次の問いに答えなさい。　〈三重県〉［10点×5］

図4

(1) 右の**図4**中の岩手県について述べた文として最も適切なものを，次の**ア**～**エ**から1つ選び，記号で答えよ。　［　　　］

ア　ねぶた祭が開催《かいさい》され，津軽塗《つがるぬり》が伝統的工芸品に指定されている。

イ　中尊寺《ちゅうそんじ》金色堂《こんじきどう》が国宝に，南部鉄器が伝統的工芸品にそれぞれ指定されている。

ウ　国宝・重要文化財の指定件数が全国1位で，西陣織《にしじんおり》が伝統的工芸品に指定されている。

エ　花笠《はながさ》まつりが開催され，天童将棋駒《てんどうしょうぎこま》が伝統的工芸品に指定されている。

よくでる　(2) **図4**中の千葉県にある，貿易額が全国1位の国際空港を何というか。　［　　　］

(3) 右の**グラフ**は，**図4**中の瀬戸内《せとうち》工業地域と，全国の2017年における工業別の製造品出荷額の割合を示したもので，**グラフ**中の**A**～**D**は，機械工業，化学工業，食料品工業，せんい工業のいずれかである。**B**にあてはまる工業として最も適切なものを，次の**ア**～**エ**から1つ選び，記号で答えよ。　［　　　］

グラフ

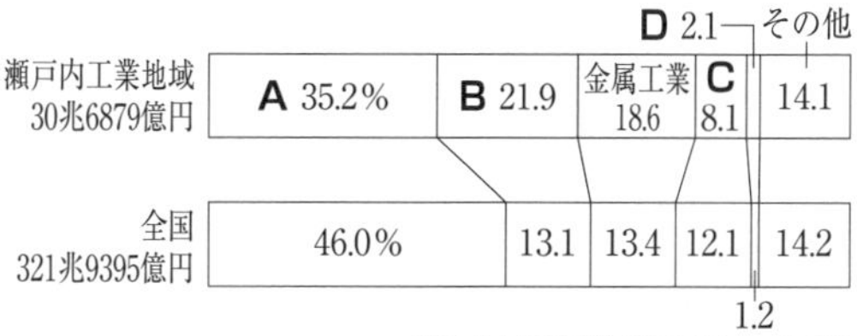

（「日本国勢図会2020/21」による）

ア　機械工業　**イ**　化学工業　**ウ**　食料品工業　**エ**　せんい工業

(4) **図4**中の北海道の農業について述べた文として最も適切なものを，次の**ア**～**エ**から1つ選び，記号で答えよ。　［　　　］

ア　泥炭地《でいたんち》に農業に適した土を運び入れて土地を改良し，全国有数の米の生産地になっている。

イ　日本最大級の砂丘《さきゅう》が広がり，なしやらっきょうの栽培《さいばい》がさかんである。

ウ　夜間に照明を当てて生育を遅《おく》らせる方法で，菊《きく》の生産量は全国1位となっている。

エ　みかんや梅の栽培がさかんで，生産量は，ともに全国1位である。

思考力　(5) 次の**資料1**は，日本の農業就業人口の推移を示したもの，**資料2**は，日本の年齢《ねんれい》別の農業就業人口の割合の推移を示したものである。日本の農業には，どのような課題が見られるか，その1つとして考えられることを，**資料1**，**資料2**から読み取り，簡潔に書け。

［　　　］

資料1

	農業就業人口（千人）
1994年	4,296
1999年	3,845
2004年	3,622
2009年	2,895
2014年	2,266
2019年	1,681

（農林水産省資料による）

資料2

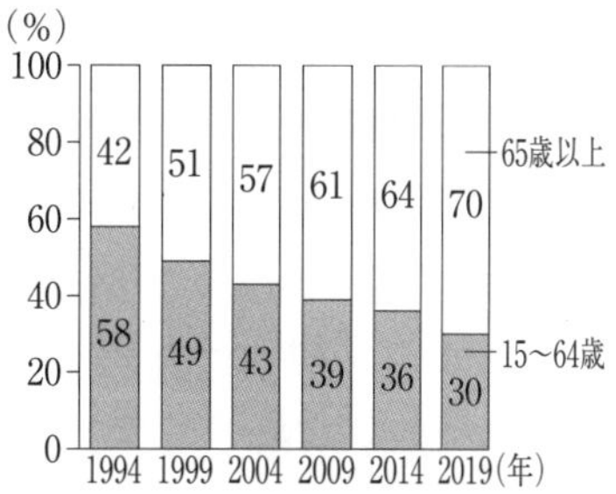

（農林水産省資料による）

1 文明のおこりと日本の成り立ち でる★

① **古代文明**…**新石器時代**に大河の流域で古代文明が繁栄《はんえい》。

② **日本のあけぼの**…**旧石器時代➡縄文《じょうもん》時代➡弥生《やよい》時代**。

◉それぞれの時代の特徴《とくちょう》 よくでる

時代	旧石器時代	縄文時代	弥生時代
道具	**打製石器**	**縄文土器**	**弥生土器**
生活	狩猟《しゅりょう》・採集の移動生活 簡単な小屋や岩かげが住居	狩猟・採集中心の生活 **土偶《どぐう》**をつくる **貝塚《かいづか》**でようすがわかる	**稲作《いなさく》**が広まる **金属器(青銅器・鉄器)**の使用 くにが生まれ，支配者が出現
史跡《しせき》	**岩宿遺跡《いわじゅくいせき》** (群馬県)	**三内丸山遺跡《さんないまるやま》** (青森県)	**登呂《とろ》遺跡**(静岡県)， **吉野ヶ里《よしのがり》遺跡**(佐賀県)

③ **古墳《こふん》時代**…**大和《やまと》政権**の発展。**渡来人《とらいじん》**が進んだ技術や文化を伝える。

▼古代文明の発祥地《はっしょうち》

2 古代国家の成立と歩み でる★★★

① **聖徳太子《しょうとくたいし》**…**十七条の憲法**の制定，**冠位《かんい》十二階**の制度，**遣隋使《けんずいし》**の派遣，**法隆寺《ほうりゅうじ》**。

② **律令《りつりょう》制度**…**大宝《たいほう》律令**の制定。**班田収授法《はんでんしゅうじゅのほう》**。**墾田永年私財法《こんでんえいねんしざいのほう》➡荘園《しょうえん》**の発生。

③ **平城京《へいじょうきょう》**…710年に都が移される。**唐《とう》**の**長安《ちょうあん》**がモデル。

④ **平安京《へいあんきょう》**…794年に**桓武《かんむ》天皇**が都を移す。

◉天平《てんぴょう》文化と国風《こくふう》文化のちがい おぼえる

天平文化…奈良時代に栄えた唐の文化の影響《えいきょう》を受けた仏教文化。

国風文化…平安時代に栄えた日本風の文化。

▼税と労役

租《そ》	収穫の約**3%**の稲
調《ちょう》	地方の**特産物**
庸《よう》	労役の代わりに**布**
雑徭《ぞうよう》	国司のもとで**労働**
兵役	成人男子は**兵士**に。 **防人《さきもり》**は北九州の警備につく

▼律令制度の役所

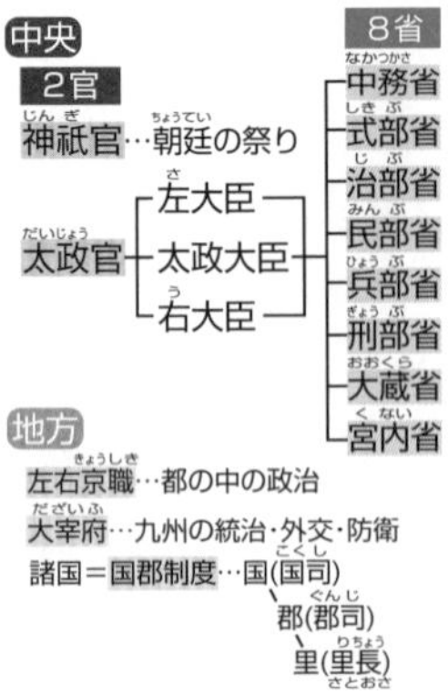

3 武家政権の展開 でる★★★

① **平氏《へいし》の政権**…**平清盛《たいらのきよもり》**が太政大臣《だいじょうだいじん》になる。**日宋《にっそう》貿易**を行う。

② **鎌倉幕府《かまくらばくふ》**…**源頼朝《みなもとのよりとも》**が征夷大将軍《せいいたいしょうぐん》になる。**御恩《ごおん》**と**奉公《ほうこう》**の主従関係。

③ **元寇《げんこう》**…モンゴル軍が襲来《しゅうらい》。恩賞をめぐり御家人《ごけにん》に不満。

④ **鎌倉文化**…新しい仏教の宗派。力強い武士の文化が生まれる。

⑤ **鎌倉幕府の滅亡《めつぼう》**…**後醍醐《ごだいご》天皇**が**建武《けんむ》の新政《しんせい》➡南北朝の内乱**。

⑥ **室町《むろまち》幕府**…**足利尊氏《あしかがたかうじ》**が京都に開く。**足利義満《よしみつ》**のときに最盛期。

⑦ **勘合《かんごう》貿易**…足利義満が**明《みん》**との貿易を開始。勘合によって**倭寇《わこう》**と区別。

◉産業・都市の発達 よくでる

商業の発達	定期市の増加。金融《きんゆう》業の**土倉《どそう》《とくら》**・**酒屋《さかや》**。
交通の発達	交通の要地で**馬借《ばしゃく》**・**問《とい》(問丸《といまる》)**が活動。
都市の発達	京都で**町衆《まちしゅう》《ちょうしゅう》**による自治。

⑧ **室町文化**…足利義満の**金閣《きんかく》**，**足利義政《よしまさ》**の**銀閣《ぎんかく》**。**書院造《しょいんづくり》**の建築。

▼鎌倉幕府のしくみ

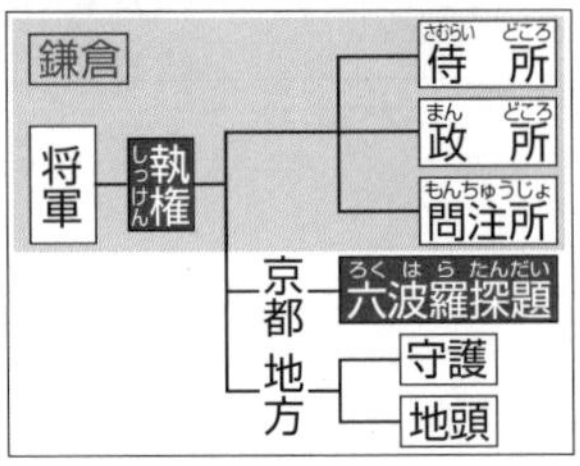

▼室町幕府のしくみ

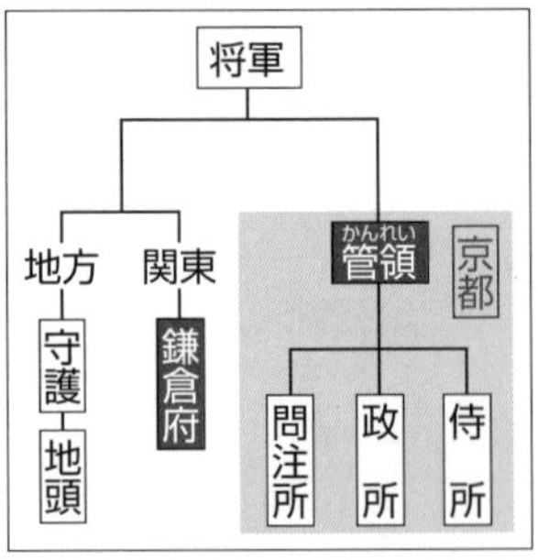

4 ヨーロッパ人との出会いと天下統一 でる★

① **ヨーロッパの動き**…**ルター**らによる**宗教改革**➡カトリックでは，対抗《たいこう》して**イエズス会**結成➡海外布教。**コロンブス**がアメリカ到達《とうたつ》，**バスコ・ダ・ガマ**がインド航路を開拓《かいたく》，**マゼラン**艦隊《かんたい》が世界一周に成功。

② **ヨーロッパ人との出会い**…**種子島《たねがしま》**に漂着《ひょうちゃく》した**ポルトガル人**が**鉄砲《てっぽう》**を伝える。**ザビエル**が**キリスト教**を伝える。

▼長篠《ながしの》の戦い よくでる

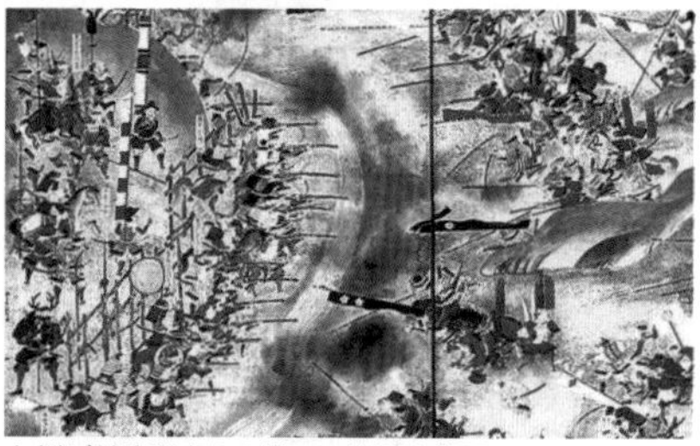

左側が鉄砲隊中心の織田・徳川連合軍。
右側が騎馬隊中心の武田軍。

③ **織田信長《おだのぶなが》**…1573年に室町幕府をほろぼす。**安土《あづち》城**を築く。

④ **豊臣秀吉《とよとみひでよし》**…1590年に全国を統一する。**大阪城**を築く。

◉兵農分離《へいのうぶんり》 おぼえる

> **太閤検地《たいこうけんち》**…全国の田畑を調査し，耕作者から年貢《ねんぐ》を徴収《ちょうしゅう》。
> **刀狩《かたながり》**…農民の一揆《いっき》を防ぎ，農作業に専念させる。

⑤ **朝鮮侵略《ちょうせんしんりゃく》**…秀吉が明の征服《せいふく》をくわだて，２度に渡《わた》って出兵。

⑥ **桃山《ももやま》文化**…豪華《ごうか》で壮大《そうだい》な文化。**千利休《せんのりきゅう》**が**茶の湯**を完成。

5 近世社会の発展 でる★★

▼江戸幕府のしくみ

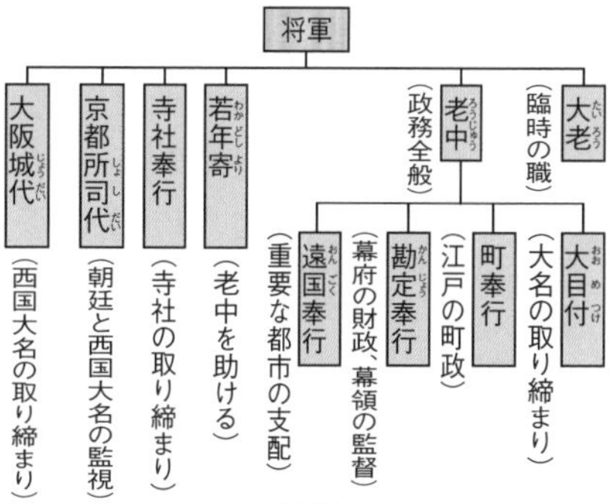

① **江戸《えど》幕府**…**徳川家康《とくがわいえやす》**が**征夷大将軍**になる。**武家諸法度《ぶけしょはっと》**を制定。

◉参勤交代《さんきんこうたい》 よくでる

> **参勤交代**…３代将軍**徳川家光《いえみつ》**が制度化。大名に１年おきに領地と江戸を往復させる。➡大名には重い負担となった。

② **農民の統制**…**五人組**を組織➡年貢納入と犯罪防止で連帯責任。

③ **鎖国《さこく》**…貿易の統制，キリスト教禁止の徹底《てってい》が目的。

④ **産業の発達**…**新田《しんでん》**の開発，**備中《びっちゅう》ぐわ**・**千歯《せんば》こき**などの農具の改良。鉱山の開発。両替《りょうがえ》商の発展。

◉まぎらわしい同業組合 ミス注意

> **座《ざ》**…中世の商工業者の同業組合。信長が**楽市《らくいち》**・**楽座《らくざ》**で廃止《はいし》。
> **株仲間《かぶなかま》**…近世の商工業者の同業組合。**田沼意次《たぬまおきつぐ》**が奨励《しょうれい》。

⑤ **交通の発達**…**五街道**や**西廻《まわ》り航路**・**東廻り航路**の整備。

◉三都の繁栄《はんえい》 よくでる

> **江戸**…将軍のおひざもと。政治の中心地。
> **大阪**…天下の台所。商業や金融の中心地。
> **京都**…古都。優れた工芸品の生産。

▼元禄文化と化政文化 よくでる

元禄文化		化政文化
井原西鶴《いはらさいかく》（浮世草子《うきよぞうし》） 松尾芭蕉《まつおばしょう》（俳諧《はいかい》） 近松門左衛門《ちかまつもんざえもん》 （人形浄瑠璃《じょうるり》の台本）	文　学	十返舎一九《じっぺんしゃいっく》 「東海道中膝栗毛《とうかいどうちゅうひざくりげ》」 与謝蕪村《よさぶそん》（俳諧） 小林一茶《こばやしいっさ》（俳諧） 狂歌《きょうか》と川柳《せんりゅう》
尾形光琳《おがたこうりん》（装飾画） 菱川師宣《ひしかわもろのぶ》（浮世絵《うきよえ》）	絵　画	喜多川歌麿《きたがわうたまろ》（美人画） 葛飾北斎《かつしかほくさい》（風景画） 歌川《うたがわ》（安藤《あんどう》）広重《ひろしげ》（風景画）
人形浄瑠璃	芸　能	歌舞伎《かぶき》

⑥ **民衆の抵抗《ていこう》**…農村で**百姓一揆《ひゃくしょういっき》**，都市で**打ちこわし**。

⑦ **幕府政治の改革**…**徳川吉宗《よしむね》**の**享保《きょうほう》の改革**，**松平定信《まつだいらさだのぶ》**の**寛《かん》政《せい》の改革**，**水野忠邦《みずのただくに》**の**天保《てんぽう》の改革**。

◉江戸時代の文化 ミス注意

> **元禄《げんろく》文化**…17世紀末から18世紀初めにかけての**上方《かみがた》**（大阪・京都）を中心とする町人文化。
> **化政《かせい》文化**…19世紀初めの江戸を中心とする町人文化。

入試対策問題

時間 30分　得点 ／100点　解答解説 別冊 P.20

1 次の文を読んで，あとの問いに答えなさい。　〈和歌山県〉[8点×7]

遺跡《いせき》や古墳《こふん》についてみると，和歌山県内で発見された最古の石器は，約３万年前のものであることや，鳴神貝塚《なるかみかいづか》は，近畿地方で初めて発見された貝塚であることがわかりました。国の特別史跡《しせき》になっている岩橋千塚《いわせせんづか》古墳群は国内最大級の古墳群で，**a**日本が倭《わ》とよばれていたころの和歌山には，大きな勢力を持った豪族《ごうぞく》がいたと考えられています。その後律《りつ》令《りょう》制が成立し，国づくりの体制が整う中で，紀伊《きい》国は七郡に分けられました。有名な僧《そう》も多く，有田《ありだ》郡にゆかりの深い明恵《みょうえ》は，**b**承久《じょうきゅう》の乱の後に［　　　］が制定した御成敗式目《ごせいばいしきもく》に大きな影響《えいきょう》を与《あた》え，宗祇《そうぎ》は，**c**室町《むろまち》時代に幕府《ばくふ》や朝廷《ちょうてい》から連歌師《れんがし》として最高の役職や称号《しょうごう》を与えられています。民話なども多く残されており，道成寺《どうじょうじ》を舞台《ぶたい》として11世紀につくられた安珍《あんちん》と清姫《きよひめ》の物語は，後に能楽《のうがく》や，**d**人形浄瑠璃《じょうるり》，歌舞伎《かぶき》によって全国に知られ，今に伝えられています。江戸《えど》時代に，徳川吉宗《とくがわよしむね》は**e**紀州藩主《はんしゅ》から８代将軍となり，新田《しんでん》開発を行うなど**f**幕府の改革を進めました。

(1) 文中の［　　　］にあてはまる人物名を書け。　[　　　]

(2) 下線部**a**に関し，『魏志《ぎし》』の「倭人伝《わじんでん》」に，ある国が30ほどの小国を従えていたと書かれている。この国を何というか。　[　　　]

(3) 下線部**b**の後に設置された六波羅探題《ろくはらたんだい》の役割を簡潔に書け。

[　　　]

よくでる
(4) 下線部**c**の時代の人々のくらしについて最も適切に述べているものを，次の**ア**～**エ**から１つ選び，記号で答えよ。　[　　　]

ア　京都では，町衆《まちしゅう》により町の政治が行われた。
イ　商人や手工業者の中で，株仲間《かぶなかま》がつくられるようになった。
ウ　田畑の売買が禁止され，年貢《ねんぐ》の納入など連帯責任を負わされた。
エ　草や木の灰が肥料に使われ始め，二毛作が行われるようになった。

(5) 下線部**d**に関係する人物として最も適切なものを，次の**ア**～**エ**から１つ選び，記号で答えよ。　[　　　]

ア　俵屋宗達《たわらやそうたつ》　**イ**　与謝蕪村《よさぶそん》　**ウ**　菱川師宣《ひしかわもろのぶ》　**エ**　近松門左衛門《ちかまつもんざえもん》

ハイレベル
(6) 下線部**e**に関し，藩を治めていた大名とはどのような武士か，領地に着目して，簡潔に書け。

[　　　]

よくでる
(7) 下線部**f**に関し，次の**ア**～**エ**は，徳川吉宗，田沼意次《たぬまおきつぐ》，松平定信《まつだいらさだのぶ》，水野忠邦《みずのただくに》のそれぞれが行った政治の内容について述べている。これらのできごとを年代順に並べるとどのようになるか，その記号を順に答えよ。

[　　→　　→　　→　　]

ア　公事方御定書《くじかたおさだめがき》という裁判の基準となる法律を整備した。
イ　江戸や大阪周辺の大名などの領地を，幕府の領地にしようとした。
ウ　政治を批判する出版物をきびしく取り締《し》まり，朱子学《しゅしがく》を奨励《しょうれい》した。
エ　長崎貿易をさかんにしたり大商人の力を利用したりして，財政の再建をはかった。

2 社会科の授業で，たかしさんのグループは，「外国との交流の歴史」について調べることになり，要点を次のように整理しました。これを読み，あとの問いに答えなさい。〈千葉県・改〉［7点×4］

A	小野妹子《おののいもこ》とともに中国に渡《わた》った留学生が帰国し，中大兄皇子《なかのおおえのおうじ》の政治に影響を与えた。
B	平清盛《たいらのきよもり》は中国との貿易に注目し，大輪田泊《おおわだのとまり》(現在の神戸市にあった港)を整備した。
C	倭寇《わこう》による被害《ひがい》に苦しんでいた中国は，<u>足利義満《あしかがよしみつ》に倭寇の取り締まりを求めた</u>。

思考力

(1) **A**に関連して，次の**資料**は，中大兄皇子らが蘇我《そが》氏をたおした後に出した新政府の方針に関するものであり，下の文章は，公地公民の原則にもとづく土地制度について説明したものである。**資料**中と文章中の［ Ⅰ ］，［ Ⅱ ］に，それぞれに共通してあてはまる適当な語を書け。

Ⅰ［　　　　　］ Ⅱ［　　　　　］

資料

> 大化《たいか》二(646)年正月一日，新年の儀式《ぎしき》が終わってから，天皇が改新の詔《みことのり》を宣布《せんぷ》された。〈略〉
> その三にいう。初めて［ Ⅰ ］・計帳《けいちょう》・［ Ⅱ ］の法をつくれ。〈略〉
> その四にいう。旧来の税制を廃止《はいし》して，一定基準による田地への税制を施行《しこう》せよ。〈略〉
> (「日本書紀」の書き下し文の一部を要約)

> 公地公民を原則として，6年ごとに［ Ⅰ ］をつくり，6歳《さい》以上の男女に口分田《くぶんでん》を割り当てた。これを，［ Ⅱ ］の法という。

正答率 77.3%

よくでる

(2) **B**に関連して，平清盛について述べた文として最も適当なものを，次の**ア**～**エ**から1つ選び，記号で答えよ。［　　　］

ア 後鳥羽上皇《ごとばじょうこう》の挙兵に対し，大軍を率いて戦い，これを破った。

イ 南朝と北朝に分かれていた2つの朝廷を合一した。

ウ 建武《けんむ》の新政とよばれる，天皇を中心とした政治の形をつくった。

エ 平治《へいじ》の乱の後，武士として初めて太政大臣《だいじょうだいじん》となった。

(3) **C**の下線部に関連して，このころの中国と朝鮮《ちょうせん》の王朝名の組み合わせはどれか。次の**ア**～**エ**から1つ選び，記号で答えよ。［　　　］

ア 元《げん》，高麗《こうらい》　**イ** 明《みん》，朝鮮　**ウ** 漢《かん》(後漢)，高句麗《こうくり》　**エ** 唐《とう》，新羅《しらぎ》

3 国際的に活躍《かつやく》した人物についてまとめた右の表を見て，次の問いに答えなさい。

〈栃木県〉［8点×2］

正答率 77.6%

(1) ［ X ］，［ Y ］にあてはまる語の組み合わせとして正しいものを，次の**ア**～**エ**から1つ選び，記号で答えよ。［　　　］

ア X－鑑真《がんじん》　Y－禅《ぜん》

イ X－鑑真　Y－浄土《じょうど》

ウ X－空海《くうかい》　Y－禅

エ X－空海　Y－浄土

人物	説明
［ X ］	唐の僧で日本に仏教の教えや決まりを伝えた。
栄西《ようさい》《えいさい》	［ Y ］宗を学び，臨済《りんざい》宗を開いた。
フランシスコ・ザビエル	イエズス会の宣教師として日本を訪れ，ⓐ<u>キリスト教</u>の布教に努めた。

正答率 59.3%

よくでる

(2) 下線部ⓐについて，豊臣秀吉が実施《じっし》したキリスト教に関する政策を，次の**ア**～**エ**から1つ選び，記号で答えよ。［　　　］

ア 天正遣欧《てんしょうけんおう》少年使節(天正遣欧使節)をローマ教皇のもとへ派遣《はけん》した。

イ キリスト教徒を発見するために，絵踏《えぶみ》を実施した。

ウ 外国船を追い払《はら》い，日本に近付かせないようにした。

エ 宣教師(バテレン)の海外追放を命じた。

4 近代〜現代の日本と世界

1 近代日本の歩み でる★★★

▼幕末の条約による開港地

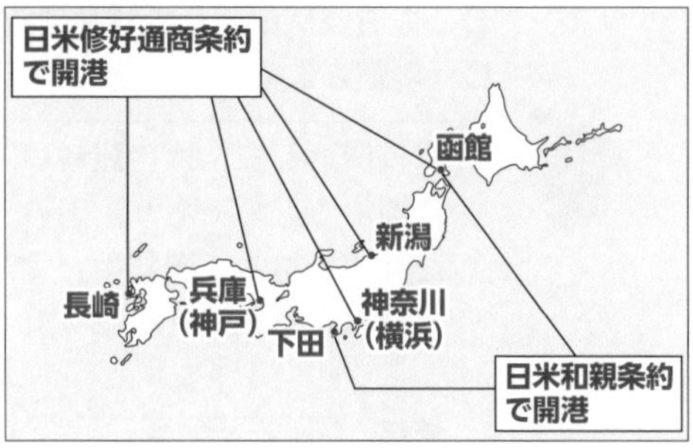

① **欧米《おうべい》の近代化**…市民革命によって議会政治が確立。

・**市民革命**…イギリスの**名誉《めいよ》革命**，**フランス革命**。

・**産業革命**…**資本主義**が確立。社会問題の発生。

② **欧米のアジア侵略《しんりゃく》**…イギリスは**アヘン戦争**で清《しん》を破る。

③ **日本の開国**…**ペリー**が浦賀《うらが》に来航。

◉幕末の条約 ミス注意

日米和親条約…1854年に締結《ていけつ》。下田《しもだ》・函館《はこだて》の開港。

日米修好通商条約…1858年に締結。貿易を開始。日本に**関税自主権がなく，領事裁判権〔治外法権〕を認めた不平等条約**。

④ **江戸幕府《えどばくふ》の滅亡《めつぼう》**…**大政奉還《たいせいほうかん》➡王政復古《おうせいふっこ》の大号令➡戊辰《ぼしん》戦争**。

⑤ **明治維新《めいじいしん》**…新政府による一連の改革。欧米の文化➡**文明開化**。

・**五箇条《ごかじょう》の御誓文《ごせいもん》**…新政府の基本方針を示す。

▼新政府のしくみ

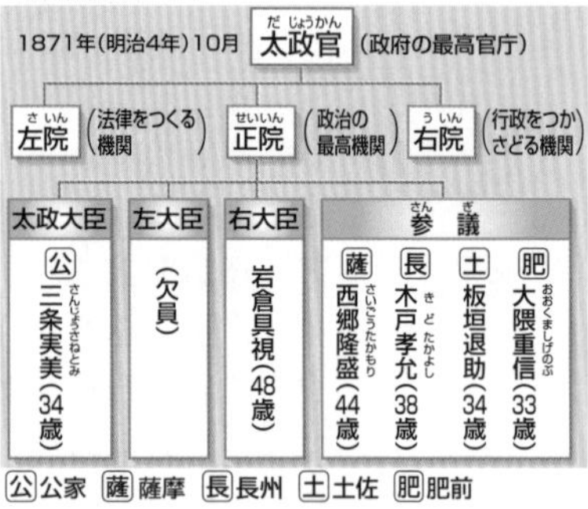

◉中央集権化 ミス注意

版籍奉還《はんせきほうかん》…1869年，藩主《はんしゅ》が土地と人民を天皇に返還《へんかん》。

廃藩置県《はいはんちけん》…1871年，藩を廃止して府・県を置く。

・**富国強兵《ふこくきょうへい》**…学制の発布，**徴兵令《ちょうへいれい》**の発布，**地租《ちそ》改正**の開始。

・**殖産興業《しょくさんこうぎょう》**…**官営模範《もはん》工場**の設立，鉄道の開通。

⑥ **明治初期の外交**…岩倉具視《いわくらともみ》を代表とする使節団が欧米の制度や施設《しせつ》を視察。沖縄県の設置。**樺太《からふと》・千島交換《ちしまこうかん》条約**や**日朝《にっちょう》修好条規**の締結。

▼大日本帝国憲法のもとでの政治

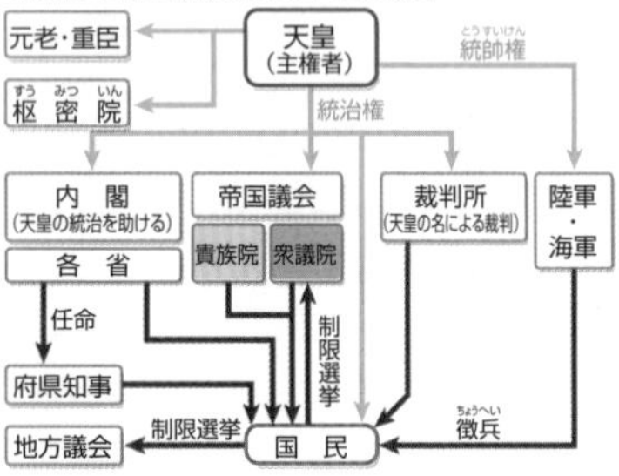

⑦ **自由民権運動**…**板垣退助《いたがきたいすけ》**ら。国会の開設を求める運動が盛り上がる。

⑧ **大日本帝国《ていこく》憲法**…主権者は天皇。国民の権利は法律の範囲《はんい》内に制限。

・**帝国議会**…**貴族院**と**衆議院**。衆議院議員の選挙権を得たのは**直接国税15円以上を納める25歳《さい》以上の男子**。

⑨ **帝国主義**…欧米列強が軍事力を背景に植民地や勢力範囲を拡大。

・**日英《にちえい》同盟**…ロシアの南下に対抗《たいこう》するため，イギリスと同盟。

・**日清《にっしん》・日露《にちろ》戦争**…日本の国際的な地位が向上。

◉日清・日露戦争の講和条約 よくでる

下関《しものせき》条約…1895年に締結。**日清戦争**の講和条約。台湾《たいわん》・遼東《りょうとう》《リアオトン》半島などを獲得《かくとく》。多額の賠償金《ばいしょうきん》を得る。

ポーツマス条約…1905年に締結。**日露戦争**の講和条約。南樺太や鉄道利権などを獲得。賠償金はなし。

・**韓国併合《かんこくへいごう》**…韓国を併合し，植民地化。朝鮮総督府《ちょうせんそうとくふ》が同化政策を推進。

・**辛亥《しんがい》革命**…中国で**孫文《そんぶん》《スンウェン》**を臨時大総統とする**中華民国《ちゅうかみんこく》**が成立➡清の皇帝《こうてい》が退位➡袁世凱《えんせいがい》《ユワンシーカイ》が大総統に。

⑩ **近代産業**…日清戦争前後に**軽工業**，日露戦争前後に**重工業**の分野で産業革命。**八幡《やはた》製鉄所**が操業開始。

・**社会問題**…低賃金・長時間労働。**足尾《あしお》銅山鉱毒事件**の発生➡**田中正造《たなかしょうぞう》**が天皇に直訴《じきそ》。

2 二度の世界大戦と日本 でる★★

① **第一次世界大戦**…**三国同盟**と**三国協商**が対立。サラエボ事件がきっかけ。

・**ロシア革命**…**レーニン**の指導で世界初の社会主義政府が成立。

・国際協調…ベルサイユ条約で**国際連盟**。**ワシントン会議**で海軍の軍縮。

◉アジアの民族運動 ミス注意

> **三・一独立運動**…朝鮮で起こった，日本からの独立を目指す運動。
> **五・四運動**…中国で起こった，反日・反帝国主義の国民運動。

▼三国協商と三国同盟

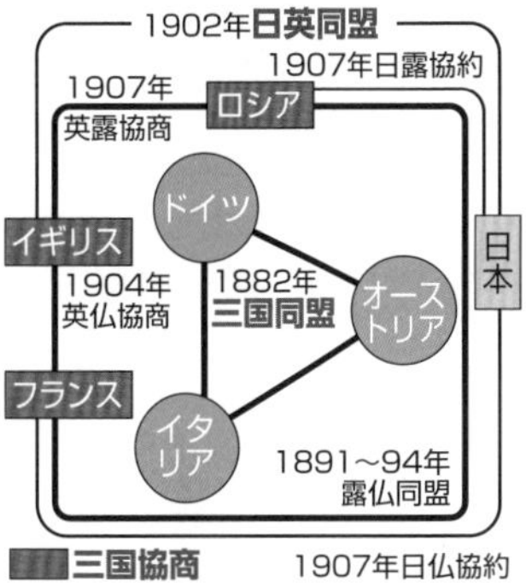

② **大正**《たいしょう》**デモクラシー**…**吉野作造**《よしのさくぞう》が**民本**《みんぽん》**主義**を主張。

◉米騒動《こめそうどう》に関連するできごと よくでる

> **ロシア革命**➡帝国主義列強の**シベリア出兵**を見越《みこ》して商人が米を買い占《し》め➡米価高騰《こうとう》➡**米騒動**が広がる➡寺内《てらうち》内閣退陣《たいじん》➡**原敬**《はらたかし》の本格的な**政党内閣**が成立。

③ **普通**《ふつう》**選挙法**…**25歳以上の男子**に選挙権。同時に**治安維持**《いじ》**法**を制定。

④ **世界恐慌**《きょうこう》…ニューヨーク株式市場の株価暴落がきっかけ。アメリカは**ニューディール政策**，イギリス・フランスは**ブロック経済**で対応。

▼有権者数の拡大

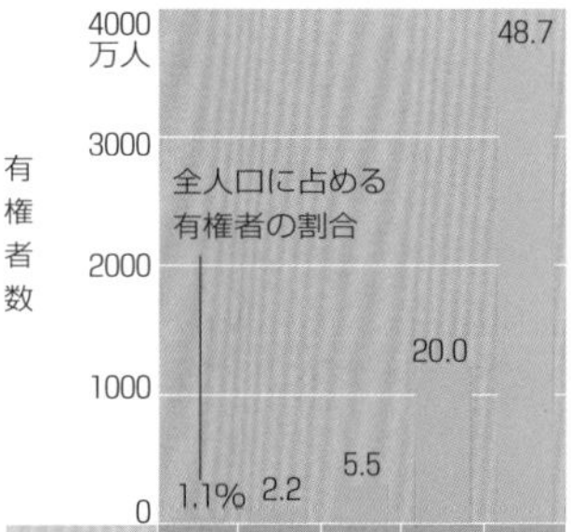

法改正年	1889	1900	1919	1925	1945
実施《じっし》年	1890	1902	1920	1928	1946
年齢《ねんれい》(以上)	男25	男25	男25	男25	男女20
直接国税(円)	15	10	3	普通選挙	

（総務省資料ほかによる）

⑤ **満州事変**《まんしゅうじへん》…柳条湖《りゅうじょうこ》《リウティアオフー》事件をきっかけに軍事行動。「**満州国**」の建国。

◉軍部の台頭 ミス注意

> **五・一五事件**…1932年，海軍の青年将校らが**犬養毅首相**《いぬかいつよししゅしょう》を暗殺➡政党政治がとだえる。
> **二・二六事件**…1936年，陸軍の青年将校が部隊を率いて首相官邸《かんてい》などを占拠《せんきょ》➡鎮圧《ちんあつ》されたが軍部が発言力を増す。

⑥ **日中戦争**…長期化➡**国家総動員法**の制定。**大政翼賛会**《たいせいよくさんかい》の設立。

⑦ **第二次世界大戦**…ドイツのポーランド侵攻《しんこう》がきっかけ。

・**太平洋戦争**…日本軍がマレー半島に上陸し，ハワイの真珠湾《しんじゅわん》を奇襲攻撃《きしゅうこうげき》。

・日本の降伏《こうふく》…**広島**・**長崎**に**原子爆弾**《ばくだん》を投下される。**ポツダム宣言**を受け入れて降伏。

3 現代の日本と世界 でる★★

① **戦後改革**…**20歳以上の男女に選挙権**，**財閥**《ざいばつ》**解体**，**農地改革**。

・**日本国憲法**…1946年11月3日に公布，翌年5月3日から施行《しこう》。**国民主権**，**基本的人権の尊重**，**平和主義**の三原則。

② **冷たい戦争〔冷戦〕**…アメリカとソ連がきびしく対立。

◉国際社会への復帰 よくでる

> **サンフランシスコ平和条約**…**独立を回復**。
> **日ソ共同宣言**…ソ連と国交回復➡**国際連合に加盟**。

▼農地改革による変化(農家の割合) よくでる

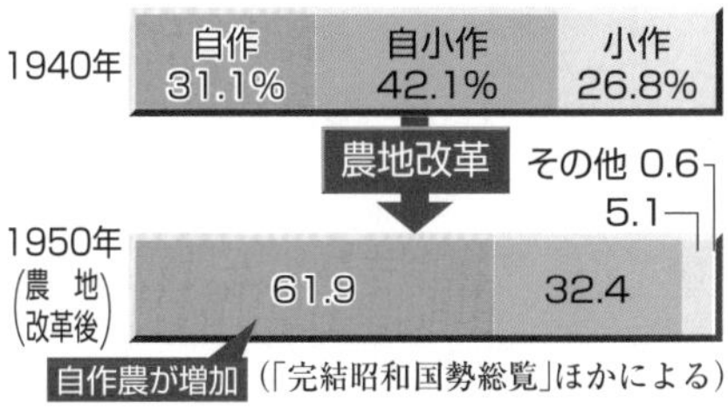

（「完結昭和国勢総覧」ほかによる）

地主の土地を国が買い上げて，小作人に安く売り渡した。

③ **高度経済成長**…経済が急成長。**公害問題**が深刻になる。**石油危機〔オイル・ショック〕**で終わった。

④ **東アジアとの外交**…韓国と**日韓基本条約**，中国と**日中共同声明**。

⑤ **世界の動き**…**グローバル化**が進行。**地球温暖化**などの環境《かんきょう》問題への対策が進められる。

入試対策問題

時間 30分　得点 ／100点　解答解説 別冊 P.21

1 中学校２年生のあるクラスでは，我が国における立憲政治の歩みについて，**A**～**C**班に分かれ，それぞれテーマを決めて学習した。これらのテーマについて，あとの問いに答えなさい。

〈新潟県・改〉［６点×６］

A班のテーマ	B班のテーマ	C班のテーマ
加藤高明《かとうたかあき》内閣のもとで成立した普通《ふつう》選挙法	大日本帝国《ていこく》憲法の発布	板垣退助《いたがきたいすけ》が提出した民撰《みんせん》議院設立建白書

(1) **A**班のテーマについて，この法律の制定後に初めて行われた選挙の状況《じょうきょう》について述べた文として正しいものを，次の**ア**～**エ**から１つ選び，記号で答えよ。［　　　］

ア　25歳《さい》以上の男子に選挙権が与《あた》えられた。全人口に占《し》める有権者の割合は約50％であった。

イ　25歳以上の男子に選挙権が与えられた。全人口に占める有権者の割合は約20％であった。

ウ　20歳以上の男女に選挙権が与えられた。全人口に占める有権者の割合は約50％であった。

エ　20歳以上の男女に選挙権が与えられた。全人口に占める有権者の割合は約20％であった。

正答率 85.5%　よくでる

(2) **B**班のテーマについて，大日本帝国憲法の制定に当たって，君主中心の政治を行っている国の憲法や政治制度が研究された。この国はどこか。最も適当なものを，次の**ア**～**エ**から１つ選び，記号で答えよ。［　　　］

ア　フランス　**イ**　アメリカ　**ウ**　ロシア　**エ**　ドイツ（プロイセン）

(3) **C**班のテーマについて，次の①，②の問いに答えなさい。

よくでる

①　板垣退助について述べた次の文中の［ **X** ］にあてはまる人物の名前として，正しいものを，あとの**ア**～**エ**から１つ選び，記号で答えよ。また，［ **Y** ］にあてはまる政党の名称《めいしょう》を書け。

X［　　　］　**Y**［　　　］

板垣退助は，［ **X** ］らと意見が対立して政府を退いたあと，少数の有力な政治家による政治を批判して，民撰議院設立建白書を政府に提出した。その後，政府が国会開設を約束したのちに，［ **Y** ］を結成した。

ア　吉野作造《よしのさくぞう》　**イ**　大久保利通《おおくぼとしみち》　**ウ**　西郷隆盛《さいごうたかもり》　**エ**　浜口雄幸《はまぐちおさち》

よくでる

②　この民撰議院設立建白書の提出以降，国会開設などを目指した運動が広まった。この運動を何というか。［　　　］

(4) **A**～**C**班のテーマを，年代の古いものから順に並べ，記号で答えよ。

［　　→　　→　　］

よくでる

2 右の**グラフ1**は，戦後に行われたある改革による変化を示したものである。この改革を何というか。また，その改革の目的について，**グラフ1**から読み取れることをもとにして，簡潔に書け。〈鹿児島県〉［改革５点，目的10点］

改革［　　　］

目的［　　　］

グラフ1　自作地と小作地の割合

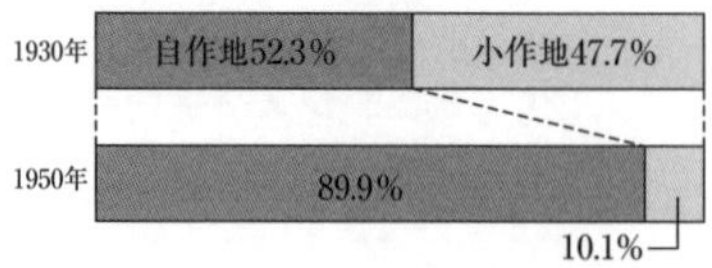

（「近現代日本経済史要覧」による）

3 右の略年表を見て，次の問いに答えなさい。 〈愛媛県〉[７点×７]

年代	できごと
1858	①日米修好通商条約が結ばれる
1871	②岩倉《いわくら》使節団が出発する
1895	③下関《しものせき》条約が結ばれる
1914	第一次世界大戦が始まる
1929	④世界恐慌《きょうこう》が起こる
1945	日本がポツダム宣言を受諾《じゅだく》する
1972	⑤沖縄が日本に復帰する

(1) 略年表中の①が結ばれた後，大老《たいろう》の井伊直《いいなお》弼《すけ》は，幕府の政策に反対する大名や公家，尊王攘夷《じょうい》派の武士を処罰《しょばつ》した。このできごとは，一般《いっぱん》に［　　］の大獄《たいごく》とよばれている。［　　］にあてはまる年号を書け。

[　　　　　　]

(2) 略年表中の②に，最年少の女子留学生として同行した［ X ］は，帰国後，［ Y ］。**X**，**Y**にそれぞれあてはまる言葉の組み合わせとして最も適切なものを，次の**ア**～**エ**から１つ選び，記号で答えよ。

ア　**X**－津田梅子《つだうめこ》　**Y**－日本の女子教育の発展に貢献《こうけん》した　[　　　　]
イ　**X**－津田梅子　**Y**－文学者として多くの小説を書いた
ウ　**X**－樋口一葉《ひぐちいちよう》　**Y**－日本の女子教育の発展に貢献した
エ　**X**－樋口一葉　**Y**－文学者として多くの小説を書いた

よくでる

(3) 略年表中の③で，清《しん》が日本に遼東《りょうとう》半島をゆずることを認めると，［　　］は，ドイツ，フランスをさそい，日本に対して，遼東半島を清に返すようせまった。このできごとは，三国干渉《かんしょう》とよばれている。［　　］にあてはまる国の名を書け。 [　　　　]

思考力 ハイレベル

(4) 略年表中の④について，右の**グラフ２**は，イギリスの1929年と1936年のいずれかの年における，輸入総額に占めるイギリス経済圏《けん》からの輸入額とイギリス経済圏以外からの輸入額の割合を表したものである。**グラフ２**について述べた次の文中の［ a ］に適切な内容を書き入れて文を完成させよ。ただし，**a**には，「**イギリス経済圏**」「**イギリス経済圏以外**」「**関税**」「**高く**」の４つの語句を含《ふく》めること。また，**b**の｛　｝の中から適切なものを１つ選び，記号で答えよ。

グラフ２

Ⅰ	イギリス経済圏 48.0%	イギリス経済圏以外 52.0
Ⅱ	イギリス経済圏 57.3%	イギリス経済圏以外 42.7

（注）イギリス経済圏とは，イギリスの植民地や自治領など，イギリスと経済的な結びつきが強い国と地域のことである。

（「近代国際経済要覧」による）

a[　　　　　　　　　　　　　　　　]

b[　　　　]

> 略年表中の④が起こると，イギリスは，自国に入る輸入品について，［ a ］する政策を行った。その結果，イギリスの輸入の状況《じょうきょう》は，**b**｛**ア**　ⅠからⅡ　**イ**　ⅡからⅠ｝へと変化した。

(5) 略年表中の⑤のできごとについて述べた次の文中の**c**，**d**の｛　｝の中から適切なものを，それぞれ１つずつ選び，記号で答えよ。 **c**[　　　] **d**[　　　]

> 沖縄は，**c**｛**ア**　中華《ちゅうか》人民共和国　**イ**　アメリカ合衆国｝の統治下にあったが，日本への復帰を求める住民の運動が続けられ，**d**｛**ウ**　佐藤栄作《さとうえいさく》　**エ**　田中角栄《たなかかくえい》｝内閣のとき，日本に復帰した。

5 日本国憲法と人権の尊重／私たちと政治

1 現代社会と私たちの生活 でる★

① **グローバル化**…人やもの，情報が国境を越《こ》えて行きかう。国際競争，**国際分業**の活発化。

② **少子高齢《こうれい》化**…子どもの数が減る**少子化**と，高齢者の割合が増える**高齢化**が進行。**核《かく》家族**世帯の増加。

③ **情報化**…インターネットなどの**情報通信技術〔ICT〕**が発達➡**人工知能〔AI〕**が大きく進化。

・**情報リテラシー**…情報を正しく活用する力が求められている。

④ **多文化社会**…日本の**伝統文化**を大切にし，他国の文化も尊重する**多文化共生**が求められる。

⑤ **現代社会の見方・考え方**…社会集団における**対立**を**合意**に導くため，**きまり〔ルール〕**が必要。

・**効率**…お金やもの，労力に無駄《むだ》がないかという考え方。

・**公正**…手続きや，機会や結果において不当な扱《あつか》いを受ける人がいないかという考え方。

2 日本国憲法と基本的人権 でる★★

① **人権の歴史**…近代市民革命によって勝ちとられた。

・**アメリカ独立宣言➡フランス人権宣言➡ワイマール憲法➡世界人権宣言**。

② **日本国憲法**…**国民主権**，**基本的人権の尊重**，**平和主義**が基本原則。

・**国民主権**…政治のあり方を決定する権利は国民にある。

・**平和主義**…**戦争の放棄《ほうき》**，**戦力の不保持**，**交戦権の否認《ひにん》**。

③ **基本的人権**…**「侵《おか》すことのできない永久の権利」**として保障。

・**平等権**…**バリアフリー**や男女平等の考えの普及《ふきゅう》。

・**自由権**…**身体の自由**，**精神の自由**，**経済活動の自由**。

・**社会権**…人間らしい生活の保障を国に求める権利。

▼基本的人権

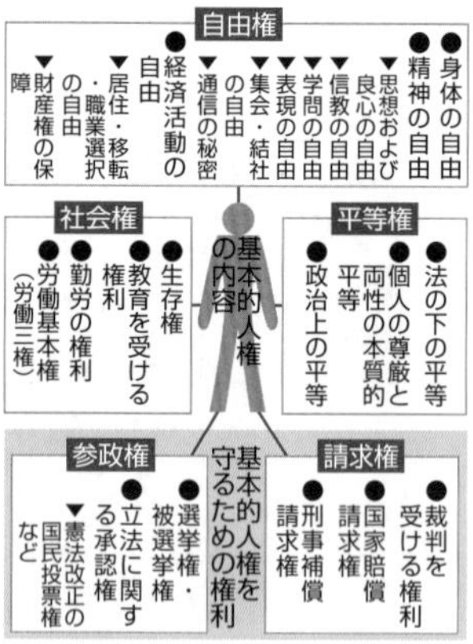

●生存権(第25条)
「健康で文化的な最低限度の生活を営む権利」

◉新しい人権 おぼえる

知る権利…行政機関に情報の開示を請求《せいきゅう》する権利。

プライバシーの権利…個人の私的生活に関する情報や個人情報を保護する権利。

環境《かんきょう》権…良好な環境を求める権利。日照権なども含《ふく》む。

④ **責任と義務**…**公共の福祉《ふくし》**のために自由と権利を利用する責任。勤労，納税，子どもに普通教育を受けさせる義務。

3 現代の民主政治とこれからの社会 でる★★★

① **選挙の原則**…**普通選挙**，**平等選挙**，**直接選挙**，**秘密選挙**。

② **選挙制度**…**公職選挙法**によって規定。

◉選挙制度 よくでる

小選挙区制…１選挙区から１人を選出。

比例代表制…政党の得票数に応じて議席を配分。

③ **政党**…政権に参加する**与党《よとう》**，政権を批判する**野党**。

▼小選挙区制と比例代表制 よくでる

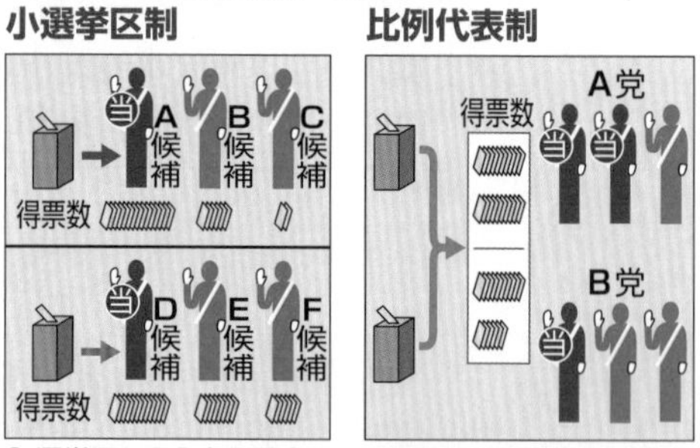

１ 選挙区から１名を選出

得票数に応じて各党派ごとに議席を配分する

④ **国会**…**国権の最高機関**，**国の唯一《ゆいいつ》の立法機関**。

◉国会の種類 ミス注意

常会〔通常国会〕…毎年１月に召集《しょうしゅう》。主に予算を審議《しんぎ》。
臨時会〔臨時国会〕…内閣が必要と判断したときなどに召集。
特別会〔特別国会〕…衆議院解散後の総選挙ののちに召集。

・国会の仕事…**法律の制定**，**予算の議決**，**条約の承認**，**内閣総理大臣の指名**，**憲法改正の発議**，**国政の調査**など。

▼衆議院と参議院

	衆議院	参議院
議員数	465人	248人
任期	4年 解散あり	6年 （3年ごとに半数改選） 解散なし
選挙権	18歳以上	18歳以上
被選挙権	25歳以上	30歳以上
選挙区	小選挙区　289人 比例代表　176人	選挙区　148人 比例代表　100人
特色	国民の意思や世論を参議院より反映する→衆議院の優越が認められている。	落ち着いて慎重な議論をすることが期待されている。良識の府ともよばれている。

（2023年7月現在）

・**法律の制定**…主に**委員会**で審議。**公聴会《こうちょうかい》**が開かれることもある。

◉衆議院の優越《ゆうえつ》 よくでる

優越が認められているもの…**法律案の議決**，**予算の議決**，**条約の承認**，**内閣総理大臣の指名**など。
優越が認められていないもの…**憲法改正の発議**（各議院で**総議員の３分の２以上の賛成**が必要）など。

⑤ **内閣**…**行政権**の主体。**閣議**を開いて内閣の方針を決定。

◉内閣総理大臣と国務大臣 よくでる

内閣総理大臣…国会が国会議員の中から指名➡天皇が任命。
国務大臣…過半数が国会議員でなければならない。内閣総理大臣が任命・罷免《ひめん》。

・**議院内閣制**…内閣は国会の信任にもとづいて成立し，国会に対して連帯して責任を負う。
・内閣の仕事…法律の執行《しっこう》，予算の作成，条約の締結《ていけつ》，裁判官の任命，最高裁判所長官の指名，**政令**の制定。

⑥ **裁判所**…**司法権**は，**最高裁判所**と**下級裁判所**に属する。
・**三審制**…人権を守るため，３回まで裁判を受けることができる。

◉三審制 ミス注意

控訴《こうそ》…第一審の判決に不服のときに上級の裁判所に訴《うった》える。
上告…第二審の判決に不服のときに上級の裁判所に訴える。

◉裁判の種類 おぼえる

民事裁判…私人間の争いを裁く。原告が被告《ひこく》を訴えて始まる。
刑事《けいじ》裁判…犯罪行為《こうい》を裁く。検察官が被疑者を被告人として起訴《きそ》。

・裁判と人権保障…弁護人を依頼《いらい》する権利，刑事補償《ほしょう》請求権など。
・**裁判員制度**…国民から選ばれた**裁判員**が刑事裁判の審理に参加。

▼三権分立

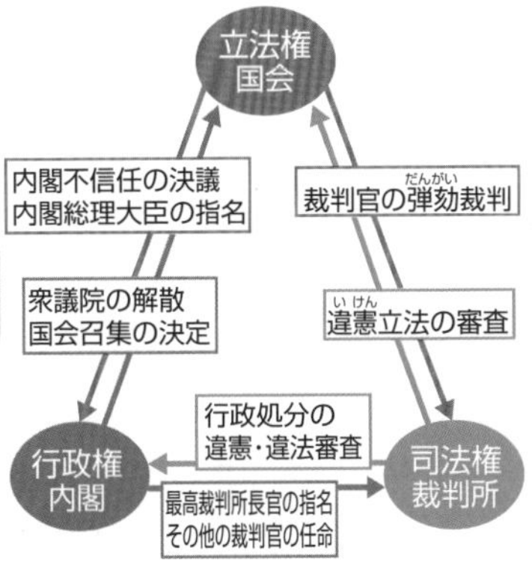

⑦ **三権分立**…**立法権**・**行政権**・**司法権**の抑制《よくせい》と均衡《きんこう》を図る。

⑧ **地方自治**
・地方自治のしくみ…議決機関の**地方議会**と執行機関の**首長**。

◉地方公共団体の歳入《さいにゅう》（国からの補助） ミス注意

国庫支出金…国が委託《いたく》した事業に国から支払《しはら》われる資金。
地方交付税交付金…使い道は自由。

・住民の権利…首長・議員の選挙権。**直接請求権**。

▼直接請求権

直接請求できる内容	必要な署名数	請求先
条例の制定・改廃	有権者の 50分の1以上	首　長
監　査		監査委員
首長や議員の解職	有権者の ※ 3分の1以上	選挙管理委員会
議会の解散		

※有権者が40万人以下の市町村の場合

入試対策問題

時間 30分　得点 ／100点　解答解説 別冊 P.21

1 次の文は，生徒が考えた調べ学習のテーマとテーマ設定の理由の一部である。これについて，あとの問いに答えなさい。 〈和歌山県〉[8点×4]

> **【テーマ】私たちの意見を政治に反映させるには**
>
> **【テーマ設定の理由】**有権者が多くなると，ⓐ合意をすることが困難なため，多くの国では，ⓑ選挙によって選ばれた代表者が，議会で政治を行っています。日本も，この間接民主制を採用しており，私たちはⓒ国会での話し合いに直接参加することはできません。そこで，私たちの意見を国会での話し合いに反映させるには，どうすればよいか考えることにしました。

よくでる　(1) 下線部ⓐについて，次の説明文は，私たちが対立を解消し，よりよい合意をするための判断基準となる考え方の1つについて述べたものである。この考え方を，あとの**ア**～**エ**から1つ選び，記号で答えよ。

> 全体として，より少ない資源(費用や労力など)が無駄《むだ》なく使われ，多くの利益を得られる結果になっているか，という考え方。

ア 効率　**イ** 多様　**ウ** 協調　**エ** 公正

[　　　　]

思考力　(2) 下線部ⓑについて，次の説明文は，日本の選挙制度の1つである小選挙区制の特徴《とくちょう》について述べたものである。説明文中の下線で示された語の意味を，簡潔に書け。

[　　　　　　　　　　　　　　　　　　　　]

> 小選挙区制は比例代表制に比べて，選挙区ごとに1名しか当選しないため死票が多くなる。その反面，いずれかの政党が単独で議会の過半数を獲得《かくとく》しやすく，政権が安定するといわれている。

(3) 下線部ⓒについて，右の**図**を見て，次の①，②の問いに答えなさい。

図　国会，内閣，裁判所の関係

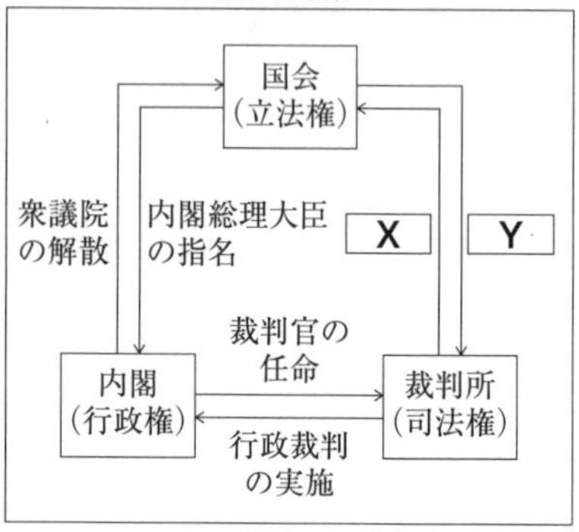

① **図**のように，権力を立法権，行政権，司法権の3つに分け，それぞれを独立した機関が担当することで，権力のゆきすぎを抑制《よくせい》し合う考え方を何というか。

[　　　　　　]

② **図**中の X ， Y にあてはまる語句の組み合わせとして正しいものを，次の**ア**～**エ**から1つ選び，記号で答えよ。

ア X－違憲審査《いけんしんさ》の実施《じっし》
　　Y－最高裁判所長官の指名
イ X－国民審査の実施　Y－最高裁判所長官の指名
ウ X－違憲審査の実施　Y－弾劾《だんがい》裁判所の設置
エ X－国民審査の実施　Y－弾劾裁判所の設置

[　　　　]

2 次の文を読んで，あとの問いに答えなさい。 〈神奈川県〉[9点×2]

> ヨーロッパでは，近代の市民革命をへて，個人の生命・自由・財産などはだれからも侵《おか》されないという基本的人権の考え方が確立し，a国の政治の最終的な決定権は国民にあるとされるようになった。日本国憲法にもこのような考え方が取り入れられ，b議会制民主主義(代議制)のしくみがとられている。

(1) 下線部**a**に関して，日本国憲法の３つの基本原則（原理）の１つが「国民［　　　］」である。この［　　　］にあてはまる語を**漢字２字**で書け。　［　　　　　］

(2) 下線部**b**に関して，日本国憲法は議会制民主主義（代議制）のしくみをとっているが，国民投票によって国民が直接意思を表すことができることも定めている。その具体的な内容として最も適切なものを，次の**ア**～**エ**から１つ選び，記号で答えよ。

［　　　　　］

ア　憲法の改正に関すること　　**イ**　内閣の不信任に関すること

ウ　外国との条約の承認に関すること　　**エ**　国の歳入《さいにゅう》と歳出に関すること

3　次の表を見て，あとの問いに答えなさい。　〈栃木県〉［10点×5］

a 直接請求《せいきゅう》権の行使	・地方自治においては，国政と比べて，住民の意思を政治に直接反映させることを求める権利が多く保障されている。
［ **b** ］	・地方自治において，条例等にもとづき，住民が地域の重要な問題について賛成か反対かの意思を表明できる制度である。 ・国政では，特定の地方公共団体のみに適用される特別法をつくる際に行う。
c 選挙	・国政では国会議員，地方自治では首長と地方議員を選ぶ。 ・衆議院議員の選挙では**d** 小選挙区比例代表並立制をとり，参議院議員の選挙では選挙区制と比例代表制を組み合わせている。
e 裁判員制度	・司法制度改革の一環《いっかん》として，2009年から始まった制度である。 ・６名の裁判員は，３名の裁判官とともに被告人《ひこくにん》が有罪か無罪かを審理《しんり》して有罪ならば刑《けい》の内容を決める。

(1) 下線部**a**に関して，有権者50万人の市で，新しい条例の制定を請求する場合には，何人以上の有権者の署名を集めて市長に提出する必要があるか。次の**ア**～**エ**から１つ選び，記号で答えよ。　［　　　　　］

ア　10000人　**イ**　50000人　**ウ**　100000人　**エ**　250000人

正答率 22.8%

(2) ［ **b** ］にあてはまる語を書け。　［　　　　　］

(3) 下線部**c**に関して基本的な政策で合意した複数の政党が協力して国政を担当する場合，この政権を何というか。　［　　　　　］

正答率 12.8%

ハイレベル

(4) 下線部**d**に関して，右の表は，小選挙区である**X**の選挙区と**Y**の選挙区の有権者数を示している。この２つの選挙区の間に見られる問題点は何か。小選挙区制のしくみを含《ふく》めて，「**一票の価値**」という語句を用いて，簡潔に書け。

選挙区	有権者数
X	207688人
Y	496141人

［　　　　　　　　　　　　　　　　　　　　　］

(5) 下線部**e**に関して，裁判員制度を導入した目的について，正しく述べているものを，次の**ア**～**エ**から１つ選び，記号で答えよ。　［　　　　　］

ア　国民主権の理念にもとづき，裁判が適正に行われているかを監視《かんし》し国民の権利を保護するため。

イ　だれもが裁判制度をより利用しやすくするとともに，必要な法的支援《しえん》を受けやすくするため。

ウ　民間事業者が持つ知識や技術などを裁判に活用することにより，裁判の質の向上を図るため。

エ　裁判に国民の視点や感覚を反映させ，司法に対する国民の理解を深め，信頼《しんらい》を高めるため。

1 私たちの生活と経済 でる★★★

① **商品**…形のある**財**，形のない**サービス**。

◉家計 おぼえる

消費支出…日常生活に必要なものへの支出。食料費・交通通信費など。
貯蓄《ちょちく》…将来の支出に備えたもの。預貯金や生命保険料の支払《しはら》いなど。

② **消費者の権利**…**製造物責任法〔ＰＬ法〕**や**消費者契約**《けいやく》**法**の制定。

③ **流通**…商品が生産者から消費者に届くまでの経路。

④ **企業**《きぎょう》…生産中心の経済活動。大部分は**私企業**。

・**公企業**…**利潤**《りじゅん》の追求を直接の目的としない。

・**株式会社**…**株式**を発行して資金を集める。

◉独占《どくせん》 よくでる

独占…特定の一社が市場を支配している状態。
独占禁止法…自由競争を促進《そくしん》。**公正取引委員会**が運用。

⑤ **市場経済**…市場が社会のすみずみに張りめぐらされている経済。

・**市場価格**…**需要**《じゅよう》**量**と**供給量**の関係によって決まる価格。

・**公共料金**…政府が決定・認可する鉄道運賃や電気料金など。

◉日本銀行 おぼえる

発券銀行…**日本銀行券〔紙幣**《しへい》**〕**を発行。
銀行の銀行…一般《いっぱん》の銀行とのみ取り引きする。
政府の銀行…政府の資金が預金され，その出し入れを行う。

⑥ **労働者の生活向上**…**労働基準法**など**労働三法**によって労働者を保護。**男女雇用**《こよう》**機会均等法**で職場での男女平等をはかる。

▼経済の流れ

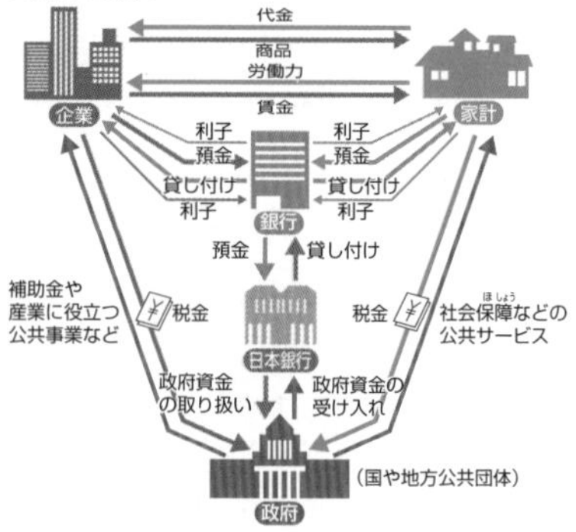

▼需要と供給 よくでる

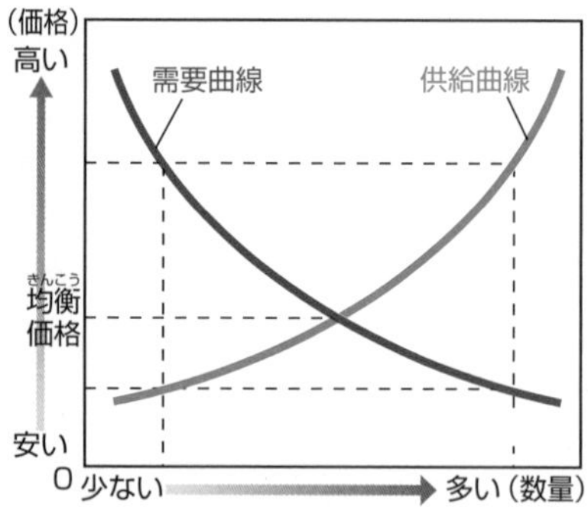

▼日本銀行のはたらき

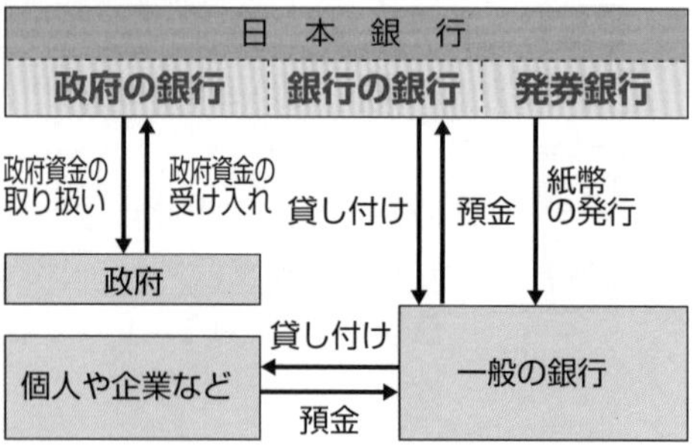

2 政府の活動と社会保障 でる★★

① **社会資本**…学校，道路，港湾《こうわん》，水道など，社会全体に必要な施設《しせつ》。政府が整備。

② **財政**…政府の経済活動。歳入《さいにゅう》と歳出の見積りである予算をつくり，予算にもとづいて活動。

③ **税金**…歳入の中心。

・**所得税**…個人が納める**直接税**。所得が多いほど税率を高める**累進**《るいしん》**課税**を適用。

・**法人税**…会社が納める**直接税**。

・**消費税**…**間接税**。所得が少ないほど負担が重くなる。

・**公債**《こうさい》…**国債**と**地方債**。収入の不足を補うために発行。

▼租税の種類

	国　税	地方税	
		都道府県税	市(区)町村税
直接税	所得税 法人税 相続税 など	都道府県民税 自動車税 事業税 など	市(区)町村民税 軽自動車税 固定資産税
間接税	消費税 関税 揮発油税 酒税 たばこ税など	地方消費税 ゴルフ場利用税 たばこ税など	たばこ税など

④ **景気変動**…**好況《こうきょう》**➡(後退)➡**不況**➡(回復)➡**好況**。

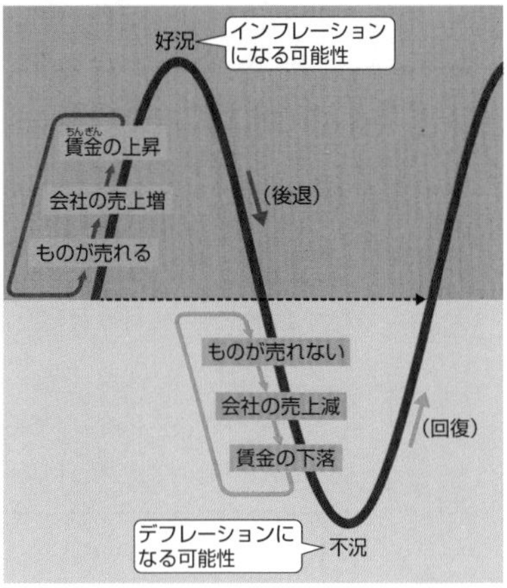

◉景気と財政政策・金融《きんゆう》政策 ミス注意

不況〔不景気〕…**物価**が下降(**デフレーション**)。失業者の増加。
➡政府は減税し**財政支出を拡大**。日本銀行は**国債を購入《こうにゅう》**。
好況〔好景気〕…**物価**が上昇《じょうしょう》(**インフレーション**)。
➡政府は増税し**財政支出を削減《さくげん》**。日本銀行は**国債を売却《ばいきゃく》**。

⑤ **社会保障**…**生存権**を保障するための制度。

◉社会保障の4つの柱 おぼえる

社会保険…加入者が保険料を納め，必要が生じたときに給付を受ける。
公的扶助《ふじょ》…生活が困難な人に生活費などを支給する。
社会福祉《ふくし》…社会的な弱者の生活を保障し，自立を支援《しえん》する。
公衆衛生…感染症《かんせんしょう》予防や下水道整備などを進める。

⑥ **環境《かんきょう》保全**…**環境基本法**を制定。**循環《じゅんかん》型社会**の形成に努力。

3 国際社会と国際問題 でる★★★

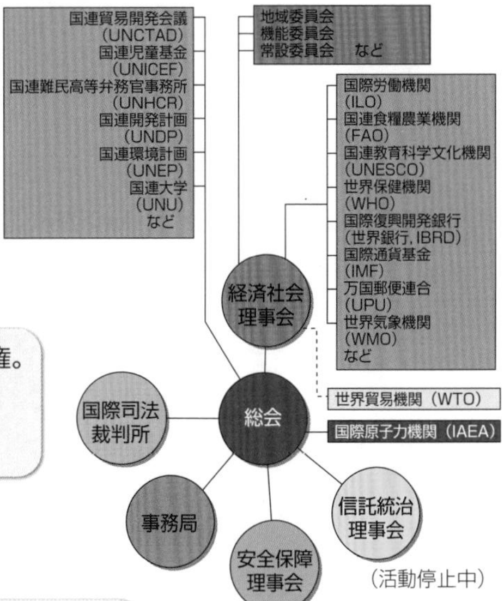

① **国際社会**…**国際法**(**条約**と**国際慣習法**)がルール。
・**主権国家**…**領土**・**領海**・**領空**や**排他《はいた》的経済水域**。

② **国際連合**…世界平和の維持《いじ》が最大の目的。**平和維持活動〔PKO〕**。本部はニューヨーク。

◉国際連合の主要機関 よくでる

総会…すべての加盟国が参加。1か国につき1票の投票権。
安全保障理事会…**常任理事国**と**非常任理事国**で構成。
⬇
1か国でも反対すると決定できない…**拒否《きょひ》権**。

③ **地域主義**…国同士が，経済・政治の結びつきを強める。

◉主な地域主義 よくでる

ASEAN《アセアン》…**東南アジア諸国連合**。各国間の経済協力を進める。
APEC《エイペック》…**アジア太平洋経済協力会議**。日本・中国・アメリカなど。
EU…**ヨーロッパ連合**。政治・経済の統合を目指す。**ユーロ**の発行。

④ **南北問題**…先進国と発展途上《とじょう》国の間に経済格差が生じている。途上国間での経済格差も生じている(**南南問題**)。

⑤ **さまざまな国際問題**…2015年に国連で**持続可能な開発目標〔SDGs〕**が採択《さいたく》。

・地球環境問題…**地球温暖化**が進行。森林破壊による砂漠化。大気汚染や酸性雨，オゾン層の破壊など。
➡**温室効果ガス**の排出《はいしゅつ》量削減目標の設定を義務づける**パリ協定**が採択。
・資源・エネルギー問題…近年，発展途上国で消費が急増➡**再生可能エネルギー**の普及《ふきゅう》が求められる。
・貧困《ひんこん》問題…発展途上国の人口増加が原因➡**フェアトレード**などで，途上国の自立を支援する。
・地域紛争《ふんそう》…民族・宗教の対立から紛争やテロが発生➡難民の増加。

入試対策問題

時間 30分　得点 /100点　解答解説 別冊 P.22

1 次の表は，ある中学校の班別学習発表会のプログラムである。あとの問いに答えなさい。

〈福井県〉［6点×5］

1班のテーマ「日本経済と国民生活」	〔内容〕**a** 景気変動と **b** 金融《きんゆう》のはたらき 人間らしく生きるための **c** 社会保障
2班のテーマ「核《かく》なき世界にむけた努力」	〔内容〕**d** 国際連合の役割と国際平和
3班のテーマ「上海万博《シャンハイばんぱく》の開催《かいさい》」	〔内容〕市場経済の導入と世界貿易

(1) 下線部**a**について，景気が回復しているときには，一般《いっぱん》的に失業率と物価はそれぞれ上がるか下がるか書け。

失業率［　　　　　］　物価［　　　　　］

(2) 下線部**b**について，日本銀行は発券銀行，政府の銀行，銀行の銀行などの役割を果たしている。このような一国の金融制度の中心として特別のはたらきをする銀行を何というか。

［　　　　　］

よくでる
(3) 下線部**c**について，日本の社会保障制度には4つの基本的な柱がある。そのうち，社会福祉《ふくし》の説明として最も適当なものを，次の**ア**～**エ**から1つ選び，記号で答えよ。

［　　　　　］

ア　加入者や事業主がかけ金を積み立てておき，病気などで必要が生じたときに給付を受ける。
イ　生活が困難な人に生活費などを給付し，自立を助ける。
ウ　障がい者や高齢《こうれい》者など，働くことが困難な人の生活を保障する。
エ　感染症《かんせんしょう》対策や下水道整備などにより，国民の健康増進をはかる。

(4) 下線部**d**について，安全保障理事会では，常任理事国のうち1つの国でも反対すれば決定できないことになっている。この常任理事国の権限を何というか。

［　　　　　］

2 次の問いに答えなさい。

〈北海道〉［10点×3］

(1) 次の文中の［　　］に共通してあてはまる語句を書け。　［　　　　　］

> 商品の購入《こうにゅう》などをめぐって発生する［　　］問題を一元的に扱《あつか》う国の新たな行政機関として，［　　］庁が2009年に設置された。

思考力
(2) 右のグラフは，自由な競争が行われている市場における商品Xの価格と取り引きされる数量を示したものである。**A**の線は価格と需要《じゅよう》量の関係を，**B**の線は価格と供給《きょうきゅう》量の関係をそれぞれ表している。このグラフを見て，次の文中の｛　　｝にあてはまる語句を，**ア**，**イ**から選び，記号で答えよ。また，［　　］にあてはまる数字を書け。

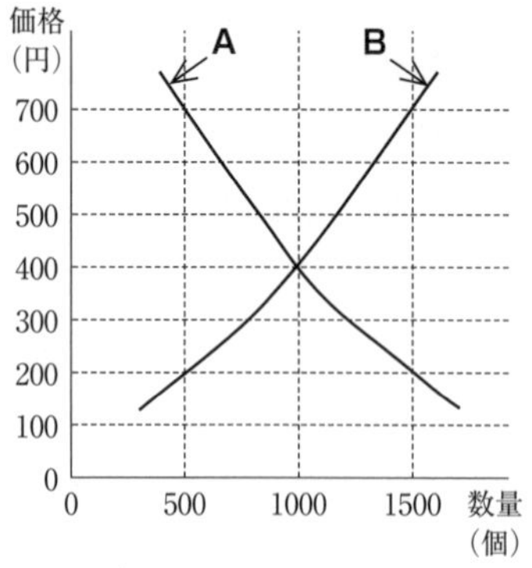

> このグラフにおいて，商品Xの価格が200円の場合には，需要量が供給量より｛**ア**　多い　**イ**　少ない｝ので，価格はしだいに上昇《じょうしょう》していき，需要量と供給量が一致《いっち》すると安定する。需要量と供給量が一致する［　　］円が，この商品の均衡《きんこう》価格である。

記号［　　　　］　数字［　　　　円］

3 次の問いに答えなさい。 〈愛媛県〉[8点×5]

(1) 一般にCSRとよばれる，企業《きぎょう》の社会的責任にあたるものとして最も適切なものを，次の**ア**～**エ**から１つ選び，記号で答えよ。 [ ]

ア 利潤《りじゅん》の追求を優先すること

イ 競争を避《さ》けて話し合いで価格を決定すること

ウ 消費者の安全や環境《かんきょう》に配慮《はいりょ》すること

エ 安い労働力を求めて海外に工場を移すこと

(2) わが国の財政について，次の①，②の問いに答えなさい。

よくでる

① 税の種類の一つである所得税は［ A ］税に分類され，［ B ］。**A**，**B**にそれぞれあてはまる語句の組み合わせとして適切なものを，次の**ア**～**エ**から１つ選び，記号で答えよ。 [ ]

ア **A**－直接
B－税を負担する人と納める人が異なる

イ **A**－直接
B－税を負担する人と納める人が同じである

ウ **A**－間接
B－税を負担する人と納める人が異なる

エ **A**－間接
B－税を負担する人と納める人が同じである

グラフ

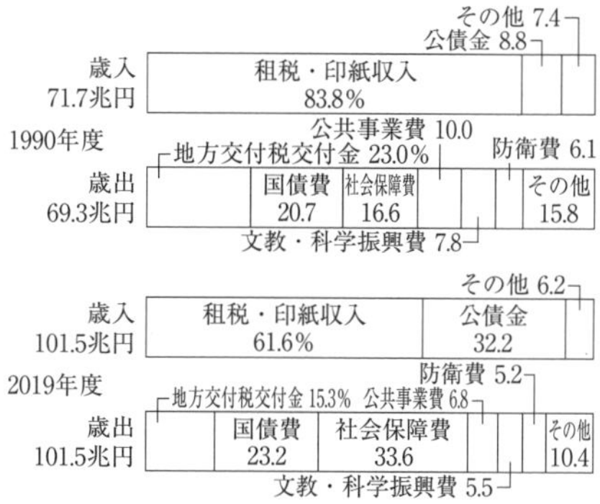

（財務省資料ほかによる）

思考力 ハイレベル

② 右の**グラフ**は，1990年度と2019年度におけるわが国の歳入《さいにゅう》と歳出の項目《こうもく》別の割合を表したものであり，次の会話文は，直子さんと先生が，グラフを見ながら話をしたときのものである。文中の［ ］に適当な言葉を書き入れて文を完成させよ。ただし，［ ］には，**歳出のグラフ中から適当な項目**を一つ選び，その言葉と，「**少子高齢《こうれい》化**」の言葉を含《ふく》めること。

[ ]

> 先　　生：1990年度と2019年度の歳入を比べると，公債《こうさい》金の金額が増えていますが，その原因として，どのようなことが挙げられますか。
> 直子さん：はい。原因の一つとして，年金や医療《いりょう》保険などの［ ］ことが挙げられます。
> 先　　生：そのとおりです。

(3) 右の**図**は，わが国の領域及《およ》びその周辺を模式的に表したものである。**図**中の**P**の海域は［ ］とよばれ，この海域では，どの国の船も，自由に航行したり，漁業をしたりすることができる。［ ］にあてはまる最も適当な言葉を書け。 [ ]

図

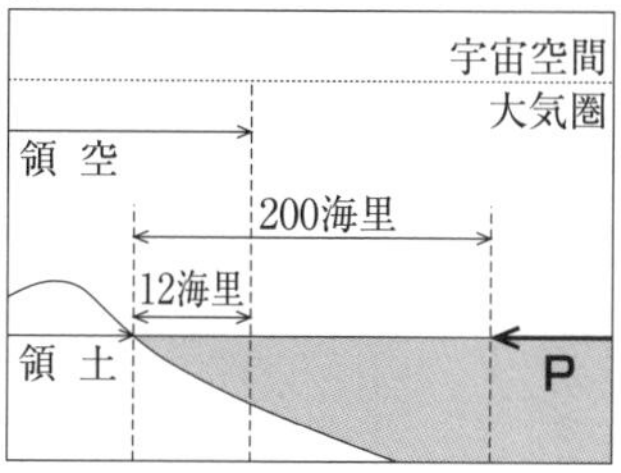

(4) 次の**資料**は，地球温暖化防止への国際的な取り組みについて説明するために，先生が作成したものの一部であり，**資料**中の［ Q ］には，ある都市の名があてはまる。**Q**にあてはまる都市の名を書け。 [ ]

資料

> **2015年，［ Q ］協定が採択《さいたく》される**
> ◇世界の平均気温の上昇を，産業革命の前と比べて，2℃未満におさえる。
> ◇先進国，発展途上《とじょう》国のすべての国が，温室効果ガスの削減《さくげん》に取り組む。

生徒B　それはすごいね。
生徒A　でも緊張するなあ。ミスしたらどうしよう。
生徒B　大丈夫だよ。ポジティブにとらえてがんばろうよ。
〈会話2〉
生徒A　今度、生徒会で新入生に学校を紹介するちらしを作って、発表をすることになったんだ。
生徒B　それはすごいね。
生徒A　でも緊張するなあ。失敗したらどうしよう。
生徒B　大丈夫だよ。前向きにとらえてがんばろうよ。

240

300

国語は、143ページから始まって、ここで終わりです。

220

180

正答率 93.1%

3 次の【資料】を参考にして、「言葉」を使用する際に心がけたいことについて、あなたの考えを二百四十字以上三百字以内で書きなさい。
なお、次の《条件》に従って書くこと。〈栃木県〉［30点］

《条件》

（Ⅰ）二段落構成とすること。

（Ⅱ）各段落は次の内容について書くこと。

第一段落

・【資料】から、あなたが気づいたことを書くこと。

第二段落

・自分の体験（見聞したことを含む）を踏まえて、「言葉」を使用する際にあなたが心がけたいことを書くこと。

【資料】

〈外来語と言い換え語例〉

外来語	言い換え語例
エビデンス	証拠、根拠
コラボレーション	共同制作
サプリメント	栄養補助食品
ツール	道具、手段
バリアフリー	障壁なし
プレゼンテーション	発表
ポジティブ	積極的、前向き
ログイン	接続開始、利用開始

〈会話1〉

生徒A　今度、生徒会で新入生に学校を紹介するリーフレットを作って、プレゼンテーションをすることになったんだ。

2 国語の授業で、「親しさの表し方」について、あとのような形で意見文を書くことになった。次の調査結果を参考に、下の【条件】に従って書きなさい。〈富山県〉〔35点〕

〈ふだんの生活では決まったあいさつの言葉だけで十分か〉

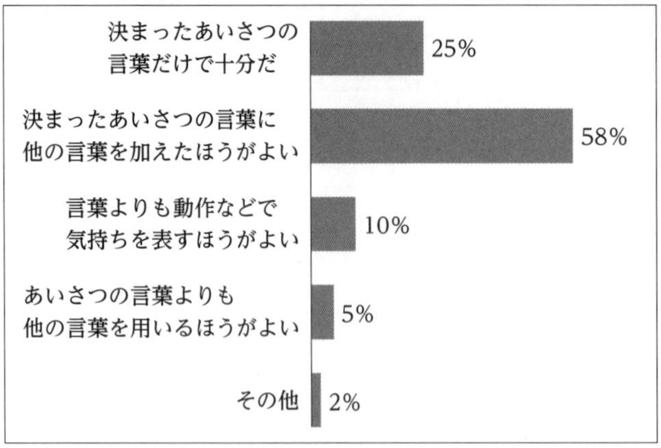

（文化庁平成28年度「国語に関する世論調査」より作成）

友人や先輩に会ったとき、どんな言葉をかけるだろうか。「おはよう」「こんにちは」とあいさつをする人が多いだろう。私もこのような決まったあいさつの言葉をふだんから使っている。

A

B

【条件】

1 続きをA、Bの二段落構成とし、各段落の内容は次の2、3のとおりとする。

2 第一段落（A）は、調査結果から気付いたことを書く。ただし、二つ以上の項目を関連付けること。

3 第二段落（B）は、第一段落を踏まえて、親しさの表し方について、あなたの意見を書く。

4 原稿用紙の使い方に従い、百八十字以上、二百二十字以内で書く。

5 グラフの数値を書く場合は例のように書く。

例 50%

入試対策問題

時間 45分

得点 /100点

解答解説 別冊 P.25

1

《資料Ⅰ》は、ある調査で、テレビ、新聞、インターネット、雑誌の四つのメディアそれぞれに対して、「情報源として重要だ」と回答した人の割合をまとめたものである。また、《資料Ⅱ》は、同じ調査で、それぞれのメディアに対して、「信頼できる」と回答した人の割合をまとめたものである。《資料Ⅰ》と《資料Ⅱ》の両方から、インターネットはどのように受け止められていると読み取ることができるか。また、読み取ったことを踏まえて、インターネット上の情報を利用する際、あなたはどのようなことに注意するか。あとの【条件】①～④に従ってあなたの考えを説明する文章を書きなさい。〈岩手県〉[35点]

【条件】

① 説明する文章は、原稿用紙の正しい使い方に従って、二つの段落で構成し、七十五字以上一〇五字以内で書くこと。

② 第一段落は、《資料Ⅰ》と《資料Ⅱ》から読み取れるインターネットの受け止められ方について書くこと。

③ 第二段落は、第一段落を踏まえて、インターネット上の情報を利用する際に注意することについて書くこと。

④ 資料で示された数値を書く場合は、次の例に示した書き方を参考にすること。

例　二〇・三％　または　二十・三％

　　四二・〇％　または　四十二％

《資料Ⅰ》情報源としての重要度（全年代・年代別）

		テレビ	新聞	インターネット	雑誌
全年代		88.1%	53.2%	75.1%	19.3%
年代別	10代	83.8%	28.9%	85.9%	7.7%
	20代	81.0%	32.2%	87.7%	18.5%
	30代	83.0%	34.0%	83.0%	16.6%
	40代	90.8%	54.0%	80.1%	18.7%
	50代	92.1%	70.1%	74.1%	23.4%
	60代	93.1%	80.0%	49.3%	24.5%

《資料Ⅱ》各メディアの信頼度（全年代）

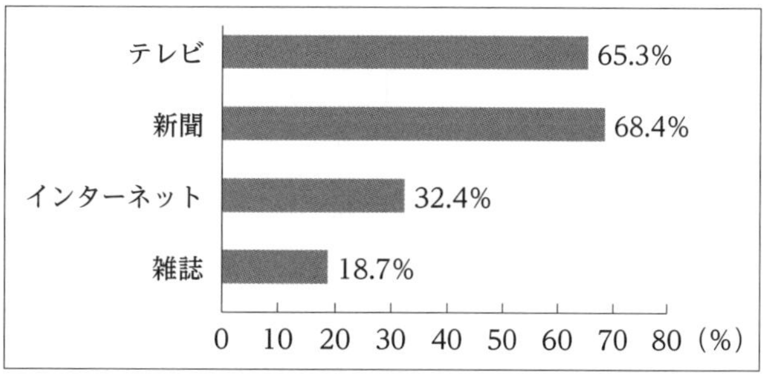

（総務省「令和元年度　情報通信メディアの利用時間と情報行動に関する調査報告書」から作成）

英語　数学　理科　社会　国語

3 グラフで示された一つの資料を読み取り、自分の意見を書くもの

でる★★★

例 次の資料は、ある調査で外国人と接する機会があると答えた全国の十六〜十九歳の男女に、外国人とどのようにコミュニケーションを取っているかを尋ねた結果の一部をグラフで表したものである。この資料を見て気づいたことと、「外国人とのコミュニケーションの取り方」についてのあなたの考えや意見を、あとの条件に従って書きなさい。

外国人とどのように意思の疎通を図っているか

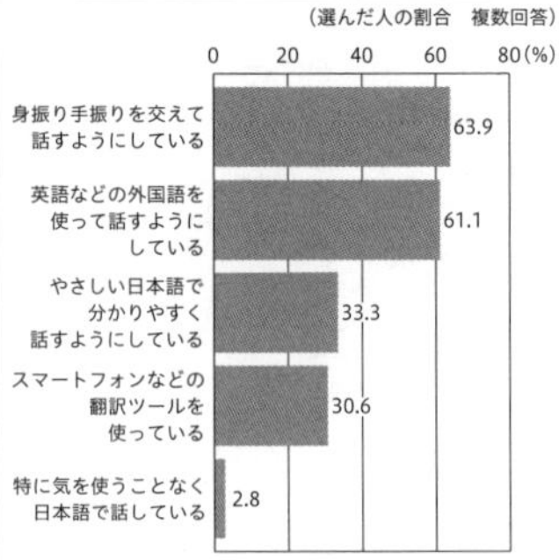

（文化庁「国語に関する世論調査（令和元年度）」により作成）

条件
1 二段落構成とすること。
2 前段では、資料を見て気づいたことを書くこと。
3 後段では、前段を踏まえて、「外国人とのコミュニケーションの取り方」についてのあなたの考えや意見を書くこと。
4 全体を百五十字以上、二百字以内でまとめること。
5 氏名は書かないで、本文から書き始めること。
6 原稿用紙（10字詰×20行＝省略）の使い方に従って、文字や仮名遣いなどを正しく書き、漢字を適切に使うこと。

（福島県公立高校入試より）

作文のポイント

① 問題内容と、何を表しているグラフなのかを把握する
② グラフのうち目立つ値に注目する
③ 作文の条件をすべて満たす

例 解答の流れ

・一段落目
外国人とコミュニケーションを取る際に、身振り手振りを交えて話すようにしている人が六割以上いることが、資料からわかることについてふれる。

・二段落目
自分も、身振り手振りを交えて話すことが重要だと思っていることと、なぜそう思っているかを書く。

ココがカギ **グラフを使った作文の注意点**

グラフで示されているすべての情報にふれる必要はない。数値のうち、特に大きいもの、または特に小さいものをピックアップすると、作文が書きやすくなる。

4 グラフで示された二つの資料を読み取り、自分の意見を書くもの

でる★★★

例 次の資料は、「埼玉県の魅力」について、県内在住者を対象に調査し、その結果をまとめたものである。

国語の授業で、この資料をもとに「地域の魅力」について、一人一人が自分の考えを文章にまとめることにした。あとの（注意）に従って、あなたの考えを書きなさい。

資料①　埼玉県に魅力を感じるか

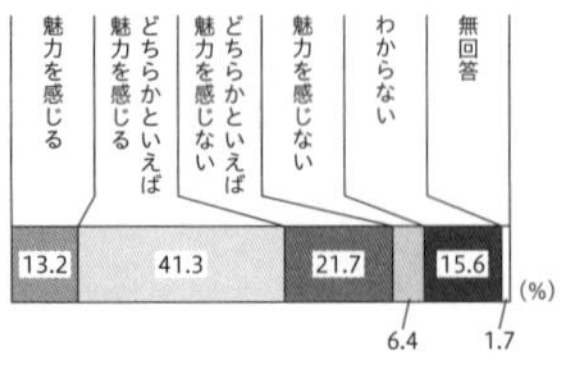

（四捨五入による端数処理の関係で、資料①の合計が100%になりません。）

資料②　埼玉県で魅力を感じるもの　上位5項目（複数回答）

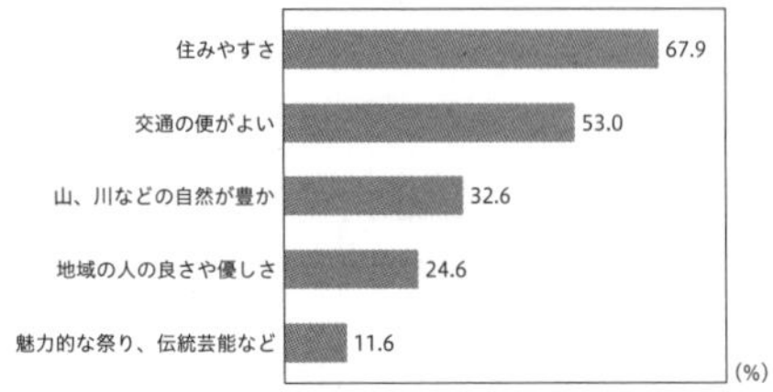

埼玉県「平成30年度埼玉県政世論調査報告書」から作成

（注意）
(1) 二段落構成とし、第一段落では、あなたが資料から読み取った内容を、第二段落では、第一段落の内容に関連させて、自分の体験（見たこと聞いたことなども含む）をふまえてあなたの考えを書くこと。
(2) 文章は、十一行以上、十三行以内で書くこと。
(3) 原稿用紙（15字詰×13行＝省略）の正しい使い方に従って、文字、仮名遣いも正確に書くこと。
(4) 題名・氏名は書かないで、一行目から本文を書くこと。

（埼玉県公立高校入試より）

作文のポイント

① 問題内容と、それぞれが何を表しているグラフなのかを把握する
② 二つのグラフの目立つ値に注目し、それらを併せて考えることでわかることを書く
③ 作文の条件をすべて満たす

例 解答の流れ

・一段落目
埼玉県に魅力を感じる人は五割以上いて、住みやすさや交通の便のよさを理由とする人が多いことにふれる。

・二段落目
一段落目でふれた内容に関連させて、自分は埼玉県のどのようなところに住みやすさや交通の便のよさを感じるのかを書く。

英語
数学
理科
社会
国語

1 提示されたテーマに対して、自分の意見や体験を書くもの でる★★

例 「世の中が便利になること」について、あなたの考えを二百四十字以上三百字以内で書きなさい。

なお、次の《条件》に従って書くこと。

《条件》

(Ⅰ)二段落構成とすること。

(Ⅱ)各段落は次の内容について書くこと。

第一段落

・あなたが世の中にあって便利だと思っているものについて、具体的な例を挙げて説明しなさい。例は、あなたが直接体験したことでも見たり聞いたりしたことでもよい。

第二段落

・第一段落に書いたことを踏まえて、「世の中が便利になること」について、あなたの考えを書きなさい。

(栃木県公立高校入試より)

作文のポイント

① テーマに沿った具体例や自分の体験を考える

② ①で考えた具体例や体験に合うように、自分の考えを書く

③ 作文の条件をすべて満たす

例 解答の流れ

・一段落目

世の中にあって便利だと思っているものの例を挙げて説明する。

(例　翻訳アプリ、地図アプリ、電子決済など)

・二段落目

一段落で挙げた例について、どのようなプラスの効果(またはマイナスの効果)があるのか、自分の考えを書く。

2 提示されたテーマに対して、賛成意見または反対意見を書くもの でる★★

例 あなたのクラスでは、国語の授業で、次の□の中の文章が紹介された。

> 読書や一人旅には、一人で過ごす時間の中で、自分なりの楽しさを見つけることができるという魅力があります。そのような、自分が見つけた楽しさを、周囲の人に伝える人もいますが、自分の中だけで楽しむ人もいます。
>
> あなたなら、自分が見つけた楽しさを、周囲の人に伝えますか。

この文章について感想を述べ合ったところ、「自分が見つけた楽しさは、自分の中だけで楽しめばよい。」という発言をした人がいた。そこで、この発言について、それぞれが賛成、反対の立場に立って意見を述べることになった。あなたならどちらの立場で、どのような意見を述べるか。そう考える理由を含めて、あなたの意見を書きなさい。ただし、次の条件1、2にしたがうこと。

条件1　一マス目から書き始め、段落は設けないこと。

条件2　字数は、百五十字以上、百八十字以内とすること。

(静岡県公立高校入試より)

作文のポイント

① 賛成か反対かを決める

② 自分が賛成または反対を選んだ理由の説明を考える

③ 作文の条件をすべて満たす

例 解答の流れ

・一文目

賛成か反対かを書く。

・二文目～

賛成または反対を選んだ理由を書く。最後の文に、「よって、私は賛成する。」のようなまとめを入れてもよい。

ココがカギ **賛成か反対かを書く作文の注意点**

「賛成の部分も、反対の部分もある」のような書き方は難しいので、賛成か反対かどちらかの立場に立つ。また、その立場を選んだ理由を、わかりやすく客観的に説明する。

（解説文）　君主が心配していることは、何かをやりかけても臣下がだれも応じてこないことである。だから「片手だけで拍手しようとすれば、どれだけ手を強く振っても音など出ない。」と言われている。一方、臣下が心配していることは、君主が臣下に心を一致させてくれないことである。だから「右手で円を描き、同時に左手で四角形を描けば、両方を完成することはできない。」と言われている。

よくでる

(1) 書き下し文の読み方になるように、——線部①に返り点をつけなさい。

［ 在リ 不ルニ 得 一ヲ。 ］

正答率 72.4%

(2) ——線部②は何と何を指しているか。漢文から抜き出し、それぞれ一字で答えなさい。

□ と □

正答率 76.4%

(3) 本文で表そうとしている内容として最も適切なものを、次のア～エから選び、記号で答えなさい。

ア　国がうまく治まるためには、君主は臣下の心をつかもうとし、臣下は君主に心を合わせようとすることが必要である。

イ　国がうまく治まるためには、君主は臣下にすべてをまかせ、臣下は自分たちの考えに合うように君主の考えを変えさせる必要がある。

ウ　国がうまく治まるためには、君主は信頼する臣下の意見だけを聞き、臣下は君主に気に入られるようにふるまうことが必要である。

エ　国がうまく治まるためには、君主は自分の考えを貫き通し、臣下は君主の考えが自分たちと合わない場合は反対する必要がある。

［　　］

3

次の漢詩と解説文を読んで、あとの各問いに答えなさい。〈兵庫県〉〔(1)10点　(2)10点×2〕

落葉　釈《しゃく》　清恒《せいこう》

*蕭蕭《せうせう》復《ま》た蕭蕭

聴くべきも数ふべからず

*山童睡《ねむ》り忽《たちま》ち驚き

報《つ》げて道《い》ふ窓前に雨ふると

*蕭蕭…風に吹かれ葉が落ちるさま。

*山童…山里にある家の主人に仕える少年。

落葉　釈　清恒

蕭　蕭　復タ　蕭　蕭

可レベキモ　聴ク　①不　可カラ　数フ

山　童　睡リ　忽チ　驚キ

報ゲテ　道フ　窓　前ニ　雨フルト

（解説文）　この詩は、第一句で、「蕭蕭」ということばの繰り返しによって、吹く風に落ち葉がしきりに舞い落ちている様子を描き、第二句で、その様子を音としてとらえることはできても、舞い落ちる葉は数え切れないほどだと表現している。さらに第三、四句では、家の窓辺でうとうとと居眠りをしていた少年が、その音にはっと目を覚まし、急いで主人のところに知らせに来たという、②少年のユーモラスな行動を描いている。壮大な落ち葉の降り注ぐ情景とほほえましさを感じさせる詩である。

よくでる

(1) 書き下し文の読み方になるように、——線部①に返り点をつけなさい。

［ 不 可カラ 数フ ］

(2) ——線部②を説明した次の文の空欄 a ・ b に入る言葉を、それぞれあとのア～エから一つずつ選び、記号で答えなさい。

・少年が a を b と勘違いしたということ。

ア　主人の呼ぶ声　　イ　葉の落ちる音

ウ　雨の降る音　　エ　時を告げる鐘の音

a［　　］　b［　　］

入試対策問題

時間30分

得点　　／100点

解答解説別冊 P.24

1

次の文章を読んで、あとの各問いに答えなさい。〈栃木県〉〔10点×3〕

昔、孔子に、一人有つて*来帰す。孔子、問うていはく、「汝《なんぢ》、何を以《もつ》てか来つて我に帰する。」かの*俗いはく、「*君子参内の時、これを①見し に、*顒々《ぎようぎよう》として威勢あり。よつて、これに帰す。」孔子、弟子をして、乗り物・装束・金銀・財物《ざいもつ》等を取り出《い》だして、これをあたへき。「汝、我に帰するにあらず。」

また、*宇治の関白殿、ある時、*鼎殿《かなへどの》に到《いた》つて、火をたくところを②見る。鼎殿見ていはく、「何者ぞ、*左右《さう》なく御所の鼎殿へ入るは。」といつて、追ひ出されて後、さきの悪《わろ》き衣服を脱ぎ改めて、顒々として*取り装束して出で給《たま》ふ。時に、さきの鼎殿、③はるかに見て、恐れ入つて逃げぬ。時に、殿下、装束を竿《さを》に掛けられて、拝せられけり。人、これを問ふ。答へていはく、「我、人に貴びらるるも、我が徳にあらず。ただ、この装束の故なり。」

愚かなる者の人を貴ぶこと、かくのごとし。

（「正法眼蔵随聞記《しようぼうげんぞうずいもんき》」より）

*来帰す…弟子入りするためにやって来た。　*俗…世間並みの普通の人。
*君子参内の時…孔子が王宮に参上する時。　*顒々として…おごそかな様子で。
*宇治の関白殿…藤原頼通《ふじわらのよりみち》。平安時代の貴族。
*鼎殿…湯を沸かす所。また、そこに勤める役人。
*左右なく…断りなしに。　*取り装束して…装束を身に付けて。

正答率 84.4%

(1) ‖線部「あたへき」は現代ではどう読むか。現代仮名遣いを用いて、すべてひらがなで書きなさい。〔　　　〕

(2) ——線部①「見し」、②「見る」について、それぞれの主語にあたる人物の組み合わせとして適切なものはどれか。次の**ア**〜**エ**から一つ選び、記号で答えなさい。

ア ①孔子—②宇治の関白殿　**イ** ①孔子—②鼎殿
ウ ①かの俗—②宇治の関白殿　**エ** ①かの俗—②鼎殿　〔　　　〕

ハイレベル　正答率 17.0%

(3) ——線部③「はるかに見て、恐れ入つて逃げぬ」とあるが、「鼎殿」は何を見て逃げたのか。二十字以内の現代語で書きなさい。

2

次の漢文と解説文を読んで、あとの各問いに答えなさい。〈兵庫県〉〔(1)10点　(2)10点×2　(3)10点〕

人主之《の》患《ハ》、在《リ》レ莫《キニ》二之《ニ》応《ズルモノ》一。故《ニ》曰《ハク》、「一手独《リ》拍《ツハ》、雖《モ》レ疾《シト》無《シト》レ声。」人臣之憂《ヒハ》、在《リ》①不《ざルニ》得一《ヲ》。故《ニ》曰《ハク》、「右手《ニ》画《キ》レ円《ヲ》、左手《ニ》画《クハ》レ方《ヲ》、不《ずト》レ能《ハ》二②両《ツナガラハ》成《ス》一。」

（韓非《かんぴ》「韓非子《かんぴし》」より）

人主の患は、之《これ》に応ずるもの莫《な》きに在り。故に曰《い》はく、「一手独り拍《う》つは、疾《と》しと雖《いへど》も声無し。」と。人臣の憂《うれ》ひは、一《いつ》を得《え》ざるに在り。故に曰はく、「右手に円を画《ゑが》き、左手に方を画くは、両《ふた》つながらは成《な》す能《あた》はず。」と。

④ **動作主** でる★★★

動作主とは、ある動作が行われたとき、その動作をした人やもののこと。古文では、主語や助詞が省略されている場合が多いので、語を補いながら読む。

例 「云ふ」の動作主は？

➡ **「在家人の、～歯を取らせむとて、唐人がもとに行きぬ」から、在家人が唐人に言った言葉であることがわかる。**

⑤ **会話文指摘** でる★★★

登場人物の会話文がどこからどこまでかを把握する。入試では「　」を入れる箇所を問われることが多い。

例 歯一つ取るには、銭二文に定めたるを、「一文にてとりてたべ」と云ふ。

➡ **「歯一つ取るには、銭二文に定めたるを」は「歯を一つ取る値段を二文に定めているのに」という意味で、この直後からが会話文。**

2 漢文

[訓読文]

例 或ルヒト曰ハク、以テ二子之矛ヲ一、陥サバ二子之盾ヲ一何如ト。

其ノ人弗ルレ能ハレ応フルコト也。

[書き下し文]

例 或《あ》るひと曰《い》はく、

子の矛を以《もつ》て、子の盾を陥《とほ》さば何如《いかん》と。

其《そ》の人応《こた》ふること能《あた》はざるなり。

（韓非《かんぴ》「韓非子《かんぴし》」より）

① **漢文の現代語訳** でる★

漢文特有の表現に注意し、文脈を正しく読み取る。

例 ・～曰はく…～がいうことには

・～能はざる（能はず）…～できない

② **訓点** でる★★

送り仮名…漢字の右側にカタカナでふる。

返り点…漢字を読む順序を示す記号のこと。

①**レ点**…下から上に一字返って読む。

例 其ノ人弗ルレ能ハレ応フルコト也

②**一・二点**…二字以上、下から上に返って読む。

例 以テ二子之矛ヲ一

3 漢詩 でる★

例 送ル二郭《くわく》司《し》倉《さう》ヲ一　王昌齢《わうしやうれい》　五言絶句

映ズレ門ニ淮《わい》水《すい》ノ緑　起句

留ムレ騎ヲ主人ノ心　承句

明月随《したが》ヒ二良《りやう》掾《えん》ニ一　転句

春潮夜夜深シ　結句

① **漢詩の形式**…五言絶句《ごごんぜつく》・七言絶句《しちごんぜつく》・五言律詩《ごごんりつし》・七言律詩《しちごんりつし》

絶句は四句から成り、律詩は八句から成る。

② **漢詩の読解**…特に結句の内容に着目して主題をつかむ。形式に沿った簡潔な表現に慣れておくこと。

1 古文

例 古歌によめる名所といふもの、今もそのままにてかはることなきは、いと めでたく、あらぬさまになりはてたるも、又いにしへしたはしくあはれなるものになむ。今は名のみにて、何国なりけむとも知られぬは、いと口惜しきものから、ここならむとおし考へて証《あかし》とすべきもの見出《みいだ》したるなどもいとをかし。又まさしくここなりとはいへど、それは古書にいへるさまとは違《たが》へる所もあれば、此《ここ》ぞむかしの跡なると争ひ尽きざるも又をかし。

（五十嵐篤好《いがらしあつよし》「雉岡随筆《ちこうずいひつ》」より）

例 南都《なんと》に、歯取る唐人《たうじん》有りき。ある在家人《ざいけにん》の、慳貪《けんどん》にして、利養《りやう》を先《さき》とし、事に触《ふ》れて、商《あきな》ひ心《ごころ》のみありて、徳もありけるが、虫の食ひたる歯を取らせむとて、唐人がもとに行きぬ。歯一つ取るには、銭二文《ぜににもん》に定めたるを、一文にてとりてたべと云《い》ふ。

（「沙石集《しゃせきしゅう》」より）

① 歴史的仮名遣い でる★★★

①「は・ひ・ふ・へ・ほ」➡「わ・い・う・え・お」

例 ・いふ➡いう　・かはる➡かわる

②「ゐ・ゑ・ぢ・づ」➡「い・え・じ・ず」

③「くわ・ぐわ」➡「か・が」

④au・iu・eu＝ô・yû・yô 例 やうやう➡ようよう

ミス注意 単語の初めにある場合はそのまま。

② 古語の意味 でる★

現在使われていない言葉や、現代語とは意味の異なる言葉に注意する。

例
・いと…とても　・めでたく（めでたし）…すばらしい
・あはれなる（あはれなり）…しみじみとして趣がある
・をかし…趣があってすばらしい

また「口惜しき」などの、心情を表す言葉に注意して内容をとらえる。

③ 現代語訳―係り結び でる★★

「**ぞ・なむ・や・か・こそ**」の係助詞が、結びの語にかかっている。「**ぞ**」「**なむ**」「**こそ**」は**強調**、「**や**」「**か**」は「**疑問・反語**」を表す。

例 此ぞむかしの跡なる

英語
数学
理科
社会
国語

の次の段階にはなかなか進めません。

このように、いわゆるおしゃべりの多くは、かなり自己完結的な世界の話ですから、そのままでは、それ以上の発展性がないのです。その意味では、おしゃべりは、相手に向かって話しているように見えても、実際は、モノローグ(独り言)に近いわけでしょう。表面的には、ある程度、やりとりは進むように見えますが、それは、対話として成立しません。ここにモノローグであるおしゃべりとダイアローグ*としての対話の大きな違いがあるといえます。

ダイアローグとしての対話は、常に他者としての相手を想定したものなのです。自分の言っていることが相手に伝わるか、伝わらないか、どうすれば伝わるか、なぜ伝わらないのか、そうしたことを常に考えつづけ、相手に伝えるための最大限の努力をする、その手続きのプロセス*が対話にはあります。

対話成立のポイントはむしろ、話題に関する他者の存在の有無なのではないかとわたしは考えます。実際のやりとりに他者がいるかどうかだけではなく、話題そのものについても「他者がいる話題」と「いない話題」があるということなのです。つまり、その話題は、他者にとってどのような意味を持つかということが対話の進展には重要だということです。

したがって、ダイアローグとしての対話行為は、モノローグのおしゃべりを超えて、他者存在としての相手の領域に大きく踏み込む行為なのです。

言い換えれば、一つの話題をめぐって異なる立場の他者に納得してもらうために語るという行為だともいえますし、ことばによって他者を促し交渉を重ねながら少しずつ前に進むという行為、すなわち、人間ならだれにでも日常の生活や仕事で必要な相互関係構築のためのことばの活動だといえるでしょう。

(細川英雄《ほそかわひでお》「対話をデザインする」より 一部改変)

*ダイアローグ…もともと「演劇・小説などの対話の部分」のこと。本文では、「モノローグ」の対義語として使われている。

*プロセス…過程。

問い　次の表は、——線部について、「モノローグであるおしゃべり」と「ダイアローグとしての対話」の違いを、項目ごとにまとめたものである。表のⅠに入る適切な言葉を、文中から十字で抜き出して書き、Ⅱに入る適切な言葉を、三十字以内で書きなさい。

	相手への向き合い方	話題にすること・相手への話し方
モノローグであるおしゃべり	他者としての Ⅰ する	自分の知っている情報について、独りよがりに感じるまま話す
ダイアローグとしての対話	他者としての相手を想定する	Ⅱ をしながら話す

正答率 71.6%　Ⅰ

正答率 77.7%　Ⅱ

30

入試対策問題

時間30分

得点　　／100点

解答解説別冊P.24

1 次の文章を読んで、あとの問いに答えなさい。〈広島県〉〔30点〕

何もない殺風景な部屋に暮らすのは、まさに悲しげな病室暮らしのようで暗澹《あんたん》たる気分になる。きっと誰もが、自分の部屋の壁に、絵や雑誌からの切り抜きや写真を飾ったりしているはずだ。そうすることで、居心地ははるかに良くなるはずだ。「生きられた家」「生きられたもの」とはそうすることで実現されていくのである。

（柏木《かしわぎ》博《ひろし》「デザインの教科書」より）

正答率86.7%

問い ——線部「そうすること」とあるが、それはどうすることを指しているか。三十五字以内で書きなさい。

2 次の文章を読んで、あとの問いに答えなさい。〈山梨県〉〔20点〕

他人の動作を真似《まね》る行為は簡単にできることではない。真似る相手と、真似る動作が生じている相手の身体の部位（場所）を確かめ、次にその動作のイメージを自分の頭に置き換え、今度は相手の動作が起こっているのと同じ部位が自分の身体でどこに当たるかを確かめ、その上で頭の中にあった動作のイメージを、自分の身体を使って表現するという複雑な過程を要する行為なのである。こうしたことをヒトの子はどうやって学習するのであろうか。［　　］、模倣する能力もヒトの子には先天的に備わっているのだろうか。

（門脇《かどわき》厚司《あつし》「子どもの社会力」より）

正答率74.5%

問い ［　　］に入る言葉としてふさわしいものはどれか。次の**ア**〜**エ**から一つ選び、記号で答えなさい。

ア さらに　**イ** つまり

ウ ところが　**エ** それとも

〔　　〕

思考力

3 次の文章を読んで、あとの問いに答えなさい。〈山形県〉〔25点×2〕

たしかに、おしゃべりをしているときは、相手に向かって話しかけてはいますが、ほとんどの場合、何らかの答えや返事を求めて話しているのではなく、ただ自分の知っている情報を独りよがりに話しているだけではないでしょうか。そこでは、他者としての相手の存在をほぼ無視してしゃべっているわけです。だからこそ、思ったことを感じるままに話すことには注意が必要なのです。

「あのことが、うれしい、悲しい、好きだ、嫌いだ」というように、自分の感覚や感情をそのままことばにして話していても、相手は、「へえー、そうですか」と相槌《あいづち》を打つだけ。今度は相手も自分の思いを語りはじめ、それぞれに感じていることや思っていることを吐き出すと、お互いなんだかすっきりして、なんとなく満足する。こういうストレス発散の点では、おしゃべりもそれなりの効果を持っていますが、そ

例 1 長く語り継がれてきた名著は、時代を超えた力をもっています。しかしその力を現実のものとし、未来を創造するための力に変換するには、読書という再解釈の営みが欠かせません。名著とは、時代を超えて読み継がれているテクストに与えられている尊称です。

2 よく、「図書館は思想の墓場」などと言われます。確かに、そうした側面もあるでしょう。誰にも読まれることなく図書館の蔵書棚に見捨てられたままの本に書かれている思想は、「死んで」います。しかし それは、生き返る可能性を含みつつ、発見されるときまで待機しているものでもあると言えます。

3 たとえば、現在のすべてのコンピュータの演算の基本として使われている「ブール代数」は、長らく「死んだ」思想として図書館の蔵書棚に埋もれていました。それを発見したのはシャノンです。この「シャノンによるブールの再発見」がなければ、ブールの思想は現代でも死んだままだった可能性さえあります。同様のことは、「メンデル遺伝学」についても言えます。ド・フリースがメンデルを再発見したのは一九〇〇年のことであり、メンデルによる発表から三〇年以上もたってからのことでした。

4 端的に言うならば、「死んだ思想」というのは誤った極端な表現で、思想は「眠っている」のだということです。そして、時代が変化していくなかで、眠っている思想が突然意義をもつことがあるのですが、それを目覚めさせ、生きた思想にするのが、「本読み」の創造的側面です。

（高田《たかだ》明典《あきのり》「難解な本を読む技術」より）

⑤ 段落構成 でる★★

形式段落（上の文章中の1～4にあたる）を、さらに意味のまとまりに分けて、文章の要点・結論を述べる段落を探す。

段落の役割のとらえ方

段落の初めの接続語や書き出しの言葉に注意しながら、話題の提示、問題提起、筆者の意見、具体例などの観点で、段落ごとの役割をとらえる。

例 1…冒頭段落の――線部。 ➡ **話題を提示している。**

2…しかし それは、～待機しているものでもあると言えます ➡ **話題を発展させている。**

3…たとえば、～ ➡ **具体例を述べている。**

4…端的に言うならば、～ ➡ **全体をまとめている。**

⑥ 要旨 でる★

① 各段落の要点を読み取る

キーワードや段落の末尾の文章などに着目して、段落の要点をとらえる。

例 1 名著は、時代を超えた力をもっています

しかしその力を～再解釈の営みが欠かせません

➡ **1の要点「名著は読書によって、未来を創造する力をもつ」**

② 要点をつなぎ、文章全体をつかむ…結論を導く

例 4 全体をまとめていることに着目。

・思想は『眠っている』のだということです

・生きた思想にするのが、『本読み』の創造的側面です

➡ **要旨…「本を読むことで、『眠っている』思想が生きた思想になる可能性がある」**

英語 数学 理科 社会 国語

1 説明的文章の読解

例 現代の子どもたちにとっては、親密な友人といえども、けっして気の許せる関係ではないようです。いや、むしろ親密な相手だからこそ、気を許すことができないのでしょう。かつての親友が、自分の率直な想《おも》いをストレートにぶつけることのできる相手だったのに対して、昨今の親友とは、むしろそれを抑え込まねばならない相手となっています。そうしなければ、相手との「良好な関係」の維持が難しいと感じられるようになっているのです。

　ところで、自分の想いをまず優先し、それをそのままストレートに発露することを「素の自分の表出」と呼ぶとすれば、相手との関係性をまず優先し、その維持のために自らの感情に加工を施して示すことは、「A の表現」と呼ぶことができるでしょう。自分の内部にある感情や衝動をそのまま放出することが「表出」であるのに対して、それらを対象化して効果的に呈示してみせることが「表現」だからです。したがって、「表現」には演技の要素が含まれます。

（土《ど》井《い》隆義《たかよし》『「個性」を煽《あお》られる子どもたち』より）

① 内容理解 でる★★★

キーワード（文章中で繰り返し使われている言葉）に着目して、話題の中心をとらえる。

例 気の許せる関係ではない・相手との関係性

↓ **現代の子どもたちの人間関係が話題であるとわかる。**

② 指示語 でる★

指示語の指す内容は、ふつう指示語の前にある。

例 自分の想いをまず優先し、それをそのままストレートに発露する

↓ **「それ」の指すもの＝「自分の想い」**

③ 接続語 でる★★★

空欄に適切な接続語を補充する形式で出題される。空欄の前後の内容をおさえ、どんな関係にあるかを、正しくつかむ。

例 自分の内部にある感情や衝動を～効果的に呈示してみせることが「表現」だからです。したがって、「表現」には演技の要素が含まれます。

↓ **前で述べた内容が、あとの理由になっている。**

④ 空欄補充 でる★★★

前後の内容確認と、補充する言葉の知識が必要。

例 文中の「A の表現」にあてはまる言葉は？

ア ありのままの自分　**イ** 装《よそお》った自分

↓ **A の前の「自らの感情に加工を施して示す」という内容から、イがあてはまることがわかる。**

問い ――線部「急に照れくさくなって、もじもじしてしまって、でも、なんとなく、胸がふわっと温もった」とあるが、なっちゃんが、このように感じたのはなぜか。その理由を、なっちゃんが嫌だったことにふれて、文中の言葉を使って、「…から。」につながるように、三十字以上四十字以内で書きなさい。（句読点も一字に数える。）

30 40 から。

2

次の文章を読んで、あとの問いに答えなさい。 〈長崎県・改〉〔30点〕

「あ」

雅彦《まさひこ》の声に驚いて繁《しげる》は片足が水の中に浸《つ》かったまま橋の上を見上げた。ゆっくりと落ちてくる別冊付録を口を開けて見つめていたが、それが川面《かわも》を叩《たた》く音で我に返った。

次の瞬間、繁はためらわずにそのまま川の中へジャンプした。

「やめろ」という雅彦の言葉も声にならなかった。

水面をゆっくりと本が流れて橋の下をくぐってゆく。繁が泳ぎながら近づこうとする。

雅彦は本誌を足元に置くと反対の、下流側の欄干へ走った。

あわてて覗《のぞ》き込むと、ちょうど繁が本に追いついたところだった。

（さだまさし「精霊《しょうろう》流し」より）

問い 繁の思い切りのよさが行動に表れた一文を文中から抜き出し、その初めの四字を書きなさい。

3

次の文章を読んで、あとの問いに答えなさい。 〈富山県・改〉〔30点〕

> 「あたし」（岡島雨子）は、念願かなって動物園の飼育員になった。四月最初の休園日、全員が集められ、副園長が動物の担当替えの発表をしていた。ヒグマの担当になりたい「あたし」だが、ヒグマの担当は長年変わっておらず、「あたし」は絶望を感じながらも、もしかしたら、という期待を込めて、発表を待った。次は、ヒグマの担当の発表が終わった後の場面である。

終わった。

望みはないってわかってたのに。それなのに、あたしは今確実に終わった。目の前が真っ暗になった。*あなたとは違う黒。無機質な冷たい黒に覆われた。期待してた自分は強欲な愚か者だ。七つの大罪の中でも最も忌み嫌うべきものにあたしは侵されていた。

「まぁそう気を落とさずに。人も動物も、愛するより愛される方がいいんだよ」

□していたのが蓮見さんにバレたらしい。

（片岡翔《かたおかしょう》「あなたの右手は蜂蜜の香り」より）

*あなた…ここではヒグマを指す。

問い □に入る言葉として最も適切なものを、次の**ア**～**エ**から選び、記号で答えなさい。

ア 誤解　**イ** 落胆　**ウ** 後悔　**エ** 楽観　〔　〕

入試対策問題

時間 45分

得点　　／100点

解答解説 別冊 P.24

英語　数学　理科　社会　国語

1 次の文章を読んで、あとの問いに答えなさい。 〈三重県〉[40点]

> 小学校三年生のなっちゃんと川野《かわの》さんは同じクラスである。なっちゃんは、視力検査で近視であることがわかり、夏休みの最終日、母親と一緒にメガネ屋に来た。

「明日から学校だから」

背中に、声が聞こえた。女の子の声だった。小学生ぐらいの、学年で言えば三年生ぐらいの、どこかで聞いたことのある……。

あれっ?と振り向くと、川野さんがいた。

川野さんも、あれっ?という顔をしていた。メガネのおかげではっきりと見える。くっきりと見える。視力は四月のクラス替えの頃から落ちていたのだろうか。顔をしかめ、目を無理に細めて見ていたから、川野さんのメガネ姿がヘンに見えたのだろうか。いま向き合った川野さんは、メガネがとてもよく似合っていて、かわいらしい。「なっちゃん、メガネつくったの?」と笑って訊《き》いてきた。教室ではおとなしくてクラい印象しかなかったのに、いまの川野さんは、元気で、明るくて、友だちになれそうな気もした。メガネちゃん1号とメガネちゃん2号だから、というわけではなくて。

メガネをはずした川野さんは、目をしょぼしょぼさせて、「なっちゃんの顔も、あんまり見えない」と苦笑いを浮かべた。

川野さんのメガネは、いま、超音波をつかった洗浄器でクリーニングされている。洗い終わると、鼻当てのパッドを交換したりネジを締め直したりという調整をしてもらうのだという。

「明日から二学期だから、ほら、ドライブの前にお父さんが車を洗ったり点検したりするのと同じ」

あ、そうか、となっちゃんはうなずいた。べつに「メガネはすごいんだ」と言われたわけではないけど、そういうのって、なんかカッコいいな、と思った。

クリーニングや調整が終わるのを待つ川野さんに付き合って、なっちゃんもお店に残ることにした。お母さんは「いい?だいじょうぶ?ちゃんとメガネをかけて帰ってくるのよ」と何度も念を押して、先に帰った。

最初はメガネ姿を川野さんに見られることも嫌だった。とっさにはずそうとして、メガネに手も伸びた。

でも、川野さんは「似合うよ、なっちゃん」と言ってくれた。「いいフレーム選んだんだね」とも言ってくれた。お母さんや店員さんにほめられたときとは違って、「ほんと?そうかなあ、自分だとよくわかんないけど……」と急に照れくさくなって、もじもじしてしまって、でも、なんとなく、胸がふわっと温《ぬく》もった。

二人でいても、べつに盛り上がったりはしない。顔がくっきり見えたからといって、無口な川野さんが急におしゃべりになるわけではない。

でも、「今度はどんなのにしようかなあ」と、目をしょぼしょぼさせたまま、ほとんど手探りで商品棚のメガネをかける川野さんは、とても楽しそうだった。

（重松清《しげまつきよし》「季節風　夏（虹色メガネ）」より）

例 オーバーゾーンによる失格。守屋《もりや》さんが早く行き過ぎて根岸《ねぎし》が追いつけずに、テイクオーバーゾーンの中でバトンパスが出来なかった。リレーにはよくあるミス。でも、守屋さんは合わせるのが抜群にうまい人で、誰と組んでもきれいにバトンがつながって魔法のようなのに。

失格のショックより何より、俺は守屋さんと根岸のひどい顔つきが胸に応えた。なんて言ったらいいの、こういう時。

「あんまり……あんまり速く来て。すげえと思って。なんか頭の中が光ったみたいになって」

守屋さんが、ハードボイルドのカケラもなく、ぼそりぼそりとつぶやいた。

「なんか、やったって勝手に思って。あせったっていうか、舞い上がったっていうか、バッと出ちゃって……」

「先輩は悪くないです」

根岸が怒ったように遮った。

「俺がもうちょっと手を伸ばせば届いたんです。俺が……。俺のミスです。先輩のスタートは良かった。最高だったです。追いつけなかった俺が悪いんです」

「そんなことない」

守屋さんもムッとしたように言い返す。

責任のなすりつけあいなら経験あるけど、もうちょっとマシなパス出しやがれとか、いいかげんに決めやがれとか、そんなのはわかるけど、

［　　］ってのは妙なものだ。連《れん》なんて笑ってるし。

（佐藤多佳子《さとうたかこ》「一瞬の風になれ　第一部―イチニツイテ―」より）

④ 脱文挿入・語句挿入 でる★★★

空欄の前後をよく読み、脱文や語句の大まかな見当をつけて、正答を選択肢から選んだり、文章中から探したりする。

例 責任のなすりつけあいなら経験あるけど～［　　］ってのは妙なものだ

➡ **守屋さんと根岸が互いに自分が悪いと言い合っていることを指す語句。**

＝ ［責任の取り合い］ などがあてはまる

⑤ 会話文の内容理解 でる★★

① その人物の発言を整理する

② 地の文に書かれている、会話に関係する内容をとらえる

例 「先輩は悪くないです」と発言したときの根岸の心情

・怒ったように遮った　・「追いつけなかった俺が悪い」

➡ **追いつけなかった自分自身に怒りを感じている。**

⑥ 表現の特色 でる★★

どのような表現が使われているかや、それによってどのような効果が出ているかに注目する。

例 ・俺は守屋さんと根岸のひどい顔つきが～　・妙なものだ～

➡ **守屋さんや根岸が素直な思いを述べ合う様子が「俺」からの視点で描かれ、リレーの失格という緊張感のある場面でありながら、和やかな雰囲気も感じ取れる。**

※表現の特色については、選択肢で出題される場合が一般的なので、選択肢の内容にあたる部分が文章中にあるかを探し、それによって、選択肢に書かれている効果が出ているかを考えればよい。

1 文学的文章の読解

例 少年たちは、一羽目の鳩《はと》を放った。彼らが見あげるさきで、旋回しながら高度をあげてゆく。レース用の鳩の飼育本に、進路を定めるまで旋回しつづけると書いてあるとおりだった。鳩はおなじところを二分ほど飛んだのち、空中に描いていた弧の、いちばん南よりの位置から西へ向かった。

もし、音和《おとわ》が上空にあって、学校へもどる道を求めるなら、眼下の野川をたどってゆく。学校のある斜面の、わずか七、八十メートルほど南に野川があるのだから、蛇行をしているものの、川ぞいにもどれば迷うことなく、見とおしがよい点でも安全なルートだ。しかし、鳩には鳩の指針があるのだった。

山田が旋回する鳩をまねて、両腕をひろげて広場をぐるぐる走りまわっている。すると、音和の肩にいたコマメが片羽ずつゆっくりとのびをした。そののち、不意に翔《と》んだ。肩から地面におりただけで、とても翔んだうちにはいらないが、わずかでも翼を羽ばたいてみせたのだ。

「コマメ、やっとその気になったのか?」

着地した場所で草をついばんでいたコマメは、音和がそばにしゃがむとすぐ腕によじのぼった。はじめて羽ばたいたことなど、なんとも思わない顔をしているのが、とぼけていておかしかった。

（長野《ながの》まゆみ「野川」より）

① 内容理解 でる★★★

① 「人物」「時間」「場所」などに注目して、場面をとらえる

・人物　少年たち（音和、山田）

・場所　・眼下の野川　・学校のある斜面の～　・広場

② どんな状況かをとらえる

・鳩を放った　・レース用の鳩の飼育本

➡ **学校の近くを通る野川を見下ろせる広場で、鳩の訓練をしている。**

② 心情理解 でる★★★

① 態度や様子から読み取る

② 発した言葉から読み取る

例 「コマメ、やっとその気になったのか?」

➡ **「やっと」という言葉から、翔ぶことを待っていたのがわかる。**

③ 主題 でる★

主題とは、文章を通して作者が最も強く訴えようとしていること。人物の心情変化や状況変化などからとらえる。

例 はじめて羽ばたいたことなど～

➡ **愛情をもって鳩に熱中する音和の姿が描かれている。**

正答率 73.5%

6 次の文の――線部「から」と同じ意味で使われている「から」がある文を、あとの**ア**～**エ**から一つ選び、記号で答えなさい。〈新潟県〉［8点］

五十代にはいってから急に日本の風景を特別なものとして受《うけ》取るようになり、還暦を過ぎる頃から、花があろうとなかろうと、自分を取り巻いている外界の眺めを、その季節以外にはないものとして珍重するようになった。

（井上靖《いのうえやすし》「日本紀行」より）

ア 天気がよかったから散歩に出かけました。
イ 先に到着した人から順番に入場できます。
ウ この押花《おしばな》は庭に咲いた花から作りました。
エ 新年から早寝早起きの目標を実行します。

〔　　　〕

正答率 70.3%

7 次の文の――線部「全く予想もしなかったことを」は、いくつの文節に区切ることができるか。文節の数を算用数字で書きなさい。〈北海道〉［8点］

・旅路では、その場所に立つ前には全く予想もしなかったことを自分自身が感じ始め、考え始めるのに驚くことがある。

（朝日新聞「天声人語」より）

〔　　　〕

8 「みんなを待っていた」を単語に分けるとどうなるか。次の**ア**～**エ**から一つ選び、記号で答えなさい。〈三重県〉［8点］

ア みんなを|待っていた
イ みんなを|待って|いた
ウ みんな|を|待っ|て|いた
エ みんな|を|待っ|て|い|た

〔　　　〕

9 次の文は、十三の単語に分けられる。上から四番目の単語の品詞名を、次の**ア**～**エ**から一つ選び、記号で答えなさい。〈沖縄県〉［8点］

歩く人が多くなればそれが道になるのだ。

ア 動詞　**イ** 形容詞　**ウ** 助詞　**エ** 助動詞　〔　　　〕

10 例にならって、次の文の文節の切れ目に／を入れなさい。〈長崎県〉［8点］

例 メロスは、／激怒した。

〔 わ た し が い よ う が い ま い が 〕

11 次の文章の――線部「かがやいている」の主語は何か。一文節で抜き出して答えなさい。〈滋賀県〉［8点］

春の盛りの夕暮れ。庭園には今、桃の花が咲きほこっている。花のまわりの空気も淡紅色に染まるばかり。木の下にたたずむおとめも、また全身を桃の花のいろに染め、ほのかにかがやいている。

（清川妙《きよかわたえ》「清川妙の萬葉集《まんようしゅう》」より）

〔　　　〕

正答率 63.1%

12 次の文の――線部「面白いことに」は、あとのどの言葉にかかるか。**ア**～**エ**から一つ選び、記号で答えなさい。〈滋賀県〉［8点］

・面白いことに人間は、彩《いろど》りのないさまざまな明るさの灰色だけで表現された風景を見て、それを美しいと感じることができる。

（港千尋《みなとちひろ》「芸術回帰論　イメージは世界をつなぐ」より）

ア 表現された　**イ** 見て
ウ 美しい　**エ** 感じる

〔　　　〕

入試対策問題

時間 30分

得点　　／100点

解答解説 別冊 P.23

よくでる

1 次の文の――線部「静かに」と同じ品詞の言葉を、次の**ア**～**エ**の――線部から一つ選び、記号で答えなさい。〈茨城県〉〔7点〕

・静かに本を読みたい。

ア どこにどのような図書館が建てられると便利か。
イ 特に、電車やバスで通勤通学している人たち。
ウ 気軽に立ち寄れるので便利だ。
エ それぞれに長所がある。

〔　　　〕

2 「見つけられず」を組み立てている単語の品詞の並び順として、最も適切なものを次の**ア**～**エ**から選び、記号で答えなさい。〈三重県〉〔7点〕

ア 動詞／助動詞／助動詞
イ 動詞／動詞／助動詞／助詞
ウ 動詞／助動詞／助詞
エ 動詞／動詞／助詞／助詞

〔　　　〕

3 次の文の中から形容詞をそのまま抜き出しなさい。また、この場合の活用形を書きなさい。〈岐阜県〉〔7点×2〕

・後悔ばかりふくらんで大きくなっていた。

（笹山久三《ささやまきゅうぞう》「とおい夏の日」より）

形容詞〔　　　〕　活用形〔　　　〕

よくでる

4 次の文の――線部「ない」と用法・働きが同じものをあとから一つ選び、記号で答えなさい。〈三重県〉〔8点〕

・「すき間」「間取り」というときの間であるが、基本的には物と物のあいだの何もない空間のことだ。

（長《は》谷《せ》川《がわ》櫂《かい》「和の思想」より）

ア 予想もしないことが突然起こった。
イ 今日は野球の練習がない日だった。
ウ やらなければならない仕事がある。
エ ずっと変わらないものがある。

〔　　　〕

正答率 77.7%　よくでる

5 次の文の――線をつけた「の」のうち、同じ働きをするものの組み合わせとして最も適するものを、あとの**ア**～**エ**から選び、記号で答えなさい。〈神奈川県〉〔8点〕

> 雪①の降り積もった広場で、近所②の友だちと時③のたつ④のも忘れて雪合戦をした。

ア ①と③
イ ①と④
ウ ②と③
エ ②と④

〔　　　〕

◉活用表

基本形	語幹	未然形	連用形	終止形	連体形	仮定形	命令形
話す	話	ーさ ーそ	ーし	ーす	ーす	ーせ	ーせ
あとに続く言葉		「ない」 「う(よう)」	「ます」 「た」 「て」	言い切りの形。	「こと」 「とき」	「ば」	命令の形で言い切る。

②語幹と活用語尾

活用するとき形が変わらない部分を**語幹**といい、そのあとの形が変わる部分を**活用語尾**という。

③活用の種類

五段活用・上一段活用・下一段活用・カ行変格活用・サ行変格活用の五つがある。

2 文と文節 でる★★★

① 言葉の単位

①文章…**最も大きな言葉の単位。**

②段落…文章を内容ごとに切って、表現したまとまり。

③文…**まとまった内容の一続きの言葉。**文の終わりに句点をつける。

④文節…一語の自立語と、それにつく付属語から成り、意味をこわさない程度に、できるだけ小さく区切ったもの。

⑤単語…**これ以上分けることができない、言葉の最小単位。**自立語と付属語とがある。

ミス注意

「文章」と「文」、「文」と「文節」を混同しないように、用語の意味をおさえておくこと。

② 文節の区切り方

自立語の直前で分けるのが基本。

おぼえる

「ネ・サ・ヨ」が入るところで分けるとよい。

例 この本はとてもおもしろいそうだ。

この（ネ）／本は（ネ）／とても（ネ）／おもしろいそうだ。

□は自立語。 □がないものは付属語。

③ 文の組み立てと修飾語・被修飾語

①主語と述語

・何(誰)が——どうする。

・何(誰)が——どんなだ。

・何(誰)が——何だ。

・何(誰)が——ある(いる・いない)。

②修飾語・被修飾語

連体修飾か連用修飾かを見きわめる。

・修飾語が用言の連体形や連体詞、「**～の**」の形

➡被修飾語は体言(または体言相当語句)。

・修飾語が用言の連用形や副詞、「**～て**」の形

➡被修飾語は用言(または用言相当語句)。

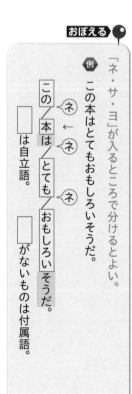

3 文法

1 品詞と活用 でる★★★

① 品詞…単語を文法的な性質から分類したときのそれぞれの種別のこと。

① 品詞分類表

おぼえる

- 単語
  - 自立語
    - 活用がある
      - **述語**
        - （ウ段の音で終わる）……動詞
        - （「い」で終わる）……形容詞
        - （「だ」で終わる）……形容動詞
    - 活用がない
      - **主語**……名詞（代名詞）
      - **修飾語**
        - （主に用言を修飾）……副詞
        - （体言を修飾）……連体詞
      - **接続語**……接続詞
      - **独立語**……感動詞
  - 付属語
    - 活用がある……助動詞
    - 活用がない……助詞

② まぎらわしい品詞

形容動詞と連体詞

・「静かな」➡**形容動詞**　・「大きな」➡**連体詞**

➡「静かだ」と言い切りの形になるものは、形容動詞。

形容動詞と助動詞と助詞

・「静かで」➡「静かだ」と活用するので**形容動詞**の一部。

・「駅で会う」➡場所を示す**格助詞**。

・「これが鳥で、あれが魚だ」➡「〜だ」と言い切れるが、形容動詞のように「〜な」といえないので**断定の助動詞**。

③ まぎらわしい語の見分け方

「ない」の識別…「ない」➡「ぬ」と置き換えることができれば**打ち消しの助動詞**。できなければ**形容詞**。

例 本を読まない。➡「読まぬ」といえるので**助動詞**。楽しくない。➡「楽しくぬ」とはいえないので**形容詞**。

格助詞「の」の識別…主格を示す・体言の代用をする（「こと」・「もの」に置き換えられる）・連体修飾語を作る。

例 本を読むのが好きだ。➡「こと」に置き換えられるので**体言の代用**。

「らしい」の識別…推定の助動詞・形容詞を作る接尾語。

例 彼は本を読むらしい。➡推し量っているので**推定の助動詞**。

助動詞「れる」「られる」の識別…受け身・可能・尊敬・自発。

例 先生が本を読まれる。➡先生の動作を高めているので**尊敬**の意。

② 活用

① 活用の基本

活用があるのは、用言（動詞・形容詞・形容動詞）と、助動詞である。また活用は、「**未然形**」「**連用形**」「**終止形**」「**連体形**」「**仮定形**」「**命令形**」という六つのパターン（これを活用形という）に分けられる。

4 「後ろ指を指される」の意味として最も適切なものを次の**ア**～**エ**から選び、記号で答えなさい。〈佐賀県〉[10点]

ア 支持される　**イ** 無視される
ウ 同情される　**エ** 非難される

[　　]

5 次の文中の□に最もよくあてはまる言葉を、あとの**ア**～**エ**から選び、記号で答えなさい。〈新潟県〉[10点]

・次の日からの、泳いだり、魚を捕まえたりする楽しい時間を考えると□。

ア 心が乱れた　**イ** 心が変わった
ウ 心が弾んだ　**エ** 心が通った

[　　]

6 次の文中の□にあてはまる最も適当な言葉を、あとの**ア**～**エ**から選び、記号で答えなさい。〈愛知県〉[10点]

・彼はどんなときでも□としていて、とても頼りになる。

ア 泰然自若　**イ** 無我夢中
ウ 傍若無人　**エ** 大胆不敵

[　　]

7 次の文の□には、「物事が予定通りに調子よく進むこと」という意味をもつ四字熟語が入る。その四字熟語を、あとの漢字の中から四字を選び適切に組み合わせて書きなさい。〈高知県〉[10点]

・彼は□な人生を送っている。

万・歩・順・調・準・風・班・夫・帆・船・満・序

[　　]

正答率 90.8%

8 次の文の――線部「さして」の意味として最も適当なものを、次の**ア**～**オ**から選び、記号で答えなさい。〈新潟県〉[10点]

日本の風景が、世界のどこの国より美しいに違いないと思うようになったのは、五十代にはいってからである。それまでは自分が生《うま》れ、自分が生い育った日本という国の四季それぞれの眺めにさして関心は持っていず、桜の時季は桜の時季で、紅葉の季節は紅葉の季節で、その時々でなるほど美しいと思うことはあったが、ただそれだけのことで、それを格別なものとして楽しむことはなかったようである。
（井上靖《いのうえやすし》「日本紀行」より）

ア それほど　**イ** そもそも　**ウ** そのうえ
エ まったく　**オ** いかにも

[　　]

9 「我が家では猫が一番大きな顔をして過ごしている。」の――線部「顔」の意味として最も適切なものはどれか。次の**ア**～**エ**から選び、記号で答えなさい。〈栃木県〉[10点]

ア 表情　**イ** 影響
ウ 面目　**エ** 態度

[　　]

よくでる
10 次の各文で、――線部の故事成語が正しく用いられているものを一つ選び、記号で答えなさい。〈高知県〉[10点]

ア 蛇足を加えて、説明の足りないところを補った。
イ 彼の主張は矛盾した筋の通らないものだった。
ウ 二人の意見のあいだには、五十歩百歩もの違いがあった。
エ 彼女は自分の描いた風景画を推敲《すいこう》して完成させた。

[　　]

入試対策問題

時間 30分

得点　　／100点

解答解説 別冊 P.23

思考力　正答率 69.2%

1 M中学校では、委員会活動を前期・後期の二期に分けて行っている。次は、後期文化委員会の第一回の様子である。これを読んで、あとの問いに答えなさい。〈大分県〉［10点］

田川さん―第一回文化委員会を始めます。初めに、委員長の大山さんから後期委員会の活動について提案があります。みなさん、よく聞いてください。

大山さん―私からみなさんに提案したいことが二つあります。
一つ目は、（中略）
二つ目は、後期文化委員会のスローガンについてです。前期に実施したアンケートを見ると、前期のスローガンは、文化委員以外の生徒にはあまり意識されていなかったことが分かりました。これは、英語で長いスローガンを設定したためと考えます。そこで、後期は、四字熟語のような短くて覚えやすいものにしたいと思います。次回の委員会までに、後期のスローガンとそれに込める思いを各自で考えてきてください。よろしくお願いします。

問い　次は、第二回の委員会で出されたスローガンの案である。四字熟語の本来の意味とスローガンに込めた思いが合致していないものを、次の**ア**～**エ**から一つ選び、記号で答えなさい。

	スローガン	スローガンに込めた思い
ア	一致団結	委員会の仲間やそれ以外の生徒とも目標を達成するために全員が協力する。
イ	一挙両得	一つのことを成し遂げるため、お互いの得意分野を生かしながら物事に取り組む。
ウ	切《せっ》磋《さ》琢《たく》磨《ま》	活動の成功に向け、他の委員会の生徒とも励まし合ったり競い合ったりしながら努力する。
エ	勇猛果敢	目標を達成するために、失敗を恐れずさまざまな活動に思い切って取り組む。

［　　　］

よくでる　正答率 81.4%

2 「有意義」と同じ組み立ての熟語を、次の**ア**～**エ**から一つ選び、記号で答えなさい。〈高知県〉［10点］

ア 好都合　**イ** 自主的
ウ 松竹梅　**エ** 向上心

［　　　］

よくでる

3 「他山の石とする」ということわざの意味として最も適当なものを、次の**ア**～**エ**から選び、記号で答えなさい。〈千葉県・改〉［10点］

ア 他人のつまらない言葉や動作を自分自身の向上の助けとする。
イ 他人のつまらない言葉や動作を遠くから見てすばらしいと思う。
ウ 他人のすばらしい言葉や動作でもいつも役立つとはかぎらない。
エ 他人のすばらしい言葉や動作を遠くから見て価値がないと思う。

［　　　］

② 慣用句…二つ以上の言葉が結びついて、全体として元の言葉の意味とは異なる特別な意味を表す言い方のこと。

① 体の部分が含まれる慣用句

例
- 顔が広い ➡ **交友関係が広い。**
- 目が高い ➡ **物事を見分ける力がある。**
- 肩をもつ ➡ **一方に味方する。**
- 舌を巻く ➡ **相手の技量にひどく驚く。**

② 比喩を用いた慣用句

例
- 猫の額 ➡ **非常に狭い場所のたとえ。**
- 青菜に塩 ➡ **元気がない様子のたとえ。**
- 水に流す ➡ **過去のことをなかったことにする。**

ミス注意

誤用の多い慣用句　〇的を射る　×的を得る

3 語句の意味 でる★★

① 四字熟語…漢字四字で構成され、慣用句のように意味がある熟語。

① 数字を含む四字熟語

例 一喜一憂《いっきいちゆう》・四苦八苦《しくはっく》

ミス注意

数字や意味を正確に覚えること。

② 漢字を間違えやすい四字熟語

例
- 〇意味深長《いみしんちょう》　×意味慎重
- 〇絶体絶命《ぜったいぜつめい》　×絶対絶命
- 〇無我夢中《むがむちゅう》　×無我無中

③ 読み方を間違えやすい四字熟語

例 十人十色《じゅうにんといろ》・一日千秋《いちじつせんしゅう》・傍若無人《ぼうじゃくぶじん》

② 故事成語

入試によく出る故事成語

例
- 杞憂《きゆう》 ➡ **取り越し苦労。**
- 杜撰《ずさん》 ➡ **内容がいい加減で誤りが多いこと。**
- 四面楚歌《しめんそか》 ➡ **まわりが敵ばかりで孤立していること。**

③ 慣用表現…独特の言い回しをする語句や、昔からの使い方が現代にも残されている表現のこと。慣用句やことわざも含まれる。

例
- 姉とはとても気が合う。
- 観客の期待がいやがうえにも高まった。

④ 難しい言葉

例
- 腹案を練る ➡ **心の中にもっている計画。**
- いたずらに時間をつぶす ➡ **むだに。**

➡ **一語の熟語や和語でも意味が難しいものがある。意味がわからない語は辞書で調べる習慣を身につけよう。**

⑤ 多義語…複数の意味をもつ言葉。

例 山
- 山に登る ➡ **高く盛り上がった場所。**
- ドラマの山 ➡ **最も盛り上がるところ。**
- 試験の山をはずす ➡ **見込み。**

1 熟語の構成 でる★★

① 熟語の構成

❶ 二字熟語の構成

意味の似た漢字の組み合わせ
例 道路 ⬇ **「道」「路」も「みち」を表す。**

反対の意味の漢字の組み合わせ
例 出納 ⬇ **「出」は「出す」、「納」は「中に入れる」。**

上の漢字が下の漢字を修飾する
例 急行 ⬇ **「急いで行く」。**

下の漢字が上の漢字の目的や対象となる
例 乗車 ⬇ **「車に乗る」。**

主語と述語の関係
例 人造 ⬇ **「人が造る」。**

上の漢字が下の漢字を打ち消す
例 非常 ⬇ **「常に非《あら》ず」。**

接尾語がつくもの 例 理性

長い熟語を省略したもの 例 特急（特別急行）

❷ 三字熟語の構成

□／□□のパターン
・上の一字が下の二字を修飾する 例 大自然
・上の一字が下の二字を打ち消す 例 非常識

□□／□のパターン 例 運動会

□／□／□のパターン 例 衣食住

⬇ **二字熟語の構成は、訓読みで読んで意味のつながりを考える。**
三字以上の熟語の構成は、熟語に含まれる二字熟語を探す。

② 熟語の読み方

❶ **音読み＋音読み**…熟語の読み方の基本
❷ **訓読み＋訓読み** 例 花火・旅人
❸ **音読み＋訓読み**（重箱《じゅうばこ》読み） 例 番組・役場
❹ **訓読み＋音読み**（湯桶《ゆとう》読み） 例 荷物・場所

2 ことわざ・慣用句 でる★★

① ことわざ…昔から言い習わされてきた、生活の知恵や人生の教訓を表す言葉。簡潔に真理を言い表す。

❶ 反対の意味のことわざ

例
好きこそものの上手なれ
⬇ **好きなことは自然に熱中するので上達が早い。**
下手の横好き
⬇ **下手であるのに、好きで熱心である。**

❷ 似た意味のことわざ

例 ぬかに釘《くぎ》＝のれんに腕押し＝豆腐にかすがい
⬇ **効き目や手ごたえがないこと。**

4

次の文の〔　　〕にあてはまる最も適当な言葉を、あとの**ア**〜**エ**から選び、記号で答えなさい。〈愛知県〉〔3点〕

彼は、とても〔　　〕がないと思われていた商談を粘り強くすすめ、契約にまでこぎ着けた。

ア 生産　**イ** 精算　**ウ** 清算　**エ** 成算　〔　　〕

5

「壊」を漢和辞典で調べるときに、「部首」「読み」「総画数」の組み合わせとして正しいものを、次の**ア**〜**エ**から一つ選び、記号で答えなさい。〈沖縄県〉〔3点〕

ア 「衣」で「ころもへん」―「メツ・こわ」― 十七画
イ 「土」で「つちへん」―「カイ・こわ」― 十六画
ウ 「衣」で「ころもへん」―「メツ・こわ」― 十六画
エ 「土」で「つちへん」―「カイ・こわ」― 十七画　〔　　〕

6

次の――線部の行書の文字の部首を楷書に書き改め、その部首名をひらがなで書きなさい。〈富山県〉〔3点×2〕

部首〔　　〕
部首名〔　　〕

7

□で囲んだ漢字を説明した次の文の ① にあてはまる語句を書きなさい。また、② にあてはまる語句を、あとの**ア**〜**エ**から一つ選び、記号で答えなさい。〈北海道〉〔3点×2〕

行書で書かれたこの漢字の部首名は、① であり、漢字の成り立ちとしては、音を表す部分と意味を表す部分が組み合わされた ② 文字に分類される。

ア 指事　**イ** 象形　**ウ** 会意　**エ** 形声

①〔　　〕　②〔　　〕

8

行書で書かれた次の漢字を楷書で書いたとき、矢印で指した太く書かれた部分は何画目か。数字で書きなさい。〈山梨県〉〔3点〕

〔　　〕画目

9

下の漢字は、「無」を行書で書いたものである。この行書で書かれた漢字の◯で囲まれた部分に見られる特徴として最も適当なものを、あとの**ア**〜**エ**から一つ選び、記号で答えなさい。〈三重県〉〔3点〕

ア 楷書と比べ、筆順が異なっている。
イ 楷書と比べ、点画が省略されている。
ウ 楷書ではらう部分を、はねている。
エ 楷書ではねる部分を、とめている。

〔　　〕

10

よくでる　正答率 63.0%

次の行書で書かれた漢字について、楷書で書く場合と比べて、点画の省略が見られる漢字はどれか。**ア**〜**オ**から一つ選び、記号で答えなさい。〈福島県〉〔4点〕

〔　　〕

入試対策問題

時間 30分

得点　　／100点

解答解説 別冊 P.23

1 次の――線部の漢字の読みを書きなさい。また、――線部のカタカナを漢字に直しなさい。〈大阪府〉［4点×6］

(1) 係の人の誘導にしたがって入場する。［　　］

よくでる

(2) カーテンで夏の強い日差しを遮る。［　　］

(3) 最新の技術を駆使して新しい製品を作る。［　　］

(4) 工事で通学路がカクチョウされた。［　　］

(5) 大会に向けて練習にセンネンする。［　　］

(6) 夕日にソまった校舎をあとにして家に帰る。［　　］

2 次の――線部のカタカナを漢字に直しなさい。また、――線部の漢字の読みを書きなさい。〈鹿児島県〉［4点×6］

正答率 77.3%

(1) 結果をホウコクする。［　　］

(2) 外はとてもムし暑い。［　　］

(3) バスの定期ケンを買う。［　　］

正答率 90.4%

(4) 教室に本棚を設ける。［　　］

(5) 主人公の悲哀がただよう。［　　］

(6) 今年の夏に帰省する。［　　］

3 次の――線部の漢字の読みをひらがなで書き、カタカナを漢字で書きなさい。〈富山県〉［4点×6］

(1) 生徒会誌に掲載される。［　　］

(2) がんばる姿に憧れる。［　　］

(3) 全国大会を招致する。［　　］

(4) 友達に本をカりる。［　　］

(5) 気象エイセイを打ち上げる。［　　］

(6) 鉄道が国内をジュウオウに走る。［　　］

②複数の訓読みをもつ漢字

例 著《あらわ》す―著《いちじる》しい　厳《きび》しい―厳《おごそ》か　映《うつ》る―映《は》える
訪《たず》ねる―訪《おとず》れる　怠《おこた》る―怠《なま》ける　省《はぶ》く―省《かえり》みる

➡ **複数の訓読みをもつ漢字は、文中での意味もしっかり確認して答えよう。**

② 音読みの漢字

①間違えやすい音読みの漢字

例 示唆（○シサ　×シシュン）
遂行（○スイコウ　×チクコウ）
凝視（○ギョウシ　×ギシ）
惰性（○ダセイ　×ジョウセイ）

ミス注意

「遂」「逐」など、形の似た漢字に注意する。

②複数の音読みをもつ漢字

例 勇気《き》―気《け》配　発《はっ》揮―発《ほっ》端　納《のう》入―納《なっ》得
内《ない》容―境内《だい》　柔《じゅう》道―柔《にゅう》和　理由《ゆう》―由《ゆ》来
重《じゅう》厚―丁重《ちょう》　雑《ざっ》踏―雑《ぞう》木

③ 熟字訓（特別な読み方）

例 果物《くだもの》　清水《しみず》　紅葉《もみじ》　五月雨《さみだれ》　梅雨《つゆ》　時雨《しぐれ》

➡ **「五月雨」などは、俳句の季語（夏）なので、俳句の問題と一緒に出題されることもある。**

3 部首・画数　でる★★

① 部首

①部首の基本パターン

〈主な部首〉

へん　例 清（さんずい）・強（ゆみへん）
つくり　例 利（りっとう）・雑（ふるとり）
かんむり　例 宇（うかんむり）・符（たけかんむり）
あし　例 然（れんが・れっか）・盗（さら）
たれ　例 原（がんだれ）・病（やまいだれ）
かまえ　例 間（もんがまえ）・圏（くにがまえ）
にょう　例 道（しんにょう・しんにゅう）・越（そうにょう）

②間違えやすい部首

例 「階」…こざとへん　「都」…おおざと
「祝」…しめすへん　「複」…ころもへん

② 画数

間違えやすい画数

・部首に注意　例 阝（三画）・廴（三画）・隹（八画）
・筆順に注意　例 母（五画）・毎（六画）・弟（七画）

③ 行書で示して画数・部首を問う問題

例 〈行書〉 草 ↓ 〈楷書〉 草

➡ **行書で問われた漢字は、一度楷書に直して考える。行書で書かれていても、問われているのは楷書にしたときの画数のことが多い。**

1 漢字の書き取り でる★★★

① 音や部分が共通している漢字

①音と部分が共通している漢字

例

テキ 指摘・快適・敵対・水滴
カク 収穫・獲得
カン 観察・歓迎・勧誘
グウ 偶然・遭遇・一隅
サイ 裁判・栽培・掲載
セキ 成績・面積・責任
フク 複雑・往復・空腹
ケン 検討・実験・危険

②部分が共通している漢字

例

穏(穏和)―隠(隠居)
援(応援)―緩(緩和)
微(微細)―徴(特徴)
惑(迷惑)―感(感動)
因(因果)―困(困難)
哀(哀悼)―衷(衷心)

よくでる **形の似た漢字はよく出題される。熟語単位で意味の違いをとらえよう。**

② 書き誤りやすい漢字

①文字の形を正確に覚える

例 ○専 ×専 ○展 ×展

ミス注意

へんやつくりの間違いには特に注意しよう。
○危険 ×危検 ○成績 ×成積

②同音異義語

例

カンシン 感心な子ども / 音楽に関心がある
タイショウ 調査の対象 / 対照的な性格 / 左右対称の図形
ヨウイ 容易な問題 / 明日の用意

③同訓異字

例

のぞむ 勝利を望む / 海に臨む
そなえる 試験に備える / 仏前に供える

ミス注意

同音異義語と同訓異字は、文中での意味を考えて、意味の合う漢字を書く。

2 漢字の読み取り でる★★★

① 訓読みの漢字

①間違えやすい訓読みの漢字

例 促《うなが》す・漂《ただよ》う・覆《おお》う・陥《おちい》る・鮮《あざ》やか・遮《さえぎ》る・操《あやつ》る

【出典の補足】
2020年埼玉県…p.118例題4
2022年埼玉県…p.41大問11，p.56大問2

〔高校入試合格でる順　５教科　三訂版〕　S4g234

英語　入試対策問題

1 不定詞・動名詞 ➜本冊 P.8

1 (1)**ウ**　(2)**ウ**　(3)**エ**　(4)**ウ**　(5)**エ**

2 (1)**イ→ウ→ア→オ→エ**

(2)**エ→オ→イ→ウ→ア**

[エ→ウ→ア→オ→イ]

3 my friend helped me finish it

4 (解答例)He decided to take it to make[cook] dinner for us.

5 the children to think about their future dreams by

6 ① show us how to go out

② is difficult for us to get

解説

1 (1)**〈be surprised to＋動詞の原形〉**で「～して驚く」。〈感情の原因〉を表す不定詞〈to＋動詞の原形〉。

(2)enjoyは目的語に動名詞をとり，不定詞はとらない。**enjoy ～ ing**で「～して楽しむ」。

(3)**〈ask＋人＋to＋動詞の原形〉**で「(人)に～するようにたのむ」。

(4)Bの「私たちは午後３時に会議を始めるべきです」という発言から，「いつ」始めるべきかをたずねたと考える。**〈when to＋動詞の原形〉**で「いつ～したらよいか」という意味。

(5)前置詞forのあとに動詞を入れるときは，動名詞になる。

2 (1)**〈what to＋動詞の原形〉**「何を～したらよいか」を，動詞knowの目的語にする。「私は，最初に何をしたらよいのかわかりません」

(2)まず，want to drinkと組み立てる。somethingを形容詞hotが後ろから修飾する形にすると，**something hotで「あたたかいもの」**という意味になる。もしくは，wantのあとにsomething hotを続け，不定詞(形容詞的用法)を使い**something hot to drink「何かあたたかい飲み物」**としてsomethingを後ろから修飾する形でもよい。

3 **〈help＋人＋動詞の原形〉**で「(人)が～するのを手伝う」。

4 まず，「彼はそれを取ることに決めた」という文を作る。「～することに決める」は**〈decide to＋動詞の原形〉**。decideは不定詞(名詞的用法)を目的語にとり，動名詞はとらない。「私たちに夕食をつくるために」という〈目的〉は不定詞(副詞的用法)で表し，そのあとに続ければよい。

全訳

智：私のスピーチはどうでしたか，ウィリアムズ先生？
ウィリアムズ先生：とてもよかったわよ，智。あなたのスピーチはよく理解できたわ。つまりあなたのお父さんは，男性向けの料理の講座を取っているのよね？
智：そうです。父は，私たちに夕食をつくるために，それを取ることを決めました。父はカルチャーセンターの講座を本当に楽しんでいます。
ウィリアムズ先生：なるほど。(後略)

5 I also want to ～「私はまた～もしたい」とすると，うまく文が組み立てられない。**〈want＋人＋to＋動詞の原形〉**「(人)に～してもらいたい」の形にする。by ～ ingは「～することによって」という意味。

全訳

健次：やあ，マーク。今ちょっと話をしてもいいかな？
マーク：いいよ。
健次：来月ぼくは友達といっしょに英語を教えるために小学校へ行くんだ。いっしょに来てくれる？
マーク：おもしろそうだね。いっしょに行くよ。何をするつもりなんだい？
健次：何か活動をしようと思っている。題材は「自分の将来の夢」の予定だよ。
マーク：なるほど。子どもたちは，“What do you want to be?(きみは何になりたい？)”とか“I want to be a singer.(歌手になりたい)”といった表現を使うようにするといいね。使える表現だよ。
健次：そうだね，それにぼくは，この題材を英語で学ぶことで，子どもたちに自分たちの将来の夢について考えてもらいたいとも思っているんだ。
マーク：それはいいね。子どもたちにとって，いい機会になるよ。
健次：そうなるといいな。(後略)

6 ①**〈show＋O_1(人)＋O_2(もの)〉**で「(人)に(もの)を見せる，教える」。ここでは，O(もの)が**〈how to＋動詞の原形〉**「～のしかた」となる。show us how to ～で「私たちに～のしかたを教えてくれる」。

②**〈It is ... for － to＋動詞の原形.〉**「－にとって～することは…だ」の文。

全訳

りょうた：９月３日に，学校で防災訓練があるんだ。
ケイト：そうなの？　どんな訓練をするの？
りょうた：まず，地震の際に校舎から避難する訓練がある。担任の先生が，校舎から避難する方法をぼくたちに指導してくれるんだ。次に，けが人の搬送と処置の訓練。それは，学校の近くに住んでいる人たちといっしょにやるんだよ。大きな災害が起こったら，近隣の人たちは，安全のためにぼくたちの学校に滞在するからね。
ケイト：なるほど。他には何かするの？
りょうた：うん。午後は，リストを作る予定だよ。災害時に，まず何を持ち出すべきかを考えるんだ。

災害の直後の3，4日，ぼくたちは水や食料を手に入れるのが困難になる。だから，家族のためにそれらを持っていかなければならないよね。
ケイト：自分たちの家庭でリストを作るのは大事なことね。
りょうた：その通り。災害時には家族を助けたいからね。もう1つ大切なことがある。同じ町に住む人たちは，互いに助け合うべきだ。だって，いっしょに生活しているんだからね。

2 時制・現在完了

➜本冊 P.12

1 (1)ア　(2)イ
2 (1)swimming　(2)bought　(3)thought
3 taught
4 brought
5 was doing my homework
6 Have you ever been there
7 (1)エ　(2)ア
8 (解答例) I have never heard that.
9 had one this morning and played

解説

1 (1)nowから現在の文。主語はOne of my friends「私の友達のうちの1人」(3人称単数)なのでlivesが適切。
(2)have rainで「雨が降る」。last yearから過去の文。

2 (1)It's＝It is。swimを-ing形にして，現在進行形にする。swimはmを重ねてingをつける。「海にいるイヌを見て！　とても速く泳いでいるよ」
(2)Last weekから過去の文。「先週，彼女は店でDVDを買いました」　buyの過去形はbought。
(3)think about ～ で「～について考える」。〈Have you ever＋過去分詞 ～?〉で「あなたはこれまでに～したことがありますか」と経験をたずねる現在完了の文。thinkの過去分詞はthought。

3 文脈から考えて，過去の文と判断する。teachの過去形はtaught。「私は英語が得意ではなかったので，カヨは私にそれ(＝英語)を教えてくれました」

4 「あの大きなバッグには何が入っているの？」に対する応答。「あなたに中国からあるものを持ってきました」が自然。bringの過去形はbrought。

5 「～していました」は過去進行形で表す。

6 Have you ever been to ～?「あなたは～へ行ったことがありますか」はよく使われる表現なので，そのまま覚えておこう。ここではto Kyotoをthereと1語で表している。

7 (1)becauseのあとに続く理由から，昨晩は「眠ることができなかった」と考える。couldn'tはcould notの短縮形。
(2)直前のAの提案に対して，OKと答えていることから，早く寝るという意志を伝えるwillが適切。I will以下はgo to bed early todayが省略されている。

全訳

A：眠そうだね。昨晩はどのくらい眠ったの？
B：私はすべきことがたくさんあったので，長い時間眠ることができなかったの。
A：だいじょうぶ？　今日は早く寝るのはどう？
B：そうね，そうするわ。ありがとう。

8 「一度も～したことがない」は〈have[has] never＋過去分詞〉。hearの過去分詞はheard。

全訳

(前略)由美：漢字は絵として始まったの。この漢字を見て。「川」という意味よ。
マイク：ああ，本当の川のように見えるね。それは絵だね！　おもしろいな。ぼくが読んだ本には，アルファベットも絵として始まったと書いてあったよ。たとえば，「B」の文字は家の絵だったんだ。アルファベットも昔は意味があったのだけれど，今は音だけなんだ。
由美：へえ，そうなんだ？　そんなこと一度も聞いたことなかった。言葉にはおもしろい由来があるのね。
マイク：そうだね。では，漢字を覚えるために，もっと日本語の本を読もう。(後略)

9 まず，文の前半「今日の午前中，その授業があって」の部分を組み立てる。oneがphysical education classを指すと考え，had one this morningとする。andのあとに，後半「(バスケットボール)をした」を続ければよい。

全訳

ジェームズ：(前略)マスマティクスは好きな教科の1つです。
絵美：えっ？　「マスマ…」って何？
ジェームズ：数学だよ。マスマティクスはマスと同じだよ。マスマティクスは長い単語だから，ふつうはマスって言ってるんだ。
ホワイト先生：その通り。他に好きな教科はある，ジェームズ？
ジェームズ：はい，フィジカル・エデュケーションも好きです。
絵美：ちょっと待って，ジェームズ。フィ…フィジカル…何？
ジェームズ：フィジカル・エデュケーション。今日の午前中，その授業があって，ぼくたちはバスケットボールをやったよ。
絵美：PEね。でしょ？　どうして長いほうの単語を使うの？　言うのが難しいと思うんだけど。(後略)

3 品詞・比較・最上級

➜本冊 P.16

1 (1)イ　(2)イ　(3)イ
2 (1)children　(2)easier
3 (1)エ　(2)ウ
4 the best tennis player

5 ウ→イ→エ→ア
6 is the tallest boy in
7 better
8 What is the best place to see
9 (解答例) It will be colder tomorrow than today [別解 Tomorrow will be colder than today]

解説

1 (1)〈as＋原級＋as 〜〉で「〜と同じくらい…」。
(2)「私は昨日そのテレビ番組を見たかった」と，空所のあとの「私はそれを見る時間がなかった」とは反する内容のため，「しかし」という意味のbutが適切。
(3)because of 〜「〜のために」という意味。「私が昨晩見たテレビのニュースは，私をとても驚かせました。それは，地震のために日本に住むことを恐れている外国人についてでした」

2 (1)those「あれらの」のあとに続く名詞は複数形になる。child「子ども」の複数形はchildren。
(2)直後にthan 〜とあるので，easyを比較級にする。〈比較級＋than 〜〉で「〜よりも…」。easyの比較級は，yをiにかえて-erをつける。

3 (1)be almost over「ほぼ終わりかけている」。
(2)一般的なものの好き嫌いを言うとき，数えられる名詞はふつう複数形を使う。

4 このbestはgoodの最上級。

5 a bigger oneで「より大きなもの」。oneは，前に出た名詞の代わりに使う代名詞で，bagを言いかえている。

6 (1)tallestはtallの最上級。〈the＋最上級＋名詞〉で「いちばん〜な…」。「彼はこのクラスの中でいちばん背が高い男の子です」

7 直後にthan 〜とあるので，wellを比較級にする。wellはwell-better-bestと不規則に変化する。

全訳

(前略)ホワイト先生：アヤ，きみは折り紙を折れるの？
アヤ：もちろん，できます。私は折り紙を折るのが好きです。子どものころ，祖母が折り方を教えてくれたんです。兄[弟]といっしょに折り紙でいろいろなものを作りました。私は兄[弟]より上手だったんですよ。
ホワイト先生：私は折り紙を折ったことはないが，興味があるんだ。難しいのかい？
アヤ：いいえ，難しいとは思いません。先生に折り方を教えてあげますよ。
ホワイト先生：ああ，ありがとう。

8 the best place「いちばんよい場所」をたずねる文にする。不定詞の形容詞的用法のto see「見るべき」をplaceのあとに置く。

全訳

隆と愛子は，隆の家でスティーブを待っています。そこへスティーブがやってきます。
(前略)スティーブ：ぼくはカナダから来ました。
愛子：まあ，本当？　あなたの国を訪ねてみたいわ。カナダでいちばん見ておくべきところはどこですか？
スティーブ：ナイアガラの滝です。世界でいちばん大きい滝の1つですよ。(後略)

9 「今日より寒い」はcoldの比較級colderで表す。

4 疑問詞を使った疑問文・間接疑問・関係代名詞 ➜本冊 P.20

1 (1)イ　(2)イ　(3)ウ
2 エ→ア→オ→ウ→イ
3 cakes Becky's mother made were
4 (1)the pictures I took
(2)where I should visit
(3)the museum you want to visit
(4)color do you like
(5)How many teachers are there in
5 lives
6 make things they needed in

解説

1 (1)主語がThe woman「女の人」と3人称単数なので，be動詞はis。who has stayed at my house for two months「2か月間私の家に滞在している」は後ろからThe womanを修飾している。
(2)Whoが主語の疑問文。「だれがこの美しい山の写真をとりましたか」
(3)直後のBの発言で「それはトニーのものです」と答えていることから，「だれのもの」とたずねたと考える。Whoseが適切。

2 まずHe likes the comic bookという文を作り，そのあとにthe comic bookを修飾するwhich he bought yesterday「彼が昨日買った」を続ける。whichは目的格の関係代名詞。

3 The cakes「ケーキ」をBecky's mother made「ベッキーのお母さんが作った」が後ろから修飾する形にする。〈主語＋動詞〉が後ろから名詞を修飾するのは，目的格の関係代名詞が省略された形。なお，The cakesのあとにmadeを続けるとmade by 〜「〜によって作られた」となりbyが必要。

4 (1)the pictures「写真」をI took there「私がそこ(＝沖縄)でとった」が後ろから修飾する形にする。
(2)動詞knowの目的語となる間接疑問を組み立てる。whereのあとは〈主語＋助動詞＋動詞〉の語順。「私はどこを訪れたらよいかわかりません」
(3)前後の文脈から，まずThat is the museum「あれがその美術館です」とし，そのあとにthe museumを修飾するyou want to visit「あなたが訪れたがっている」を続ける。
(4)what colorで「どんな色，何色」。「あなたは何色が好きですか」
(5)〈How many＋名詞の複数形＋are there＋場所?〉で「…に〜はいくつありますか[何人いますか]」。

「この学校に教師は何人いますか」

5 who(主格の関係代名詞)以下が後ろからa friendを修飾する形。現在のことを表し，a friend(＝先行詞)と３人称単数なのでlivesが適切。「～に住む友達」をa friend who lives in ～で表す。

6 things「もの」をthey needed in their life「彼らが生活の中で必要とした」が後ろから修飾する形。

全訳

(前略)ぼくは，和紙についての本を何冊か読んで，昔の人たちは上手に和紙を使っていたことを知りました。彼らは，生活の中で必要なものを作るのに和紙を使いました。和紙は，障子を作るのに使われました。扇子や傘を作るのにも使われました。江戸時代や明治時代に日本を訪れた外国人の中には，和紙はじょうぶで役に立つと思った人もいました。(後略)

5 いろいろな文型・受け身・分詞

➡本冊 P.24

1 (1)**エ**　(2)**ウ**　(3)**エ**

2 made

3 (1)**エ→ウ→ア→イ**

(2)**エ→イ→オ→ウ→ア**

4 (1)is sung by a famous singer

(2)made me happy

(3)the player running over there

(4)it to her if she

5 to make my English better

6 people living in big cities think about returning

7 must be answered as a team

解説

1 (1)「この食べ物は英語で何と呼びますか」〈call＋O＋C〉「OをCと呼ぶ」のCをたずねる文。**ア** talk，**イ** say，**ウ** speakは，この文型はとらない。

(2)主語がMany languages「多くの言語」なので「話されている」という受け身〈be動詞＋過去分詞〉の文。主語は複数なので，be動詞はareを使う。

(3)a room「部屋」をused by ～「～に使われている」が後ろから修飾する形。

2 直前にbe動詞がある場合は，進行形か受け身と考えて，文意からどちらかを判断する。「これはおよそ200年前に作られました」

3 (1)The people「人々」をworking at the hotel「そのホテルで働いている」が後ろから修飾する形にする。The people were working ...とするとvery kind「とても親切だ」につながらない。

(2)a piano「ピアノ」をmade over 300 years agoが後ろから修飾する形にする。「私は300年以上も前に作られたピアノを見ました」

4 (1)sungはsingの過去分詞。「それは有名な歌手によって歌われています」という受け身の文。

(2)〈make＋O＋C〉で「OをC(の状態)にする」。「その映画は私を幸せにしてくれました」

(3)the player「選手」をrunning over there「あそこで走っている」が後ろから修飾する形にする。

(4)〈give＋もの＋to＋人〉で「人にものを与える」。giveのあとにものを表すitを置いて，to herを続ける。

5 〈make＋O＋C〉で「OをC(の状態)にする」。adviceをto make my English betterが後ろから修飾する形(不定詞の形容詞的用法)。「私の英語をよりよくする(＝英語がうまくなる)ためのアドバイスをいただけませんか」

6 I hear that ～は「～だと聞いている」。前後の文脈と与えられている語句から，ヒロの発言内容を考えて文を組み立てる。think about ～「～について考える」，return to ～「～に戻る」などが手がかりとなる。people living in big cities「大都市に住んでいる人々」を主部とし，think about ～ing「～することを考える」を続ければよい。

全訳

ヒロ：兄が先週，東京から戻ってきたんです。

ビリー：へえ，これからここに住むの？

ヒロ：はい。東京の大学を出て，ここで働くために帰ってきました。小さな町に住みたいそうです。大都市に住んでいる人で，小さな町に戻りたいと考える人もいると聞きます。

ビリー：ふうん。私の妹は，大都市に住みたいとよく言っていたよ。それで今彼女はニューヨークの大学に通っている。仕事もそこで探しているんだよ。

ヒロ：わあ！　彼女は本当に大都市での暮らしを楽しんでいるんですね。

ビリー：そうだね。大都市に住むのと小さな町に住むのと，きみはどっちがいい？

7 助動詞のある受け身の文。〈must be＋過去分詞〉で「～されなければならない」。

全訳

スミス先生：こんにちは，けいこ。何を見ているんだい？

けいこ：こんにちは，スミス先生。これは，理科と数学の大会について書いてあります。担任の先生は，私が理科が好きだと知っているから，私にやってみなさいと言いました。大会に申し込もうと思っています。

スミス先生：その大会のことをもっと話してくれるかな？

けいこ：もちろんです。理科と数学に興味がある中学生が，大会に参加します。

スミス先生：そうなの？　理科が好きなら，きみは挑戦するべきだよ。

けいこ：はい。大会に申し込むには，私は生徒３人でチームを組む必要があります。問題は，チームとして答えなければならないのです。

スミス先生：ということは，協力し合えるってことだね。(後略)

6 長文①

➡本冊 P.28

1 (1)ⓐ(解答例)Yes, she was.

ⓑ(解答例)She studies Japanese and Japanese culture.

ⓒ(解答例)It is held on the second Sunday of each month.

(2)**イ**

(3)same

(4)language

(5)**ア，ウ**

(6)(解答例)English is spoken all over the world. If we can speak English, we can learn a lot of things from people around the world.(24語)

解説

1 (1)ⓐ質問は「真美が初めてナンシーに会ったとき真美は小学生でしたか」という意味。第２段落の第５文と一致するので，Yesで答える。

ⓑ質問は「ナンシーは大学で何を勉強していますか」という意味。第２段落の最終文のso以下に「大学で日本語と日本文化を勉強するために再び日本に来ました」とある。

ⓒ質問は「インターナショナル・デーはいつ開催されますか」という意味。第４段落の第２文に「毎月第２日曜日に」とある。主語はthe International Dayをitに置きかえて答える。

(2)(　①　)を含む文は「ナンシーは日本語を使う機会を(　　)しません」という意味になる。直後の文「彼女は，よく町のお祭りや他のイベントに参加して，日本語でたくさん人と話します」から，「～を逃さない」という意味になるdoesn't missが適切。

(3)(　②　)を含む文は「私は，世界中で彼らは(　　)英語を話すと思っていたのですが，それは本当ではありません」という意味になる。その直前の文で「いろいろな国の人々はいろいろな種類の英語を話す」ことがわかったとあることから，それまでは「同じ英語を話す」と思っていたと考える。

(4)[　③　]を含む文は「私は，各国の英語はその文化と，人々が話す[　　]によって影響を受けていることを知りました」という意味になる。第５段落の第９文～第13文に，インドで使われている英語のある言葉が，インドで話されている言語のヒンディー語から来ている，と述べられていることから，languageが適切。

(5)**ア**「ナンシーは５年前に日本に来たとき，真美と時間を過ごしました」▶第２段落の第３～４文に一致する。　**イ**「ナンシーは真美が上手に英語を話したので驚きました」▶本文中にそのようなことは述べられていない。　**ウ**「真美はナンシーから外国語の勉強のしかたを学びました」▶第３段落の第７文に一致する。　**エ**「真美は，日本では英語を使う機会がたくさんあると言いました」▶第３段落の第11文に「少ない」と述べていることから，一致しない。　**オ**「外国人の学生だけがインターナショナル・デーに来て楽しんでいます」▶第４段落の第２文に「外国からの学生と日本人が」とあることから，一致しない。　**カ**「英語のアクセント(＝なまり)は異なっていましたが，真美は学生たちと簡単にコミュニケーションをとることができました」▶第５段落の第４文以降にaccentについて述べられている。第７文に「その(＝アクセント)ために最初は英語を理解するのは難しかった」とあるから一致しない。

(6)下線部は「英語は世界への窓です」という意味。最終段落の内容をまとめるつもりで考えていくとよい。英語を話すことができることで何ができるようになるかなどを書く。**(解答例訳)**「英語は世界中で話されています。もし私たちが英語を話すことができれば，私たちは世界中の人々からたくさんのことを学ぶことができます」

全訳

英語を学ぶことは，私の人生にとって重要な要素になっています。私はオーストラリアからの学生に出会ったとき，本当に英語に興味を持ちました。彼女の名前はナンシーです。

ナンシーは今，日本にいます。日本に来るのは２回目です。前回は私の家に２週間滞在しました。私たちは５年来の付き合いです。初めて日本に来たとき，彼女は中学生で，私は小学生でした。当時，私は英語を，彼女は日本語をうまく話せませんでしたが，身振りを交えてコミュニケーションをとろうとしました。彼女はオーストラリアに帰ってからも，高校で日本語を勉強しました。彼女はオーストラリアで日本語の先生になりたいので，大学で日本語と日本文化を学ぶために再び日本に来ました。

ある日，ナンシーが私の家を訪れました。私はナンシーと再会できてとてもうれしく思いました。私たちは長い間，いっしょに楽しく話をしました。ナンシーは日本語をとても上手に話すので，私はとても驚きました。そのとき私は英語を話すことが難しかったのですが，どうしてもそれを上手に話したいと思いました。私は彼女がどうやって日本語を学んだのかたずねました。彼女は私に外国語の勉強のしかたを教えてくれました。その言語を使おうとするのが方法の１つです。ナンシーは日本語を使う機会を逃しません。彼女はよく町のお祭りや他のイベントに参加し，日本語でたくさん人と話します。私は，日本では英語を使う機会が少ないと言いました。すると彼女は，「今度の日曜日に公民館に行ってみたら？」と言いました。

公民館では，「インターナショナル・デー」というパーティーをやっていました。毎月第２日曜日に，外国からの学生と日本人が集まって，それぞれの国の料理を作ったり，ゲームをしたり，イベントを楽しんだりしています。そこで私たちが使う言葉は英語です。日本語が話せない学生もいますが，私たちは英語でお互いにコミュニケーションをとることができます。それは私にとって，英語を話すよい機会でした。初めての日は，外国からの学生と英語で話すのが楽しかったです。自分の言いたいことを理解してもらえたときは，本当にうれしかったです。それが楽しくて，今は毎月そこに行きます。

パーティーでわかったことの１つは，いろいろな国の人々がいろいろな種類の英語を話しているということです。私は，世界中で彼らは同じ英語を話すと思っていたのですが，それは本当ではありません。２つ例をあげます。まず，国によってアクセントが少し違います。ナンシーのアクセントは，インドから来た学生のアクセントとは違います。他の国から来た学生も，他のアクセントがあります。そのため，最初は彼らの英語を理解するのが大変でした。２つ目は，人によって使う表現が異なります。例えば，インドの英語には「lakh」という単語があります。この言葉は，インドで話されている言語のヒンディー語から来ています。「Lakh」は10万という意味です。インドでは，「Ten lakh people live in my city.」と言う人がいます。つまり，「私の町には100万人の人が住んでいます」という意味です。私は，各国の英語はその文化と，人々が話す言語によって影響を受けていることを知りました。

私は，多くの人とコミュニケーションをとるために英語を勉強しています。世界中で多くの人々が英語を使っています。英語を使うことで，外国の人々とコミュニケーションを楽しむことができます。異なる言語を話す人々から，異なる文化や生活様式を学ぶことができます。英語は世界への窓です。私はもっと熱心に英語を勉強したいです。そうすれば，もっとたくさんの友達を作ることができるし，世界中の人々からたくさんのことを学ぶことができます。

7 長文②

→本冊 P.32

1 [A] イ　[B] ウ　[C] ア　[D] エ

2 ① experiences　② words
③ listen　④ nervous

解説

1 第２段落第３文に，We were the members of Team 1.とあり，第３段落最終文のWe got 25 points in popularity.から，**D**はpopularity。第４段落第４文 In both originality and taste, persimmon sandwiches (=Team 3) got more points than *ume* hamburgers (=Team 1).とグラフから，**B**と**C**がそれぞれ，originalityとtasteのどちらかになる。続く文に，originalityの観点で３チームが同じ点数を取ったとあり，グラフから**C**であることがわかるので，**B**はtasteとなる。残り**A**はappearanceになる。

全訳

毎年，学園祭があります。学園祭にはコンテストがあります。コンテストでは，生徒が昼食を作ります。コンテストには４つのチームがあります。各チームは和歌山の食材を使用します。最高の昼食を作ったチームが優勝です。

先週は，学園祭でした。友達と私は，コンテストで最高の昼食を作りたいと思いました。私たちはチーム１のメンバーでした。私たちは梅のハンバーガーを作りました。チーム２は桃のピザを作りました。チーム３は柿のサンドイッチを作りました。チーム４はオレンジのカレーを作りました。

５人の審査員がオリジナリティ，見た目，味の点数を決定しました。観客は，いちばん好きな昼食に投票して人気度の点数を決めました。私たちは人気度で25点を獲得しました。

コンテストの間は，たくさんの人が私たちの昼食を食べに来ました。私たちのチームはコンテストで勝つためにとてもがんばりましたが，優勝はチーム３でした。私たちは２位でした。オリジナリティも味も，梅のハンバーガーより柿のサンドイッチの方が，点数が高かったです。オリジナリティでは，３つのチームが同じ点数を獲得しました。見た目は，柿のサンドイッチと梅のハンバーガーが同じ点数でした。結果を見たとき私たちは悲しくなりました。優勝できなかったからです。私たちは来年は優勝したいです。そのためにはいろいろなことをしなければなりません。その一例を紹介します。私は毎週日曜日に昼食を作るべきです。私はがんばります。

2 ①メモの（　①　）を含む文は「ぼくのクラスメイトとの多くの（　①　）のおかげで，ぼくは彼らがどのように感じているかを理解した」という意味。本文[2]の最後の「ぼくは多くの経験を通じて，次第にみんなのことがわかるようになりました」という文と同意である。experiencesが適切。

②メモの（　②　）を含む文は「（　②　）を使うことはぼくたちの気持ちや考えを表すのに重要だ」という意味。本文[4]の第２文と第３文にwords「言葉」が重要だと述べられている。

③メモの（　③　）を含む文は「異なる考えを（　③　）することも重要だ」という意味。本文[4]の最後から２つ目の文に「異なる考えを聞くことは他の人とよりよく意思を通じ合う最初の一歩だ」と述べられていることから，listenが適切。直前にToがあるので，続く動詞は原形にする。

④メモの（　④　）を含む文は「ぼくの新しい学校生活は再びぼくを（　④　）させる」という意味。本文[6]の第１文に「新しい学校生活がもうすぐ始まるので，再びとても緊張しています」とあることから，nervousが適切。

全訳

[1]　ぼくたちは来月，この学校を卒業する予定です。みんなといっしょにすばらしい１年を過ごしてきました。このクラスのみんなともっと長くいっしょにいら

れたらと思います。

2 ぼくが初めてみんなに会ったとき，ぼくはとても緊張してみんなと話せませんでした。当時は他の生徒と友達になることは困難でした。しかし，みんなの中に(ぼくと)同じ趣味を持つ人がいました。ぼくは本の話をするのを楽しみました。ぼくはときどき，みんなの言うことやどう感じているかがわかりませんでしたが今は，みんなのことをよく知ることができてうれしいです。多くの経験を通じて，次第にみんなのことがわかるようになりました。

3 11月に行われた合唱コンクールを覚えていますか？　ぼくはどうしてもこのコンクールで優勝したかったのです。しかし，ぼくらのグループにとってその歌をうまく歌うのはとても難しいことでした。ぼくのグループのメンバーの１人が「他のグループはうまくいっている。私たちはどうしたらいいの？」と言いました。もう１人のメンバーは「もっと時間が必要だ。早朝に歌の練習をするのはどう？」と言いました。「私たちはすでにその歌を十分に練習した。歌を上手に歌うために，新しい歌い方を見つけよう」と言うメンバーもいました。メンバーそれぞれが異なる考えを持っていました。ぼくは，みんなが異なる考えを理解するのは難しいのだなと感じました。

4 状況を改善するためにはどうすればいいでしょうか？　自分の気持ちを表すものだから，ぼくは言葉は重要だと思います。ぼくたちは，自分の本当の考えや気持ちを表すために言葉を使います。だから，自分の考えを自分の言葉で伝えるべきです。そして，ぼくたちはまた，他の人の考えを聞こうとすべきです。そうすることで，ぼくたちは他の人が本当に言いたいことを理解することができます。ぼくは，異なる考えを聞くことは他の人とよりよく意思を通じ合う最初の一歩だと思います。こうすることで，状況は改善されるでしょう。

5 ぼくたちはコンクールに向けてお互いに何度も話し合い，気持ちを共有しました。そして，全員がどうしても優勝したいと思いました。ぼくたちはまた一生懸命練習を始めました。そしてついに，自分たちの歌がもっと上手に歌えるようになり，合唱コンクールで優勝しました。この経験は一生忘れません。

6 実は，新しい学校生活がもうすぐ始まるので，ぼくはまたとても緊張しています。でも，今は新しい場面で他の人と友達になれたらいいなと思っています。クラスメイトとの経験が，ぼくを支えてくれると信じています。みんな，ありがとう。ぼくはみんなのことを決して忘れません。

8 英作文 ➜本冊 P.35

1 (解答例)I like summer vacation better. I have two reasons. First, I can swim in the sea. Second, my birthday is in August. My parents buy a present for me every year. (31語)

2 (1)(解答例)we don't have to go out to buy things (９語)
(2)(解答例)we can check the size and color in our hands (10語)

3 (解答例)The best way to learn English for me is to use English a lot in classes. (16語)
[別解 I think listening to English songs is the best way. (10語)]

解説

1 質問は「あなたは夏休みと冬休みのどちらが好きですか」という意味。まず，どちらが好きか自分の立場をはっきりさせてその次に理由を述べるFirst ..., Second ...を使って自分に関することや，その時期にできることを含めるとよい。**(解答例訳)**私は夏休みのほうが好きです。２つ理由があります。第１に，海で泳げます。第２に，私の誕生日が８月にあります。両親が毎年１つ，贈り物を買ってくれます。

2 (1)インターネットで買い物をすることのよい点を考える。「ユーザーレビューを読める」「品物の数が多い」などがある。**(解答例訳)**買い物のために外出しなくてよい(からです)。
(2)店で購入することのよい点を考える。インターネットでの買い物の欠点という観点からでもよい。「実際に品物を見ることができる」「購入してすぐに持ち帰ることができる」などがあるが，英文にしやすい内容のものを考える。we can ... と始めると書きやすい。**(解答例訳)**手に取ってサイズと色を確認できる(からです)。

3 直前の質問「あなたにとって，英語を学ぶいちばんよい方法は何ですか」に答える。書き出しはThe best way to learn English for me is to ...「私にとって英語を学ぶいちばんよい方法は」などとする。**(解答例訳)**私にとって英語を学ぶいちばんよい方法は授業中にたくさん英語を使うことです。[**別解(解答例訳)**英語の歌を聞くことがいちばんよい方法だと思います。]

9 リスニング ➜本冊 P.37

1 **ア**
2 (1)**ウ**　(2)**イ**　(3)**イ**
3 (1)**イ**　(2)**ア**

解説

1 Bの最後の発言で，ケンジが帰ってくる時刻をたずねている。**ア**「４時ごろです」が適切。

放送文と全訳
A：Hello. B：Hello. This is Megumi. May I speak to Kenji, please? A：Sorry, he is not at home now. He went shopping with his sister.

B：I see. When will he come back?
A：もしもし。
B：もしもし，メグミですが。ケンジ君はいますか？
A：ごめんなさい，ケンジは今，家にいないの。姉[妹]と買い物に行ったのよ。
B：そうですか。いつごろ戻りますか？

2 (1)質問は，和夫がニューヨークに滞在した〈期間〉。**ウ**のfor ～は「～の間」という意味。

(2)和夫が公園で会った，日本人の高校生ハルカについての質問。ハルカは１年前にニューヨークに来たので**イ**が適切。**ア**は「公園でたくさん写真をとっていた」，**ウ**は「日本の学校生活について話した」，**エ**は「日本で科学部に入っていた」なので不適切。

(3)But now I hope I'll be a teacher of Englishを聞き取る。和夫がなりたいのは，**イ**「英語の先生」。**ウ**「サッカー選手」は和夫の子どものころの夢。**エ**「科学者」はハルカの夢。

放送文と全訳

Hello, everyone. This summer I went to New York with my family. We stayed there for six days, and I really enjoyed the trip.

On the second day of my stay, I went to a beautiful park, and took some pictures. In the park I saw a high school student from Japan. Her name was Haruka. She came to New York with her parents one year ago. I talked with her about her school life in New York. Haruka had many friends, and was enjoying her school life there. She joined the science club at her school. She was interested in becoming a scientist.

I thought about my own dream after hearing about her dream. When I was a child, I wanted to be a soccer player. But now I hope I'll be a teacher of English because I like English very much. I'll visit America again to study English. Thank you for listening.

Questions：

No. 1　How long did Kazuo stay in New York?
No. 2　Who did Kazuo see in the park?
No. 3　What does Kazuo want to be?

みんな，こんにちは。ぼくはこの夏，家族とニューヨークへ行きました。６日間滞在して，とても楽しい旅行でした。

滞在２日目に，きれいな公園へ行き，写真を何枚かとりました。その公園で，ぼくは１人の日本人の高校生に会いました。名前はハルカさんといいました。ハルカさんは，１年前にご両親といっしょにニューヨークに来ました。ぼくはハルカさんと，彼女のニューヨークでの学校生活について話をしました。ハルカさんには友達がたくさんいて，そこでとても楽しい学校生活を送っていました。学校では科学部に入っていて，科学者になることに興味があるそうです。

ハルカさんの夢の話を聞いたあとで，ぼくは自分の夢について考えてみました。ぼくは子どものころはサッカー選手になりたいと思っていました。でも今は，英語がとても好きなので，英語の先生になれたらいいなと思っています。英語の勉強をしに，またアメリカを訪れようと思っています。ご清聴ありがとうございました。

質問：

No. 1　和夫はどのくらいニューヨークに滞在しましたか。
No. 2　和夫は公園でだれに会いましたか。
No. 3　和夫は何になりたいと思っていますか。

3 (1)If you watch birds through it, ～「それを通して鳥を観察するもの」から**イ**の双眼鏡が適切。

(2)I have many things to buy, and I want you to carry them.で，カズヤに「買ったものを運んでほしい」と言っているから，荷物を運んでいる**ア**が適切。

放送文と全訳

(1)A：Look, Yuka. My mother gave this to me for my birthday.
B：It's nice, Taro. You like watching birds in mountains. If you watch birds through it, you'll learn more about them.
A：That's right. I have wanted to get this for a long time.
Question：What is Taro showing to Yuka?
A：見て，ユカ。母がこれをぼくの誕生日にくれたんだ。
B：それはいいね，タロウ。あなたは山で鳥を観察するのが好きよね。もしあなたがそれを通して鳥を観察すると，あなたはもっとそれらについて学べるね。
A：その通りだね。ぼくは長い間これがほしかったんだ。
質問：タロウはユカに何を見せていますか。

(2)A：Kazuya, have you cleaned your room?
B：Yes, Mom.
A：Then, can you go shopping with me? I have many things to buy, and I want you to carry them.
B：Sure. But can I finish my English homework before that?
A：Of course.
Question：What will Kazuya do after finishing his homework?
A：カズヤ，あなたの部屋を掃除したの？
B：うん，お母さん。
A：じゃあ，私と買い物に行ってくれない？　私は買わなきゃいけないものがたくさんあって，それらをあなたに運んでほしいの。
B：もちろん。でも，その前に英語の宿題を終わらせてもいいかな？
A：もちろん。
質問：カズヤは宿題をしたあとに何をしますか。

数学　入試対策問題

1 数と式 →本冊 P.40

1 (1)**4**　(2)$-\dfrac{7}{30}$　(3)**−18**　(4)$-\dfrac{1}{10}$　(5)**14**

2 (1)$8a$　(2)$-\dfrac{14b^2}{a}$　(3)$-3a+12b$

(4)$\dfrac{5x+13y}{6}$

3 $\dfrac{m+1}{4}$**番目**　**4** $y=\dfrac{-4x+8}{3}$

5 $5a-4b=180$　**6** $2a+3b\leqq1000$

7 (1)$4x^2-4x+1$　(2)$-x+15$

8 (1)$(x+3)(x+9)$　(2)$(a+2)(x+y)$

(3)$(x+6y)(x-6y)$　(4)$a(x+2)(x-4)$

9 (1)$-5\sqrt{6}$　(2)$\sqrt{15}$　(3)$16-6\sqrt{7}$　(4)$4\sqrt{2}$

10 $4\sqrt{2}$　**11** **4通り**

解説

1 (4)$\dfrac{2}{5}-\left(\dfrac{4}{7}-\dfrac{1}{14}\right)=\dfrac{2}{5}-\dfrac{8-1}{14}=\dfrac{2}{5}-\dfrac{1}{2}$

$=\dfrac{4-5}{10}=-\dfrac{1}{10}$

(5)$6+(-2^2)\div\left(-\dfrac{1}{2}\right)=6+(-4)\times(-2)$

$=6+8=14$

2 (1)$24a^2b\div3ab=\dfrac{24a^2b}{3ab}=8a$

(2)$7ab\div2a^2\times(-4b)=-\dfrac{7ab\times4b}{2a^2}=-\dfrac{14b^2}{a}$

(3)$5(a+2b)-2(4a-b)$

$=5a+10b-8a+2b=-3a+12b$

(4)$\dfrac{3x+y}{2}-\dfrac{2x-5y}{3}$

$=\dfrac{3(3x+y)}{6}-\dfrac{2(2x-5y)}{6}$

$=\dfrac{9x+3y}{6}-\dfrac{4x-10y}{6}$

$=\dfrac{9x-4x+3y+10y}{6}=\dfrac{5x+13y}{6}$

3 c 列の前から n 番目の人が m の番号札を持っているとする。c 列の前から n 番目の数は $3+4(n-1)$ と表せるので，$3+4(n-1)=m$ だから，$n=\dfrac{m+1}{4}$

よって，前から$\dfrac{m+1}{4}$番目である。

4 $4x+3y-8=0$

$3y=-4x+8$

$y=\dfrac{-4x+8}{3}$

5 5 人が出し合ったお金の合計は $5a$ 円で，使ったお金は $4b$ 円であるので，$5a-4b=180$

6 りんご 2 個の代金は $2a$ 円，オレンジ 3 個の代金は $3b$ 円であるので，

$2a+3b\leqq1000$

7 (2)$(x+3)(x+5)-x(x+9)$

$=x^2+8x+15-x^2-9x$

$=-x+15$

8 (4)$ax^2-2ax-8a=a(x^2-2x-8)$

$=a(x+2)(x-4)$

9 (1)$\sqrt{54}-8\sqrt{6}=3\sqrt{6}-8\sqrt{6}=-5\sqrt{6}$

(2)$(\sqrt{10}+\sqrt{5})(\sqrt{6}-\sqrt{3})=\sqrt{5}(\sqrt{2}+1)\times\sqrt{3}(\sqrt{2}-1)$

$=\sqrt{5}\times\sqrt{3}\times(\sqrt{2}+1)\times(\sqrt{2}-1)$

$=\sqrt{15}\times(2-1)=\sqrt{15}$

(3)$(3-\sqrt{7})^2=9-6\sqrt{7}+7=16-6\sqrt{7}$

(4)$\sqrt{50}-\sqrt{6}\div\sqrt{3}=5\sqrt{2}-\sqrt{2}=4\sqrt{2}$

10 $x^2-y^2=(x+y)(x-y)$

$=\{(\sqrt{2}+1)+(\sqrt{2}-1)\}\{(\sqrt{2}+1)-(\sqrt{2}-1)\}$

$=2\sqrt{2}\times2=4\sqrt{2}$

11 $540=2^2\times3^3\times5$ だから，$2^2\times3^3\times5$ をわると整数の 2 乗となる自然数 n が何通りあるかを調べる。$2^2\times3^3\times5$ を自然数 n でわったとき，$2^2\times3^3\times5\div n$ が 1，2^2，3^2，6^2 のいずれかになればよい。n が $2^2\times3^3\times5$，$2^2\times3\times5$，$3^3\times5$，3×5 のときに$\sqrt{\dfrac{540}{n}}$の値は整数となるので，4 通り。

2 方程式 →本冊 P.44

1 (1)$x=7$　(2)$x=3$

2 (1)$x=2$，$y=1$　(2)$x=-3$，$y=2$

(3)$x=4$，$y=3$　(4)$x=3$，$y=-1$

(5)$x=-1$，$y=2$　(6)$x=-1$，$y=2$

3 **家庭ごみの排出量…590 g**

資源ごみの排出量…90 g

(求める過程)

ある年の 7 月の 1 人あたりの 1 日の家庭ごみの排出量を x g，資源ごみの排出量を y g とする。7 月の家庭ごみと資源ごみの合計は 680 g だから，

$x+y=680$…①

11 月の家庭ごみと資源ごみの排出量は，それぞれ 7 月の 70%と 80%で，それらの合計は 7 月より 195 g 少ないから，

$0.7x+0.8y=680-195$…②

①×7 より，$7x+7y=4760$…③

②×10 より，$7x+8y=4850$…④

④−③より，$y=90$

これを①に代入して，

$x+90=680$ **なので，**$x=590$

4 $a=-\dfrac{1}{4}$　**5** **36 人**　**6** **38 人**

7 (1)$x=-4$，8　(2)$x=6\pm\sqrt{5}$

(3)$x=\dfrac{-5\pm\sqrt{17}}{2}$　(4)$x=\dfrac{-3\pm\sqrt{41}}{4}$

(5)$x=\dfrac{3\pm\sqrt{5}}{2}$　(6)$x=\dfrac{-3\pm\sqrt{21}}{2}$

8 $x=0$　**9** $x=6$

解説

1 (1)$x+6=3x-8$

$-2x=-14$

$x=7$

(2)$0.16x-0.08=0.4$

両辺に 100 をかけて，

$16x-8=40$

$16x=48$

$x=3$

2 (1) $\begin{cases} x=3y-1 & \cdots① \\ 2x-y=3 & \cdots② \end{cases}$

①を②に代入すると，

$2(3y-1)-y=3$

$6y-2-y=3$

$y=1$

①に代入すると，

$x=3\times1-1=2$

(2) $\begin{cases} 2x+7y=8 & \cdots① \\ 3x+5y=1 & \cdots② \end{cases}$

①×3−②×2 より，

$$\begin{array}{rr} & 6x+21y=24 \\ -) & 6x+10y=\ \ 2 \\ \hline & 11y=22 \end{array}$$

$y=2$

①に代入すると，

$2x+7\times2=8$　$x=-3$

(3) $\begin{cases} 3x+2y=18 & \cdots① \\ x+y=7 & \cdots② \end{cases}$

①−②×2 より，

$x=4$

②に代入すると，

$4+y=7$　$y=3$

(4) $\begin{cases} x+2y=1 & \cdots① \\ 5x+9y=6 & \cdots② \end{cases}$

①×5−②より，

$y=-1$

①に代入すると，

$x+2\times(-1)=1$　$x=3$

(5) $\begin{cases} 4x+3y=2 & \cdots① \\ 2x-y=-4 & \cdots② \end{cases}$

①−②×2 より，

$5y=10$　$y=2$

②に代入すると，

$2x-2=-4$　$x=-1$

(6) $\begin{cases} 2x+3y=4 & \cdots① \\ 5x-2y=-9 & \cdots② \end{cases}$

①×2+②×3 より，

$19x=-19$　$x=-1$

①に代入すると，

$2\times(-1)+3y=4$　$y=2$

4 $x=2$ を代入して，$3\times2+2a=5-a\times2$

整理して，$4a=-1$　$a=-\dfrac{1}{4}$

5 自転車通学している生徒の人数を x 人とすると，徒歩通学の生徒の人数は $126-x$(人)である。(徒歩通学の生徒数):(自転車通学の生徒数)$=5:2$ だから，

$(126-x):x=5:2$ より，$2(126-x)=5x$

これを解いて，$x=36$

6 クラスの人数を x 人とすると，1 人 300 円ずつ集めると材料費が 2600 円不足するから，材料費は，

$300x+2600$(円)…①

1 人 400 円ずつ集めると 1200 円余るから，材料費は，

$400x-1200$(円)…②

①，②より，$300x+2600=400x-1200$

これを解いて，$x=38$

7 (1)$x(x-4)=32$

$x^2-4x-32=0$

$(x+4)(x-8)=0$

$x=-4,\ 8$

(2)$(x-6)^2=5$

$x-6=\pm\sqrt{5}$

$x=6\pm\sqrt{5}$

(3)$x^2+5x+2=0$

$x=\dfrac{-5\pm\sqrt{5^2-4\times1\times2}}{2\times1}=\dfrac{-5\pm\sqrt{17}}{2}$

(4)$2x^2+3x-4=0$

$x=\dfrac{-3\pm\sqrt{3^2-4\times2\times(-4)}}{2\times2}$

$=\dfrac{-3\pm\sqrt{41}}{4}$

(5)$x^2-3x+1=0$

$x=\dfrac{-(-3)\pm\sqrt{(-3)^2-4\times1\times1}}{2\times1}=\dfrac{3\pm\sqrt{5}}{2}$

(6)$(x+3)^2=3(x+4)$

$x^2+6x+9=3x+12$

$x^2+3x-3=0$

$x=\dfrac{-3\pm\sqrt{3^2-4\times1\times(-3)}}{2\times1}=\dfrac{-3\pm\sqrt{21}}{2}$

8 $x^2+ax+2=a$ に $x=-2$ を代入すると，

$(-2)^2-2a+2=a$

$-3a=-6$　$a=2$

よって，もとの 2 次方程式は $x^2+2x+2=2$ となる。

$x^2+2x+2=2$

$x^2+2x=0$

$x(x+2)=0$

$x=0,\ -2$

他の解は $x=0$

9 正しい答えについて，

$x^2=2x+24$

$x^2-2x-24=0$

$(x+4)(x-6)=0$

$x=-4,\ 6$

$x>0$ より，$x=6$

3 関数

➡本冊 P.48

1 (1)$a=6$　(2)$b=-\frac{5}{3}$　(3)$-\frac{1}{2}$

2 $a=-\frac{2}{5}$

3 $a=\frac{3}{4}$

4 (1)8　(2)$y=x+4$　(3)12

5 (1)$a=2$　(2)$y=3x+5$

6 (1)$y=\frac{9}{2}$

(2)①$y=\frac{1}{2}x^2$　②$a=4$, $b=\frac{11}{2}$

解説

1 (1)点Aは$y=x+5$上の点だから，$x=1$を代入して，
$y=1+5$より，$y=6$
点Aは$y=\frac{a}{x}$上の点でもあるから，
$x=1$，$y=6$を代入して，$6=\frac{a}{1}$より，$a=6$

(2)点Cは$y=x+5$上の点だから，$y=0$を代入して，
$0=x+5$より，$x=-5$
点Cは$y=-\frac{1}{3}x+b$上の点でもあるから，
$x=-5$，$y=0$を代入して，
$0=-\frac{1}{3}\times(-5)+b$より，$b=-\frac{5}{3}$

(3)点Aからx軸に垂線をひき，垂線との交点をHとすると，H(1, 0)である。
点Dは$y=\frac{6}{x}$上の点だから，

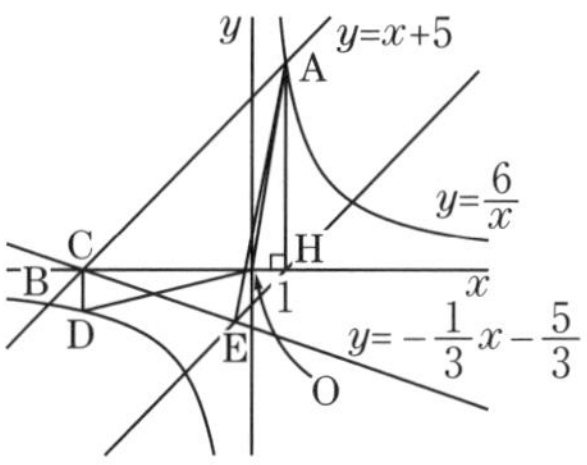

$x=-5$を代入して，$y=-\frac{6}{5}$だから，$D\left(-5,\ -\frac{6}{5}\right)$
$\triangle CDO=\frac{1}{2}\times CO\times CD=\frac{1}{2}\times5\times\frac{6}{5}=3$，$\triangle AOH=\frac{1}{2}\times OH\times AH=\frac{1}{2}\times1\times6=3$より，$\triangle CDO=\triangle AOH$だから，(四角形ACDOの面積)$=\triangle ACH$となる。
よって，点Eは，点Hを通り$y=x+5$に平行な直線と，$y=-\frac{1}{3}x-\frac{5}{3}$との交点となる。点Hを通り$y=x+5$に平行な直線は$y=x+c$と表せるので，この式に$x=1$，$y=0$を代入して，$c=-1$
$x-1=-\frac{1}{3}x-\frac{5}{3}$を解いて，$x=-\frac{1}{2}$

2 $x=1$のとき$y=a$，$x=4$のとき$y=16a$であるので，
変化の割合は，$\frac{16a-a}{4-1}=5a$
$5a=-2$だから，$a=-\frac{2}{5}$

3 yの変域が0以上であるので，$a>0$である。
$x=0$のとき，最小値$y=0$，$x=-4$のとき，最大値$y=16a$となるので，
$16a=12$　$a=\frac{12}{16}=\frac{3}{4}$

4 (1)$y=\frac{1}{2}x^2$に$x=4$を代入すると，
$y=\frac{1}{2}\times4^2=8$

(2)A$(-2,\ 2)$，B$(4,\ 8)$より，直線ABの傾きは，
$\frac{8-2}{4-(-2)}=\frac{6}{6}=1$
直線ABの式を$y=x+b$とすると，B$(4,\ 8)$を通るので，
$8=4+b$　　$b=4$
よって，直線ABの式は，$y=x+4$

(3)直線ABとy軸との交点をDとすると，
$\triangle OAB=\triangle OAD+\triangle OBD$となるので，
$\triangle OAB=\frac{1}{2}\times4\times2+\frac{1}{2}\times4\times4=12$

5 (1)$y=ax^2$はA$(-2,\ 8)$を通るので，
$8=a\times(-2)^2$　　$a=2$

(2)Bの座標は$(-1,\ 2)$である。
また，AとD，BとCはy軸について対称であるので，C$(1,\ 2)$，D$(2,\ 8)$より，
四角形ABCD$=\frac{1}{2}\times(2+4)\times(8-2)=18$
求める直線のグラフが線分ADと$(t,\ 8)$で交わるとし，その交点をEとすると，
$\triangle ABE=\frac{1}{2}\times\{t-(-2)\}\times(8-2)=3(t+2)$
$3(t+2)=18\times\frac{1}{2}$だから，$t=1$
したがって，求める直線のグラフはB$(-1,\ 2)$とE$(1,\ 8)$を通る。
求める直線の傾きは，
$\frac{8-2}{1-(-1)}=\frac{6}{2}=3$
直線の式を$y=3x+b$とすると，E$(1,\ 8)$を通るので，
$8=3\times1+b$
$b=5$
よって，求める直線の式は，$y=3x+5$

6 (1)直角をはさむ辺が3 cmの直角二等辺三角形となるから，
$y=\frac{1}{2}\times3\times3=\frac{9}{2}$

(2)① $0\leqq x\leqq4$において，グラフは放物線だから，$y=px^2$と表せる。この放物線が点(4, 8)を通るから，
$x=4$，$y=8$を代入して，$8=p\times4^2$より，$p=\frac{1}{2}$なので，$y=\frac{1}{2}x^2$

②グラフより，$x=$4のとき辺RQ上に点Dが重なることから，$a=4$となる。また，グラフより，点Pが点Aより右側にあるとき$y=14$で一定となる。また，求める図形は上の図のような台形なので，その面積は，

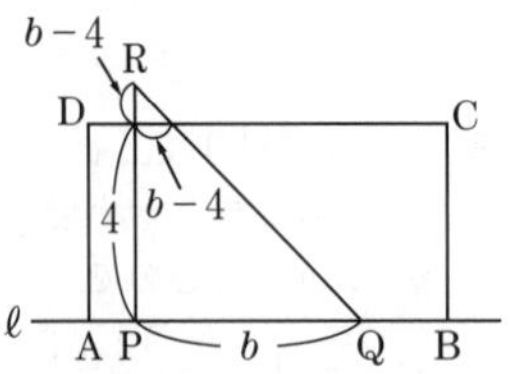

$\frac{1}{2}\times\{(b-4)+b\}\times4=14$，これを解いて，$b=\frac{11}{2}$

4 平面図形

→本冊 P.52

1 **110°**　**2** **58°**

3 (1)**折り返した角だから，**

$\angle FAC=\angle DAC$　…①

AD // BC だから，錯角が等しいので，

$\angle DAC=\angle FCA$　…②

①，②より

$\angle FAC=\angle FCA$

よって，△AFC は二等辺三角形である。

(2)**$\frac{18}{5}$ cm^2**

4 (1)**$\frac{14}{3}$ cm**　(2)**$\frac{10}{3}$ cm**　(3)**5：63**　**5** **33°**

6 (1)**$x(x+6)$cm^2**

(2)**$AB=x+6$(cm)，$CB=x+4$(cm)より，**

△ABC で三平方の定理を用いて，

$AC^2=AB^2+CB^2=(x+6)^2+(x+4)^2$

$AC=AB+BD=(x+6)+x=2x+6$(cm)

より，

$AC^2=(2x+6)^2$

よって，

$(2x+6)^2=(x+6)^2+(x+4)^2$

$2x^2+4x-16=0$

$x^2+2x-8=0$

$(x-2)(x+4)=0$

$x=2,\ -4$

$x>0$ より，$x=2$　　よって，BD=2 cm

7 (1)**$\frac{9}{2}$ cm**　(2)**$\frac{34}{5}$ cm^2**　**8** (1)**$2a°$**　(2)**$3\sqrt{5}$ cm**

解説

1 五角形の内角の和は，

$180°\times(5-2)=540°$

$\angle BAE=180°-55°=125°$

$\angle ABC=180°-85°=95°$

したがって，

$\angle x=540°-(125°+95°+90°+120°)=110°$

2 右の図のように，直線 ℓ，m に平行な直線 n をひくと，それぞれの角度は図のようになるので，

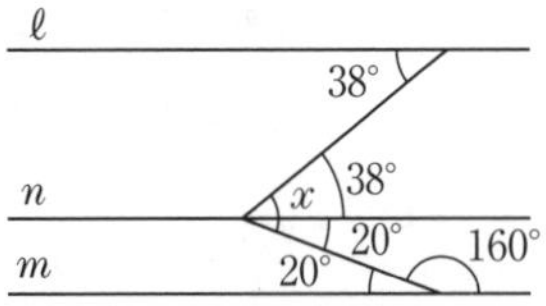

$\angle x=38°+20°=58°$

3 (2)AF=x cm とすると，△AFC は二等辺三角形だから，CF=AF=x cm

よって，BF=EF=$8-x$(cm)

△ABF で∠ABF=90° だから，三平方の定理より，

$AF^2=AB^2+BF^2$

$x^2=4^2+(8-x)^2$

$x^2=16+64-16x+x^2$

$16x=80$　　$x=5$

BF=EF=8−5=3(cm)

△ABF と△BEF は底辺をそれぞれ AF，FE とすると，高さが等しいので，

△ABF：△BEF=5：3

$\left(\frac{1}{2}\times4\times3\right)$：△BEF=5：3

$\triangle BEF=6\times3\times\frac{1}{5}=\frac{18}{5}$(cm^2)

4 (1)BE=3 cm より，AE=AB−BE=9−3=6(cm)

EF // BC より，△AEF ∽△ABC

よって，EF：BC=AE：AB，EF：7=6：9

したがって，$EF=\frac{42}{9}=\frac{14}{3}$(cm)

(2)BD は∠ABC の二等分線だから，

∠EBD=∠CBD　EF // BC より，錯角は等しいので，∠EDB=∠CBD

よって，∠EBD=∠EDB となり，

△BDE は BE=DE の二等辺三角形である。BE=3 cm より，DE=3 cm なので，

$DF=EF-ED=\frac{14}{3}-3=\frac{5}{3}$(cm)

CD は∠ACB の二等分線だから，$CF=DF=\frac{5}{3}$(cm)

AF：CF=AE：BE だから，AF：$\frac{5}{3}$=6：3=2：1

より，$AF=\frac{10}{3}$(cm)

(3)EF // BC より，△AEF ∽△ABC だから，

△AEF：△ABC=2^2：3^2=4：9

また，ED：DF=3：$\frac{5}{3}$=9：5 だから，

△AEF：△ADF=14：5

AF：FC=2：1 より，

△ADF：△CFD=2：1 だから，

$\triangle CFD=\frac{4}{9}\times\frac{5}{14}\times\frac{1}{2}\triangle ABC=\frac{5}{63}\triangle ABC$

△CFD：△ABC=5：63

5 3点 A，B，C は同じ円の周上の点だから，OA=OB=OC であり，△OBC は OB=OC の二等辺三角形だから，∠OCB=∠OBC=57°

線分 AB は円の直径だから，∠ACB=90°

よって，$\angle x=90°-57°=33°$

6 (1)AB=$x+6$(cm)，BD=x(cm)より，

長方形 ABDE=$x\times(x+6)=x(x+6)$(cm^2)

7 (1)四角形 AEFD と四角形 EBCF の周の長さが等しいから,

AE+EF+DF+AD=BE+BC+CF+EF

AE=BE, AD=2 cm, BC=6 cm, DC=5 cm だから,

DF+2=6+CF　CF=DC−DF=5−DF だから,

DF+2=6+5−DF　DF=$\frac{9}{2}$(cm)

(2)四角形 ABCD=$\frac{1}{2}\times(2+6)\times4=16$(cm^2)

△AED=$\frac{1}{2}\times2\times2=2$(cm^2)

△BCE=$\frac{1}{2}\times6\times2=6$(cm^2)なので,

△CDE=16−2−6=8(cm^2)

DF：CF=$\frac{9}{2}$：$\left(5-\frac{9}{2}\right)$=9：1 だから,

△CEF=$\frac{1}{9+1}$×△CDE=$\frac{4}{5}$(cm^2)

したがって, 四角形 EBCF=△BCE+

△CEF=$6+\frac{4}{5}=\frac{34}{5}$(cm^2)

8 (1)$\overset{\frown}{AD}$ に対する円周角だから, ∠ABD=a°

$\overset{\frown}{AD}=\overset{\frown}{CD}$ より, ∠DBC=∠ABD=a°

よって, ∠ABC=∠ABD+∠DBC=2a°

(2)△BCD と△CED において,

(1)より, ∠CBD=∠ECD=a°　…①

∠BDC=∠CDE　…②

①, ②より, 2 組の角がそれぞれ等しいので,

△BCD ∽△CED より,

CD：ED=BD：CD

CD：3=(12+3)：CD

CD^2=45

CD>0 より, CD=$3\sqrt{5}$(cm)

5 空間図形 ➔本冊 P.56

1 **C, K(順不同)**

2 **L サイズ**

(説明)S サイズと M サイズの相似比は 3：4 だから, 体積比は $3^3：4^3$=27：64　M サイズと L サイズは底面の相似比は 4：5 だから底面の面積比は $4^2：5^2$=16：25　M サイズと L サイズの高さの比は 1：2 だから, M サイズと L サイズの体積比は, 16×1：25×2=16：50=16×4：50×4=64：200

よって, S サイズと M サイズと L サイズの体積比は, 27：64：200　S サイズと M サイズと L サイズの 1 円あたりの体積は, それぞれ $\frac{27}{160}$, $\frac{64}{320}$, $\frac{200}{960}$ であり, $\frac{27}{160}<\frac{64}{320}<\frac{200}{960}$ なので, L サイズが最も割安である。

3 体積…**18π cm^3**, 表面積…**27π cm^2**

4 **7cm**

5 (1)**イ**　(2)**52 cm^2**　(3)① **6 cm**　②**$\frac{4}{5}$ cm**

6 $x=\frac{3}{2}$

解説

1 展開図を組み立てると, 右の図のように頂点が重なる。

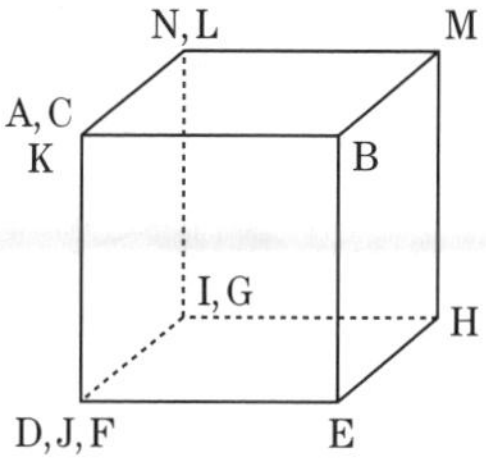

3 おうぎ形 OAB を, 直線 ℓ を軸として 1 回転させてできる立体は半径 3cm の半球である。

よって, 立体の体積は,

$\frac{4}{3}\times\pi\times3^3\times\frac{1}{2}=18\pi$(cm^3)

立体の表面積は,

$4\pi\times3^2\times\frac{1}{2}+\pi\times3^2=27\pi$(cm^2)

4 $\sqrt{2^2+6^2+3^2}=\sqrt{4+36+9}=\sqrt{49}=7$(cm)

5 (1)**ア**：辺 EH と辺 AD は平行である。**イ**：直線 BF は直線 AD と平行ではなく, 交わることもないから, 辺 BF と辺 AD はねじれの位置にある。**ウ**：辺 CD は辺 AD と頂点 D で交わっているから, 辺 CD と辺 AD はねじれの位置ではない。**エ**：辺 AE は辺 AD と頂点 A で交わっているから, 辺 AE と辺 AD はねじれの位置ではない。よって, **イ**

(2)長方形 ABCD と長方形 EFGH の面積は 2×4=8(cm^2)　長方形 ABFE と長方形 DCGH の面積は 2×3=6(cm^2)　長方形 ADHE と長方形 BCGF の面積は 3×4=12(cm^2)　よって, 8×2+6×2+12×2=52(cm^2)

(3) ①辺 DF は, 図 2 の辺 BF と辺 DH をつなげたものだから, 3+3=6(cm)

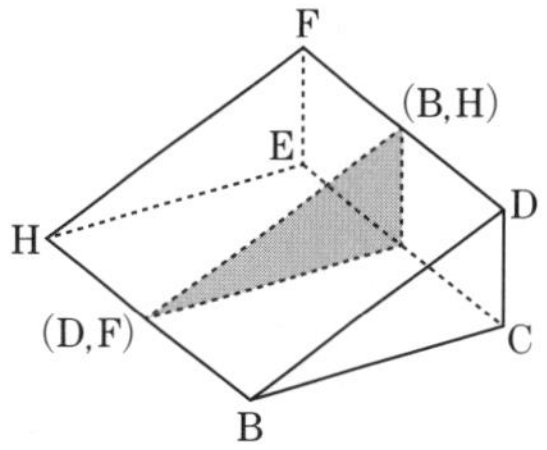

② BP と PF が同一平面になるように図 4 を展開する。

BP+PF が最小となるのは, 下の図のように P が線分 BF 上にあるときである。PC と FE は平行だから, △BCP ∽△BEF で, 相似比は, BC：BE=BC：(BC+CE)=4：10=2：5

相似な図形の対応する辺の比はすべて等しいから, PC：FE=BC：BE より, PC：2=2：5,

PC=$\frac{4}{5}$(cm)

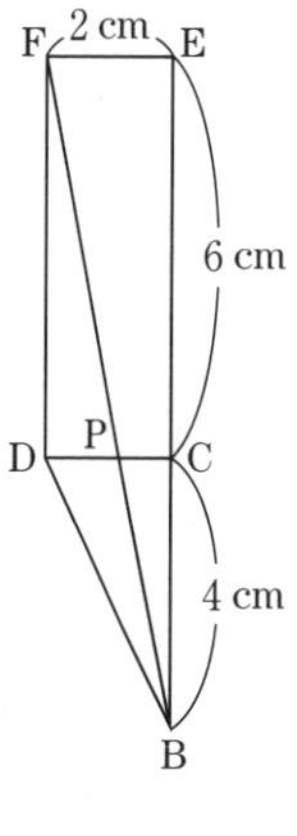

6 容器内の水の量は図 1 より, 三角錐の体積となるから, $\frac{1}{3}\times\frac{1}{2}\times9\times9\times9=\frac{243}{2}$(cm^3)　図 2 の

底面積は $9\times9=81(\mathrm{cm}^2)$ なので，高さ x cm は，$x=\dfrac{243}{2}\div81=\dfrac{3}{2}$(cm)

6 図形の作図・証明

➡本冊 P.60

1

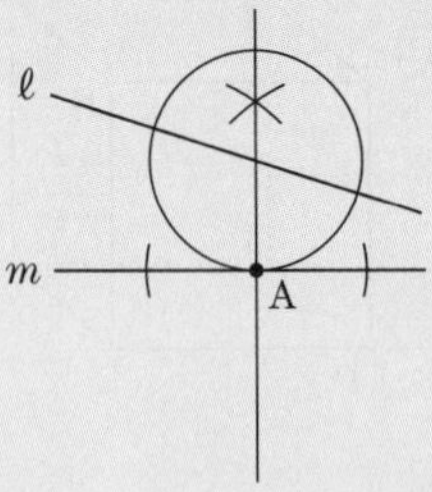

2 (例)

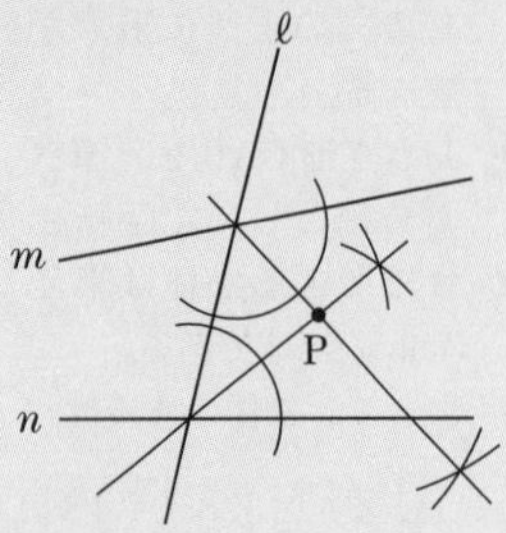

3

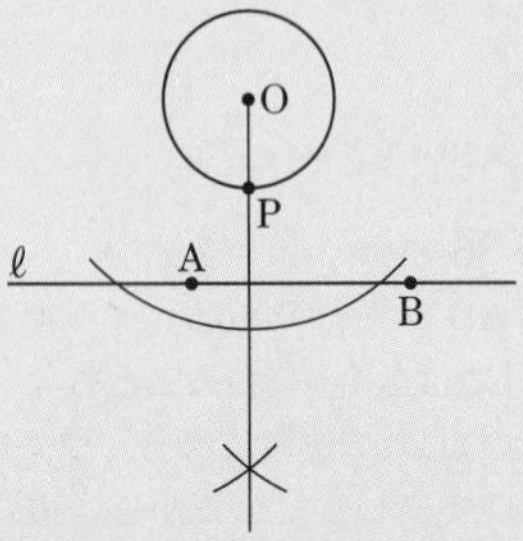

4 △AFD と△CGE において，
仮定より，AD＝CE …①
AB // CG だから，錯角は等しいので，
∠DAF＝∠ECG …②
FD // BE だから，同位角は等しいので，
∠ADF＝∠AEB …③
対頂角は等しいので，∠AEB＝∠CEG …④
③，④より，∠ADF＝∠CEG …⑤
①，②，⑤より，1 組の辺とその両端の角がそれぞれ等しいので，
△AFD ≡△CGE

5 △ABE と△FBE において，BE は共通 …①
BC は直径であるので，∠BAE＝90° …②
EF⊥BC より，∠BFE＝90° …③
②，③より，∠BAE＝∠BFE＝90° …④
AD＝CD より，$\overset{\frown}{\mathrm{AD}}=\overset{\frown}{\mathrm{CD}}$ であるので，等しい弧に対する円周角は等しく，
∠ABE＝∠FBE …⑤
①，④，⑤より，直角三角形の斜辺と 1 つの鋭角がそれぞれ等しいので，
△ABE ≡△FBE

6 △ABG と△EDG において，
対頂角は等しいから，∠AGB＝∠EGD …①
$\overset{\frown}{\mathrm{AE}}$ に対する円周角は等しいので，∠ABG＝∠EDG …②
①，②より，2 組の角がそれぞれ等しいので，
△ABG ∽△EDG

7 △ADF と△CEF において，
対頂角は等しいから，
∠AFD＝∠CFE …①
△AED ≡△ABD より，
∠AED＝∠ABD …②
△ABC は二等辺三角形であるので，
∠ACD＝∠ABD …③
②，③より，∠AED＝∠ACD
よって，円周角の定理の逆より，A，D，E，C は同一円周上にある。
$\overset{\frown}{\mathrm{DE}}$ に対する円周角は等しいので，∠DAF＝∠ECF …④
①，④より，2 組の角がそれぞれ等しいので，
△ADF ∽△CEF

8 (1)△CAD と△FAB において，
仮定から，$\overset{\frown}{\mathrm{CD}}=\overset{\frown}{\mathrm{EB}}$ であり，円周角の定理より，同じ弧の円周角は等しいので，
∠CAD＝∠FAB …①
$\overset{\frown}{\mathrm{AC}}$ に対する円周角は等しいので，
∠ADC＝∠ABF …②
①，②より 2 組の角がそれぞれ等しいので，
△CAD ∽△FAB
(2)① $2\sqrt{6}$ cm　② $27-9\sqrt{3}$ cm^2

解説

1 作図する円は A で直線 m に接するので，円の中心を O とすると，OA⊥m
O は直線 ℓ 上にあるので，A を通る直線 m の垂線と直線 ℓ との交点が O になる。

2 交わる 2 直線との距離が等しい点は，2 直線がつくる角の二等分線上にある。
したがって，直線 ℓ と直線 m がつくる角の二等分線と直線 ℓ と直線 n がつくる角の二等分線の交点が P になる。

3 円の中心 O から，直線 ℓ に垂線をひくと，垂線と円周との交点が点 P である。

8 (2)① $\overset{\frown}{\mathrm{CD}}=\overset{\frown}{\mathrm{DE}}=\overset{\frown}{\mathrm{EB}}$ だから，円周角の定理より，
∠CAD＝∠DAE＝∠EAB
また，∠CAB＝45° なので，
∠CAD＝∠DAE＝∠EAB＝15°
AB は円の直径だから，∠ACB＝90° なので，
∠CBA＝45° となり，△ABC は AB＝12 cm の直角二等辺三角形だから，AC＝$6\sqrt{2}$(cm)
また，∠CAE＝∠CAD＋∠DAE＝30° なので，
△ACF は内角が 30°，60°，90° の直角三角形となり，
3 辺の比は，CF : AF : AC＝1 : 2 : $\sqrt{3}$　AC＝$6\sqrt{2}$ なので，CF : $6\sqrt{2}$＝1 : $\sqrt{3}$ より，CF＝$2\sqrt{6}$ cm
②点 F から線分 AB に垂線をひき，線分 AB との交点を H とする。
BF＝BC－CF＝$6\sqrt{2}-2\sqrt{6}$(cm)
△BFH は直角二等辺三角形だから，

$$\mathrm{FH}=\mathrm{BH}=\frac{1}{\sqrt{2}}\times\mathrm{BF}=6-2\sqrt{3}\ (\mathrm{cm})$$

よって，$\triangle\mathrm{ABF}=\dfrac{1}{2}\times\mathrm{AB}\times\mathrm{FH}=36-12\sqrt{3}\ (\mathrm{cm}^2)$
AF＝2CF＝$4\sqrt{6}$ cm
△CAD ∽△FAB で相似比は，AC : AF＝$6\sqrt{2}$: $4\sqrt{6}$

だから，面積比は，

$(6\sqrt{2})^2:(4\sqrt{6})^2=72:96=3:4$

したがって，$\triangle \mathrm{CAD}=\dfrac{3}{4}\times\triangle \mathrm{FAB}=\dfrac{3}{4}\times(36-12\sqrt{3})$

$=27-9\sqrt{3}\,(\mathrm{cm}^2)$

7 データの活用

➡本冊 P.64

1 (1)平均値…**8.5 回**，中央値…**5.5 回**

(2)反論：**T さんの回数は男子部員の中央値より多く，上位にいると考えられるので，けんすいができない方ではない。**

ふさわしい値：**中央値**

2 $\dfrac{1}{4}$　**3** (1)**30 通り**　(2)$\dfrac{2}{5}$

4 (1)**20 通り**　(2)$\dfrac{2}{5}$　**5** **およそ 400 個**

6 (1)**第 1 四分位数…4.5 日　第 2 四分位数…7 日**

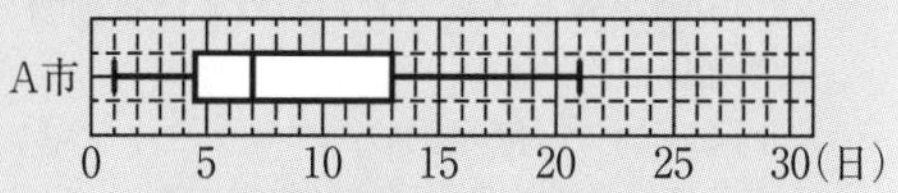

(2)**C 市**　(理由)**範囲も四分位範囲も C 市の方が B 市より大きいため。**

7 **イ，エ**(順不同)

解説

1 (1)平均値は，

$\dfrac{6+5+8+3+3+4+5+24+28+3+7+6}{12}=\dfrac{102}{12}$

$=8.5$(回)

データの総数が 12 なので，中央値はデータの値を大きさの順に並べたときの 6 番目の値 5 と 7 番目の値 6 の平均値である。

$\dfrac{5+6}{2}=5.5$(回)

(2)T さんが柔道部の男子部員の中でけんすいができる方かできない方かは，男子部員の中で何位にいるかで判断すべきである。中央値は(1)より 5.5 回であるので，けんすいの回数が 8 回の T さんは上位に位置する。

2 目の出方は全部で 36 通り。目の数の和が 4 の倍数になるのは，右の表の○をつけた場合で 9 通りであるので，

求める確率は，$\dfrac{9}{36}=\dfrac{1}{4}$

	1	2	3	4	5	6
1			○			
2		○				○
3	○				○	
4				○		
5			○			
6		○				○

3 (1)花子さんの座るいすは 1 から 6 までの 6 通り。花子さんの座ったいすに太郎さんは座れないから，花子さんの座り方のそれぞれに対して，太郎さんの座り方は 5 通り。

したがって，$5\times6=30$(通り)

(2)(花子さんが座るいすの番号，太郎さんが座るいすの番号)とすると，組み合わせは，(1，4)，(1，5)，(1，6)，(2，5)，(2，6)，(3，6)，(4，1)，(5，1)，(5，2)，(6，1)，(6，2)，(6，3)で，座り方は全部で 12 通りあるから，求める確率は，$\dfrac{12}{30}=\dfrac{2}{5}$

4 (1)すべての並べ方は，(1，2)，(1，4)，(1，5)，(1，6)，(2，1)，(2，4)，(2，5)，(2，6)，(4，1)，(4，2)，(4，5)，(4，6)，(5，1)，(5，2)，(5，4)，(5，6)，(6，1)，(6，2)，(6，4)，(6，5)の 20 通り。

(2)直線 AP の傾きが正になるのは，

①P が A の左下にあるとき(x 座標，y 座標がともに 3 より小さい)

②P が A の右上にあるとき(x 座標，y 座標がともに 3 より大きい)

①を満たす場合は(1，2)，(2，1)の 2 通り，②を満たす場合は(4，5)，(4，6)，(5，4)，(5，6)，(6，4)，(6，5)の 6 通りであるので，

求める確率は，$\dfrac{2+6}{20}=\dfrac{8}{20}=\dfrac{2}{5}$

5 60000 個の製品のうちの不良品の個数を x 個とすると，母集団と標本で製品の総数と不良品の個数の割合が等しいとして，

$60000:x=300:2$

$60000:x=150:1$

$150x=60000$

$x=400$

6 (1)データを小さい順に並べると，

1　3　4　5　6　6　8　11　13　13　15　21

データは 12 個だから，第 2 四分位数(中央値)は小さい方から 6 番目の 6 と 7 番目の 8 の平均値となる。

したがって，$\dfrac{6+8}{2}=7$(日)となる。

第 1 四分位数は，小さい方から 3 番目の 4 と 4 番目の 5 の平均値となる。したがって，

第 1 四分位数は$\dfrac{4+5}{2}=4.5$(日)となる。

第 3 四分位数 13(日)，最小値 1(日)，最大値 21(日)を求めて，箱ひげ図をつくる。

(2)(範囲)＝(最大値)－(最小値)と，(四分位範囲)＝(第3四分位数)－(第1四分位数)を求めて比較する。B 市の範囲は，$18-4=14$(日)，C 市の範囲は，$20-3=17$(日)で C 市の方が大きい。B 市の四分位範囲は，$12.5-6.5=6$(日)，C 市の四分位範囲は，$13-5=8$(日)で C 市の方が大きい。

7 この箱ひげ図からは平均値はわからないので，**ア**は正しくない。数学も英語も中央値が 60 点である。数学の四分位範囲は $80-50=30$(点)　英語の四分位範囲は $70-45=25$(点)なので，数学の四分位範囲の方が大きいから，**イ**は正しい。箱ひげ図からは数学と英語の合計得点はわからないので，**ウ**は正しくない。生徒数が 35 人なので，第 1 四分位数は得点の低いほうから 9 番目の生徒の得点，第 2 四分位数は 18 番目の生徒の得点，第 3 四分位数は 27 番目の生徒の得点である。数学の第 3 四分位数は 80 点だから，数学の得点が 80 点である生徒が必ずいるので，**エ**は正しい。

理科　入試対策問題

1 身のまわりの現象と物質 ➡本冊 P.68

1 (1)①　**イ**　②　**ウ**　③　**カ**

(2)

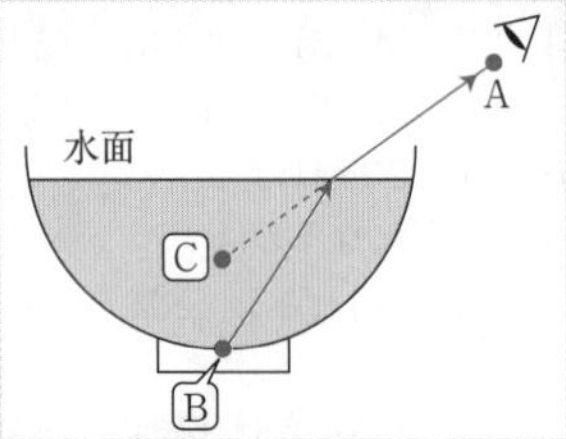

2 (1) **6**〔cm〕　(2)**右図**

(3)**0.75**〔N〕

(4)(例) **ばねRに加わる力とばねののびは比例の関係にある。**

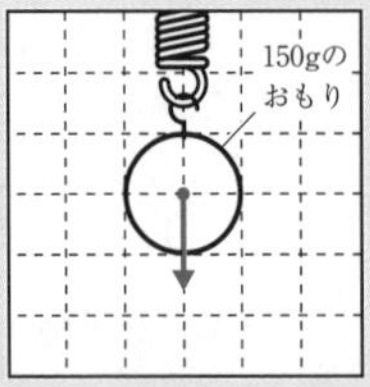

3 (1)**0.91**〔g/cm^3〕　(2)**カ**

4 (1)**イ，ウ**(順不同)　(2)**26**〔℃〕　(3)**エ**

(4)(例) **(水溶液の)温度が下がっても溶解度がほとんど変わらないため。**

解説

1 (1)ろうそくを凸レンズから遠ざけると，実像ができる位置は凸レンズに近づき，実像の大きさは小さくなる。逆に，ろうそくを凸レンズに近づけると，実像ができる位置は凸レンズから遠ざかり，実像の大きさは大きくなる。ろうそくを焦点より内側に置いたときは，実像はできず虚像が見える。

2 (2)150gのおもりにはたらく重力は，1.5N。

(3)図２より，ばねを引く力の大きさが0.5Nのときのばねののびは6cmだから，求める力をx Nとすると，$0.5:6=x:9$，$x=0.75$〔N〕となる。

3 (1)$\frac{50}{55}=0.909\cdots$より，0.91g/cm^3

(2)物体の密度が，固体のほうが液体より大きいとき，固体は液体に沈む。

4 (1)**イ**…20℃の水100gに物質Aは31.6gとけるので，結晶は現れない。よって，正しい。

エ…40℃の水100gにとける物質Bの質量は36.3gなので，あと16.3gしかとけない。よって，誤り。

(2)グラフは水100gにとける物質Aの質量を表しているので，20×2＝40〔g〕の物質Aがとける温度を読みとる。

(3)蒸発した水の質量をx gとすると，(100－x)gの水に物質A 60gがとけているので，

$100:63.9=(100-x):60$　$x=6.1\cdots$〔g〕

(4)物質Aのように温度によって溶解度が大きく変化する物質は水溶液の温度を下げる方法で結晶をとり出しやすいが，物質Bのように溶解度がほとんど変化しない物質は，水を蒸発させる方法のほうが適している。

2 植物・動物の特徴と分類/大地の変化 ➡本冊 P.72

1 (1)**エ**　(2)**エ**

2 (1)(a)　**胎生**　(b)　**トカゲ，ハト**(順不同)

(c)あ…**えら**　い…**肺**

(2)(a)　**外とう膜**　(b)　**エ**

3 (1)**凝灰岩**　(2)(例)**あたたかくて浅い海**

(3)**イ**(→)**ウ**(→)**ア**　(4)**イ**

4 (1)記号…**ア**

震度とマグニチュード…(例)**震度は観測点の地面のゆれの大きさを表し，マグニチュードは地震そのものの規模を表す。**

(2)**ウ**

解説

2 (1)(b)陸上に殻のある卵をうむのは，は虫類と鳥類である。魚類と両生類は，水中に殻のない卵をうむ。

(2)(a)内臓が外とう膜でおおわれている動物を軟体動物という。

(b)ミジンコは節足動物，クラゲやイソギンチャク，ミミズはその他の無脊椎動物である。

3 (1)凝灰岩は，おもに火山灰が堆積してできた岩石。

(3)凝灰岩の層を基準にして考える。ふつう下の層ほど堆積した時代が古いことから，凝灰岩の層の上にある**ア**がいちばん新しいことがわかる。**イ**と**ウ**では，**イ**のほうが凝灰岩の層がはるかに下にあるので，**イ**のほうが古い層であることがわかる。

(4)標高をそろえて考える。A地点とC地点の標高は70mで，B地点の標高は60mであるから，A地点，C地点の地表から深さが10mの部分とB地点の地表から深さが0mの部分とをそろえて比べる。AとBを比べると凝灰岩の層がAのほうが低くなっていることがわかり，BとCを比べると，凝灰岩の層の標高が同じであることがわかる。このことから，この地域の地層は，西の方角に低くなっていることがわかる。

4 (2)震源からの距離が82kmの地点にS波が伝わった時刻は，グラフより8時35分47秒。地震が起こった時刻は，8時35分20秒だから，82kmを27秒で伝わっている。よって，S波の速さは，$\frac{82〔km〕}{27〔s〕}=$ 3.0…〔km/s〕

3 電流/化学変化と原子・分子 ➡本冊 P.76

1 (1)**7.5**〔V〕

(2)**4074**〔J〕

2 **ア**

3 ①　**イ**　②　**イ**　③　**ア**

4 (1)$\mathbf{2Cu+O_2 \rightarrow 2CuO}$　(2)**1.2**〔g〕

解説

1 (1)図１は直列回路なので，流れる電流の大きさは回

路のどこでも同じである。電熱線Xに加わる電圧が1.5Vのとき，電流の大きさはオームの法則により，$\frac{1.5}{2.0}$=0.75〔A〕。直列回路全体の抵抗の大きさは，各抵抗の和なので，2.0＋8.0＝10.0〔Ω〕。電源装置の電圧の大きさは，オームの法則により，0.75×10.0＝7.5〔V〕となる。

(2)表１より，6分間で100gの水の温度は9.7℃上昇している。したがって，100gの水を9.7℃上昇させるのに必要な熱量は，4.2×100×9.7＝4074〔J〕である。

2 同じ方向に回転するには，コイルの上側と下側で逆向きの力を受ければよい。また，上側と下側では電流の向きが逆なので，**ア**を選ぶ。

3 ①試験管Aでは，鉄と硫黄の混合物を加熱することにより，硫化鉄ができる。硫化鉄は，鉄や硫黄とは別の物質である。試験管Bは，鉄と硫黄の混合物なので，鉄や硫黄の性質はそのまま残っている。そのため，磁石を近づけると混合物中の鉄がひきつけられる。

②試験管Dで発生した無臭の気体は，混合物中の鉄と反応して生じた水素である。

③硫化鉄にうすい塩酸を加えると，硫化鉄が発生する。硫化水素は，卵の腐ったようなにおいのある有毒な物質である。

4 (1)化学反応式では，矢印の左右で原子の種類と数が同じになるようにする。

(2)実験の結果から，銅と結びつく酸素の質量の割合は**Cu：O＝4：1**である。4.0gの銅を加熱して加熱後の質量が4.7gになったとき，結びついた酸素の質量は0.7gである。このとき反応した銅の質量は0.7×4＝2.8〔g〕 よって，酸化銅に変わらずに残った銅は，4.0－2.8＝1.2〔g〕

4 生物のからだのつくりとはたらき/天気の変化 ➜本冊 P.80

1 (1)**アンモニア** (2)**ア**
(3)A…**イ** B…**ア** C…**ウ**

2 ① **イ** ② **ア** ③ **ア**
④ **イ**

3 (1)右図

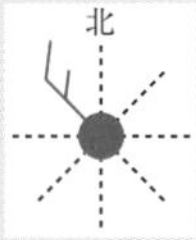

(2)(例)**快晴のため，雲がなく，地面からの熱が放出されやすいため。**
(3)湿度が最も高い日…**3**〔日目〕
湿度…**89**〔%〕
(4)① **ア** ② **イ** ③ **イ**

解説

1 (1)(2)タンパク質が分解されると，アンモニアが生じる。アンモニアは人体にとって有害な物質なので，肝臓(**ア**)で害の少ない尿素に変えられ，腎臓で血液中からこしとられ，ぼうこうを経て体外に排出される。

(3)心臓から腎臓へ向かう血液が流れる血管(**B**)が動脈，心臓へもどる血液が流れる血管(**A**)が静脈である。

2 植物は，光が十分に当たる場所では呼吸よりも光合成をさかんに行う。そのため，気体の出入り全体としては，二酸化炭素をとり入れて，酸素を出すように見える。一方，光の当たらない場所では，呼吸のみを行うので，酸素をとり入れて，二酸化炭素を出す。

3 (1)雨の天気記号は●。風向は矢羽根の向き，風力は矢羽根の羽根の数で表す。

(3)水滴がつきはじめたときの水の温度が露点を表している。気温と露点の差が小さいほど湿度は高いので，３日目の12時の湿度が最も高いと考えられる。よって，$\frac{12.1}{13.6}$×100＝88.9…より，89%

(4)図２より，１日目と２日目の12時は快晴，３日目の12時は雨であることから，表１より，雨のときは快晴のときと比べて露点は高くなることがわかる。

5 運動とエネルギー/化学変化とイオン ➜本冊 P.84

1 (1)**イ** (2)**ウ**

2 (1)**0.8**〔秒〕 (2)**180**〔cm/s〕 (3)**ウ**

3 (1)**化学**〔エネルギー〕 (2)**イ**
(3)**ウ** (4)**イ**

解説

1 (1)おもりAには，重力と糸がおもりを引く力がはたらいている。

(2)点Rを基準面とすると，ふりこは基準面からの高さが低くなるほど運動エネルギーが大きくなるので，おもりの速さは，基準面からの高さが低いほど速くなる。よって，おもりの速さは，P→Qよりも，Q→Rのほうが速いので，その間を移動する時間は，Q→RよりもP→Qのほうが長くなる。

2 (1)A点からF点までの間にストロボスコープは８回発光している。よって，この間の移動にかかった時間は，0.1〔s〕×8＝0.8〔s〕

(2)B点からC点までの距離は，49－13＝36〔cm〕で，この間の移動にかかった時間は0.2秒なので，小球の平均の速さは，$\frac{36〔cm〕}{0.2〔s〕}$＝180〔cm/s〕

(3)位置エネルギーと運動エネルギーはたがいに移り変わり，位置が高いところにある小球ほど，位置エネルギーは大きい。

3 (2)ダニエル電池では，亜鉛板で亜鉛原子が放出した電子が導線を通って銅板側へ移動し，銅板では銅イオンが電子を受けとって銅原子になる。よって，電子の移動は亜鉛板から銅板に向かうPの向きであり，亜鉛板が－極，銅板が＋極になる。

(4)素焼きの容器には，水の粒子やイオンが通るくらいの小さい穴が開いているので，水溶液が簡単に混ざり合わない。よって，素焼きの容器を使うことで，電気的なかたよりを防ぎ，電池が長持ちするようになる。

6 生命の連続性/地球と宇宙 ➜本冊 P.88

1 (1)**イ**　(2)**25〔%〕**

(3)(例)**親の細胞で対になっている染色体は，分かれて別々の生殖細胞に入っているから。**

2 (1)**二酸化炭素(CO_2)**

(2)記号…**C**　名称…**呼吸**

(3)**イ**　(4)原因…**エ**　グループ…**B**

3 (1)**ウ**

(2)(例)**地球より内側を公転しているから。**

(3)**イ**

解説

1 (1)④より草たけが高い個体が低い個体の３倍であることから，草たけが高い形質が顕性形質である。純系どうしをかけ合わせると，子にはすべて顕性形質が現れる。

(2)草たけを高くする遺伝子をA，低くする遺伝子をaとすると，孫の遺伝子の組み合わせの割合はAA：Aa：aa＝1：2：1となり，AAは全体の4分の1の25%である。

(3)減数分裂により，親の２本ずつある同じ形の**染色体は1本ずつ分かれて別々の生殖細胞に入る。**

2 (1)すべての生物から出されている気体は，**二酸化炭素**。

(2)食物連鎖のはじまりは，植物(**生産者**)。植物は，呼吸のほかに光合成によって，二酸化炭素と水から有機物をつくり出している。よって，Cが植物を示している。

(3)B，C，Dからの矢印が集まっているAが**分解者**。B，C，Dのうち，動物はBとD。

(4)バッタは草食動物なので，図1のB。**バッタが増加した**のは，**バッタを食べる小鳥が減少した**ためと考えられる。**小鳥が減少した**のは，**ワシやタカが増加した**ためと考えられる。

3 (2)木星は，地球よりも外側を公転し，金星は地球よりも内側を公転する。

(3)地球は太陽のまわりを1年に1回公転する。1回転するときの角度は360°，1年＝12か月より，1か月で移動する角度は，$\frac{360°}{12}$＝30°である。

社会　入試対策問題

1 世界と日本のすがた／世界の諸地域　➡本冊 P.92

1 (1)**イ**
(2)**北方領土《ほっぽうりょうど》**
(3)(例)**この島が消失することで広大な排他《はいた》的経済水域を失うという問題が生じる。**
(4)(例)**沿岸部は内陸部に比べて工業がさかんである。〔内陸部は沿岸部に比べて工業がさかんではない。〕**

2 (1)**本初子午線**
(2)**ウ**
(3)記号－**B**　国名－**フランス**(完答)

3 (1)**イ**
(2)**アルプス・ヒマラヤ造山帯**
(3)**ウ**
(4)ⓒ
(5)**イスラム教**
(6)(例)**原油がとれなくなることを見越《みこ》し，原油に依存《いぞん》する経済から脱却《だっきゃく》するため。**

解説

1 (1)日本とほぼ同緯度《いど》，同経度の国を考える。**ア**はほぼ同じ経度，**ウ・エ**はほぼ同じ緯度に位置している。イギリスは，日本よりも高緯度に位置しており，首都ロンドンには０度の経線が通っている。
(2)**A**はロシア連邦《れんぼう》。北方領土は，択捉《えとろふ》島・国後《くなしり》島・色丹《しこたん》島・歯舞《はぼまい》群島からなる。
(3)島が水没《すいぼつ》してしまったら，そこは日本の領土とはみなされない。したがって，島の海岸線から12海里までの領海と，200海里までの排他的経済水域も認められなくなる。
(4)**B**は中国。工業生産額は，沿岸部が高く，内陸部が低くなっている。このような格差の解消が中国の課題である。

2 (1)イギリスのロンドンを通る線で，世界の標準時の基準となる経線である。
(2)アルプス山脈はスイスとイタリアなどの国境になっている。**ア**はアトラス山脈，**イ**はピレネー山脈，**エ**はカルパティア山脈である。
(3)**A**はイギリス，**B**はフランス，**C**はドイツ，**D**はイタリアである。面積は，(人口)÷(人口密度)で求める。

3 (1)赤道は，マレー半島の南や，アマゾン川の河口付近を通る0度の緯線である。
(2)**X**のインドの北側に連なる山脈はヒマラヤ山脈。ヨーロッパの中央部に連なるアルプス山脈などとともに，アルプス・ヒマラヤ造山帯を形成している。
(3)1990年と2016年のどちらも人口が最も多い**ア**は中国。1990年と2016年の人口が中国に次いで，２番目に多い**ウ**がインドである。1990年と2016年のどちらも人口が最も少ないが，１人あたりの国民総所得が最も多い**イ**はオーストラリア，残った**エ**がブラジルである。なお，人口は2023年中にインドが中国を上回り，世界一となると推測されている。
(4) ６月から９月にかけての気温が低く，比較《ひかく》的温暖であることから，南半球の温帯に位置するⓒがあてはまる。
(5)イスラム教は，サウジアラビアに聖地メッカがあり，アフリカ北部から西アジアにかけて広く信仰《しんこう》されている。
(6)**表３**から，原油の可採年数が43.6年であることが読み取れる。また，**グラフ２**から，1987年の**Y**の国(アラブ首長国連邦)では，原油が輸出総額の80％近くを占《し》めていたことが読み取れる。

2 日本の地域的特色／日本の諸地域　➡本冊 P.96

1 (1)**リアス海岸**
(2)**ア**

2 (1)**エ**
(2)記号－**イ**
理由－(例)**A町は，冬に季節風の影響《えいきょう》を受けて降水量の多くなる日本海側にあると考えられるから。**

3 **ウ**

4 (1)**イ**
(2)**成田《なりた》国際空港**
(3)**イ**
(4)**ア**
(5)(例)**農業就業人口の減少と高齢《こうれい》化が進んでいる。〔農業就業人口が減少している上に，15～64歳の農業就業人口の割合も減少している。〕**

解説

1 (1)**X**は三陸《さんりく》海岸の南部。岬《みさき》と入り江《え》が交互《こうご》に現れる複雑な海岸線は，リアス海岸である。
(2)太平洋ベルトにある工業地帯，工業地域はすべて海に面している。また，九州地方のＩＣ〔集積回路〕工場は，製品が小型・軽量な割に価格が高く，航空機での輸送も行われることから，空港の近くにある。

2 (1) ８月の平均気温はほぼ同じだが，１月の平均気温はＡ町が氷点下，いわき市は約４℃なので，気温差はＡ町の方が大きい。よって，**エ**は正しい。４月の降水量はいわき市の方がＡ町よりも多いので，**ア**はまちがい。どちらも８月の気温が最も高いので，**イ**はまちがい。どちらも６月より９月の降水量の方が多いので，**ウ**はまちがい。
(2) Ａ町は，冬の降水量が多いという特色がある。これは，冬に雪が降る日本海側の気候の特色であるので，北陸《ほくりく》地方にある**イ**があてはまる。

3 **ア**について，畑ではなく田である。**イ**について，３

cm×25000＝75000cm＝750mである。**エ**について，高等学校は⊗，市役所は◎。北東部ではなく北西部に位置している。

4 (1)**ア**は青森県，**ウ**は京都府，**エ**は山形県について述べた文である。

(2)**成田国際空港**は，日本最大の貿易港で，ＩＣ〔集積回路〕や精密機械などの小型の製品の輸出量が多い。

(3)**B**は，全国と比べて瀬戸内《せとうち》工業地域の割合が大きいので，化学工業だとわかる。瀬戸内工業地域に含《ふく》まれる岡山県倉敷《くらしき》市や山口県周南《しゅうなん》市には，石油化学コンビナートが建設されている。全国で最も割合の大きい**A**は機械工業，**C**は食料品工業，**D**はせんい工業である。

(4)**ア**は北海道の**石狩平野**《いしかり》について述べている。**イ**は鳥取県，**ウ**は愛知県，**エ**は和歌山県。

(5)**資料１**から，農業就業人口が減少していることが読み取れる。また，**資料２**から，15～64歳《さい》の割合が減り，65歳以上の割合が増えていることが読み取れる。

3 古代～近世の日本と世界

➡本冊 P.100

1 (1)**北条泰時《ほうじょうやすとき》**

(2)**邪馬台国《やまたいこく》**

(3)(例) **朝廷《ちょうてい》を監視《かんし》すること。〔西日本の御家人《ごけにん》を統制すること。〕**

(4)**ア**

(5)**エ**

(6)(例) **将軍から一万石《ごく》以上の領地を与《あた》えられた武士。**

(7)**ア→エ→ウ→イ**

2 (1) Ⅰ－**戸籍《こせき》**　Ⅱ－**班田収授《はんでんしゅうじゅ》**

(2)**エ**

(3)**イ**

3 (1)**ア**

(2)**エ**

解説

1 (1)**北条泰時**は鎌倉幕府《かまくらばくふ》の３代執権《しっけん》で，御家人たちに裁判の基準を示すために，1232年に**御成敗式目《ごせいばいしきもく》〔貞永《じょうえい》式目〕**を制定した。

(2)**邪馬台国**は女王**卑弥呼《ひみこ》**が治めた国で，卑弥呼は使いを魏《ぎ》に送り，皇帝《こうてい》から「親魏倭王《しんぎわおう》」の称号《しょうごう》と金印を授けられた。

(3)**承久の乱《じょうきゅう》**は，**後鳥羽上皇《ごとばじょうこう》**が朝廷の勢力の回復をねらって起こした。乱ののち，幕府は朝廷に対する警戒心《けいかいしん》を強め，六波羅探題《ろくはらたんだい》を設置した。

(4)**町衆《まちしゅう》《ちょうしゅう》**は裕福《ゆうふく》な商工業者。**イ**・**ウ**は江戸《えど》時代，**エ**は鎌倉時代の人々のくらしについて述べたものである。

(5)**近松門左衛門《ちかまつもんざえもん》**は，『曾根崎心中《そねざきしんじゅう》』などの人形浄瑠璃《じょうるり》の台本を書いた。**ア**は装飾画《そうしょくが》を描《えが》いた人物，**イ**は俳人《はいじん》，**ウ**は**浮世絵《うきよえ》**を始めた人物。

(6)将軍に従う武士のうち，一万石以上の領地を与えられた者が大名，一万石未満の領地を与えられた者が旗本《はたもと》・御家人である。大名の領地とその政治組織が藩《はん》である。

(7)**ア**は徳川吉宗《とくがわよしむね》の**享保の改革《きょうほう》**で1716～45年，**イ**は水野忠邦《みずのただくに》の**天保の改革《てんぽう》**で1841～43年，**ウ**は松平定信《まつだいらさだのぶ》の**寛政の改革《かんせい》**で1787～93年，**エ**は田沼意次《たぬまおきつぐ》の政治で1772～86年である。

2 (1)**公地公民**の原則とは，土地と人民を国家が直接支配するという原則のこと。**中大兄皇子《なかのおおえのおうじ》**(のちの**天智《てんじ》天皇**)は，初めて全国にわたる**戸籍**をつくり，これをもとに人々に**口分田《くぶんでん》**を割り当てた。口分田は，その人の死後は国に返させた。これを，**班田収授《はんでんしゅうじゅ》法《ほう》**という。

(2)**平清盛《たいらのきよもり》**は，**平治の乱《へいじ》**(1159年)で源氏《げんじ》を破り，1167年に武士でありながら太政大臣《だいじょうだいじん》という高い位についた。**ア**は**承久の乱**のときの鎌倉幕府の執権の北条義時《よしとき》のこと。**イ**は室町《むろまち》幕府の３代将軍の足利義満《あしかがよしみつ》のこと。**ウ**は後醍醐《ごだいご》天皇のこと。

(3)**足利義満**は，14世紀後半に活躍《かつやく》した**室町幕府**の将軍。14世紀の後半に中国では**明《みん》**が，朝鮮《ちょうせん》半島では**朝鮮(国)**が建国された。

3 (1)**鑑真《がんじん》**は，奈良時代に唐《とう》から来日した僧《そう》で，唐招提寺《とうしょうだいじ》を建てて，日本に正しい仏教の教えを伝えた。**栄西《ようさい》**は宋《そう》にわたり，座禅《ざぜん》を組んで悟《さと》りを開くことを重視する禅宗を学び，臨済《りんざい》宗を開いた。

POINT

平安時代初期の仏教の宗派

開祖	宗派名	寺院
最澄《さいちょう》	**天台宗《てんだいしゅう》**	比叡山延暦寺《ひえいざんえんりゃくじ》
空海《くうかい》	**真言宗《しんごんしゅう》**	高野山金剛峯寺《こうやさんこんごうぶじ》

鎌倉時代の仏教の宗派

<table>
<tr><th colspan="2">宗派</th><th>開祖</th><th>教え</th></tr>
<tr><td colspan="2">浄土宗《じょうどしゅう》</td><td>法然《ほうねん》</td><td rowspan="3">念仏《ねんぶつ》を唱え，阿《あ》弥陀仏《みだぶつ》にすがれば救われる</td></tr>
<tr><td colspan="2">浄土真宗《じょうどしんしゅう》</td><td>親鸞《しんらん》</td></tr>
<tr><td colspan="2">時宗《じしゅう》</td><td>一遍《いっぺん》</td></tr>
<tr><td colspan="2">日蓮宗《にちれんしゅう》(法華宗《ほっけしゅう》)</td><td>日蓮</td><td>題目《だいもく》を唱えれば救われる</td></tr>
<tr><td rowspan="2">禅宗《ぜんしゅう》</td><td>臨済宗</td><td>栄西</td><td rowspan="2">座禅を行い，自分で悟りを開く</td></tr>
<tr><td>曹洞宗《そうとうしゅう》</td><td>道元《どうげん》</td></tr>
</table>

(2)**ア**は大村純忠《おおむらすみただ》などのキリシタン大名が行った。**イ**・**ウ**は江戸幕府の政策である。

4 近代～現代の日本と世界

➡本冊 P.104

1 (1)**イ**
(2)**エ**
(3)①**X－イ　Y－自由党**
②**自由民権運動**
(4)**C→B→A**

2 改革－**農地改革**
目的－(例)**自作農を増やし，地主と小作人の関係をあらためること。**

3 (1)**安政《あんせい》**
(2)**ア**
(3)**ロシア**
(4) a－(例)**イギリス経済圏《けん》以外に対する関税を，イギリス経済圏よりも高く**
b－**ア**
(5) c－**イ**　d－**ウ**

解説

1 (1)それまで，一定額以上の直接国税を納める25歳《さい》以上の男子に与《あた》えられていた選挙権は，**普通《ふつう》選挙法**の成立により，納税額の条件が撤廃《てっぱい》され，25歳以上のすべての男子に与えられるようになり，有権者は全人口の約20％に高まった。**ウ**は第二次世界大戦後のこと。
(2)大日本帝国《ていこく》憲法の草案を作成した伊藤博文《いとうひろぶみ》は，君主に強い権限を認めていた**ドイツ〔プロイセン〕**の憲法を研究した。
(3)①**板垣退助《いたがきたいすけ》**は，西郷隆盛《さいごうたかもり》らとともに征韓論《せいかんろん》を主張し，大久保利通《おおくぼとしみち》らとの政争に敗れて政府を去った。その後，1881年に**自由党**の党首となった。
②運動は全国に広まり，1880年には運動の代表者が大阪で**国会期成同盟**をつくり，国会開設を要求した。
(4)**A**は1925年，**B**は1889年，**C**は1874年。

2 地主の土地を国が買い上げ，小作人に安く売り渡《わた》した。これにより，自作農が大幅《おおはば》に増加した。また，農村における封建《ほうけん》的な地主・小作人の関係が解体された。

3 (1)安政の大獄《たいごく》を行った井伊直弼《いいなおすけ》は，1860年に桜田門《さくらだもん》外《がい》の変で暗殺された。
(2)樋口一葉《ひぐちいちよう》は『たけくらべ』などの小説を書いた人物。
(3)**三国干渉《かんしょう》**の後，ロシアが遼東《りょうとう》半島の旅順《りょじゅん》・大連《だいれん》を租借《そしゃく》したため，国内でロシアへの対抗《たいこう》心が高まった。
(4)1929年に起こった**世界恐慌《きょうこう》**に対抗するため，イギリスやフランスは，自国の経済圏以外からの輸入品に高い関税をかける**ブロック経済**を行った。
(5)沖縄は，サンフランシスコ平和条約締結《ていけつ》後もアメリカ合衆国の統治下に置かれていたが，1972年に**佐藤栄作《さとうえいさく》**内閣が，返還《へんかん》を実現させた。**田中角栄《たなかかくえい》**は，佐藤栄作のあとに就任した内閣総理大臣で，1972年に**日中共同声明**を出し，中国との国交を正常化した。

5 日本国憲法と人権の尊重／私たちと政治

➡本冊 P.108

1 (1)**ア**
(2)(例)**落選者に投票された票のこと。〔当選に反映されない票のこと。〕**
(3)①**三権分立〔権力分立〕**
②**ウ**

2 (1)**主権**
(2)**ア**

3 (1)**ア**
(2)**住民投票**
(3)**連立政権〔連立内閣〕**
(4)(例)**小選挙区制は1選挙区から1名が当選するしくみであるため，X選挙区とY選挙区の有権者数の違《ちが》いにより，一票の価値に格差が生じるという問題。**
(5)**エ**

解説

1 (1)資源が無駄《むだ》なく使われているかに着目していることから，**効率**の考え方である。

POINT

対立から合意に至るまでの流れ

対立 → 大勢の人が納得できる方法。 → 合意

効率	みんなの時間やお金，もの，労力を無駄なく使っているか。
公正	大勢の人が参加して決定されているか。機会が制限されたり，不当な結果にかたよったりしていないか。

(2)投票した人物が落選した場合，自身の意見や考えが政治の場にとどかないことになるため，死票が多いと，国民の意見を十分に反映できない。1つの選挙区で1人を選出する**小選挙区制**では，死票が多くなる傾向《けいこう》にある。
(3)①三権分立の考え方は，フランスの思想家**モンテスキュー**が『法の精神』の中で示した。
②**国民審査《しんさ》**は，最高裁判所の裁判官に対し，就任後最初に行われる総選挙の時と，その後は10年ごとの総選挙の時に，国民が辞めさせるかどうかを審査する制度。最高裁判所長官の指名は，内閣が裁判所に対して行う。

2 (1)主権とは，国の政治のあり方を最終的に決定する権限のこと。
(2)憲法改正は，**各議院の総議員の3分の2以上**の賛成で国会が発議し，国民投票で有効投票の過半数の賛成を得られれば成立する。

3 (1)**条例**の制定の請求《せいきゅう》に必要な署名数は，有権者の50分の1以上なので，50(万人)÷50＝1(万人)。

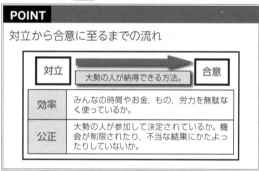

(2)条例等にもとづき，地域の重要な問題について，住民に賛否を問う住民投票の場合，投票の結果には法的な拘束《こうそく》力はない。

(3)国会で多数の議席を占《し》めて，安定した政権運営を行うために，複数の政党で内閣をつくる。

(4)小選挙区制では，１つの選挙区で１人の議員しか当選しないため，有権者数に差があると，当選するために多くの得票が必要な選挙区と，少ない得票ですむ選挙区が生じる。このような状態では，有権者が持つ一票の価値にも不平等が生じ，憲法が定める「法の下の平等」に反していると考えられている。

(5)裁判員制度は一般《いっぱん》の国民が裁判に参加する制度なので，**エ**があてはまる。

6 国民生活と経済／現代の国際社会 ➔本冊 P.112

1 (1)失業率－**下がる**　物価－**上がる**

(2)**中央銀行**

(3)**ウ**

(4)**拒否《きょひ》権**

2 (1)**消費者**

(2)記号－**ア**　数字－**400**(円)

3 (1)**ウ**

(2)①**イ**

②(例)**社会保障費の支出が，少子高齢《こうれい》化に伴《ともな》って増えた**

(3)**公海**

(4)**パリ**

解説

1 (1)一般に経済活動が活発になると，倒産《とうさん》や失業は少なくなり，物価は上昇《じょうしょう》する。

(2)中央銀行は国の金融《きんゆう》機関の中心で，さまざまな金融政策を行っている。

(3)**ア**は社会保険，**イ**は公的扶助《ふじょ》，**エ**は公衆衛生の説明である。

(4)冷戦の時期には，常任理事国が拒否権を濫発《らんぱつ》し，安全保障理事会の機能が低下したこともあった。

2 (1)各省庁がばらばらに取り組む，たて割り行政の弊《へい》害《がい》から，製品事故による被害《ひがい》などへの対応が遅《おく》れたことの反省に立ち，各省庁が持つ権限を集めて，消費者庁が設置された。

(2)需要《じゅよう》曲線**A**と供給《きょうきゅう》曲線**B**の交点での価格は400円，取り引き量は1000個である。このときの価格を，均衡《きんこう》価格という。価格が200円のとき，需要量は1500個，供給量は500個である。需要量が供給量を上回っていることから品不足となるため，価格はしだいに上昇する。

3 (1)ＣＳＲは企業《きぎょう》の社会的責任のことである。

(2)①租税《そぜい》には，税金を負担する人と納める人が同じである直接税と，税金を負担する人と納める人が異なる間接税がある。直接税には，所得税や法人税，住民税などがあり，間接税には，消費税や関税などがある。

②1990年度と2019年度の歳出《さいしゅつ》を比べると，社会保障費が大きく増えていることが読み取れる。

(3)公海は，排他《はいた》的経済水域の外側のことである。

(4)2015年に採択《さいたく》されたパリ協定では，すべての国が温室効果ガスの排出《はいしゅつ》量削減《さくげん》目標を設定し，削減に取り組むことが定められた。

POINT

京都議定書とパリ協定をおさえよう。

京都議定書	パリ協定
1997年採択	2015年採択
先進国に削減義務	すべての締約国が対象
目標の達成義務	目標の提出(達成義務はない)

国語　入試対策問題

1 漢字

➜本冊 P.141

1 (1)ゆうどう　(2)さえぎ(る)
(3)くし　(4)拡張
(5)専念　(6)染(まった)

2 (1)報告　(2)蒸(し)
(3)券　(4)もう(ける)
(5)ひあい　(6)きせい

3 (1)けいさい　(2)あこが(れる)
(3)しょうち　(4)借(りる)
(5)衛星　(6)縦横

4 エ　5 イ

6 (部首)衤　(部首名)ころもへん

7 ①れんが(れっか)　②エ

8 5(画目)　9 イ

10 イ

解説

1 (5)「専」の右上に余計な点画を入れないように。

2 (3)下の「刀」を「力」と書かないように注意する。
(6)「省」には、「セイ」のほかにも「ショウ」という音読みがあるので注意する。「省庁」の場合は「ショウ」。

3 (2)「憧」の音読みは「ショウ」。「憧」を使った熟語には、「憧憬」などがある。
(4)「借」と「貸」を書き誤らないようにする。
(5)「衛星」の同音異義語には、「衛生」「永世」などがある。

4 「成算」は「成功する見込み」という意味。**イ**「精算」は「細かく計算すること」、**ウ**「清算」は「貸し借りを計算して、支払いを済ませること」。

5 「ころもへん」は「衤」。

6 「礻(しめすへん)」と誤りやすいので注意する。

7 ①楷書で書くと「照」。部首は「灬」の部分で、この部首は火に関係する意味をもつ。②「昭」が音を表す部分で、「灬」が意味を表す部分。

8 「飛」の筆順は問われやすい。普段から正しく書くこと。「飛」の筆順は「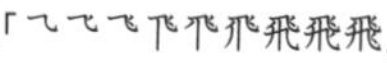」。

9 の部分は、楷書では四画で書く。行書では点画が省略されている。

10 **イ**「秒」は、楷書の五画目が省略されている。

2 言葉

➜本冊 P.137

1 イ　2 ア
3 ア　4 エ
5 ウ　6 ア
7 順風満帆　8 ア
9 エ　10 イ

解説

1 **イ**「一挙両得」は、一つのことをして、同時に二つの利益を得ること。この意味と、スローガンに込めた思いが合っていない。**ア**「一致団結」は、多くの人が力を合わせて協力し合うこと、**ウ**「切磋琢磨《せっさたくま》」は、友人などがお互いに励まし合ってともに向上すること、**エ**「勇猛果敢」は、とても勇ましく思い切って行動に移すことで、いずれもスローガンに込めた思いと、四字熟語の意味が合っている。

2 「有意義」は「有／意義」という組み立て。**ア**は「好／都合」、**イ**は「自主」に接尾語「的」がついたもの、**ウ**は「松／竹／梅」、**エ**は「向上／心」。

3 「他山の石」は、意味に注意が必要な言葉。つまらないものでも自分のために役立てるということなので、注意する。

4 「後ろ指を指される」と形の似た慣用句に「後ろ髪を引かれる」がある。「後ろ髪を引かれる」は、未練があり、先に進めない、という意味。

5 「楽しい時間を考える」という様子に合う慣用句を選ぶ。**ア**は「思い悩む」、**イ**は「気持ちが変化する」、**ウ**は「楽しくて、気分が浮かれる」、**エ**は「気持ちが伝わり合う」という意味。

6 「頼りになる」という様子に合う四字熟語を選ぶ。**ア**は「落ち着いていて動じない様子」、**イ**は「物事に熱中する様子」、**ウ**は「勝手で気ままな様子」、**エ**は「度胸があり物《もの》怖《お》じしない様子」という意味。

7 「順風満帆」は、追い風を帆いっぱいに受けて、船が順調に進むことを表した言葉。

10 **ア**は「あっても余計なもの」、**イ**は「つじつまが合わないこと」、**ウ**は「たいした違いがないこと」、**エ**は「文章を練り直すこと」という意味の故事成語。

3 文法

➜本冊 P.133

1 ウ　2 ア

3 (形容詞)大きく　(活用形)連用形

4 イ　5 ア
6 エ　7 4
8 エ　9 イ

10 わたしが／いようが／いまいが

11 おとめも　12 エ

解説

1 「静かに」は「静かだ」と言い切ることができるので形容動詞である。**ア**は名詞(代名詞)「どこ」と格助詞「に」、**イ**は副詞、**ウ**は「気軽だ」と言い切ることができるので形容動詞、**エ**は名詞「それぞれ」と格助詞「に」。

2 動詞「見つけ(見つける)」、可能の助動詞「られ(られる)」、打ち消しの助動詞「ぬ」の連用形「ず」からなる組み立てである。

3 文の中で言い切りの形が「～い」になる言葉は「大きく(大きい)」である。活用形は、「なっ(なる)」という用言に続いているので、連用形である。

4 ——線部の「ない」は形容詞である。**ア・ウ・エ**は、自立語のあとについており、「ぬ」に置き換えられる

(**ア**は「せぬ」)ので、打ち消しの助動詞「ない」である。

5 ①と③は、「が」に置き換えられるので、主格を示す「の」。②は連体修飾語を作るもの、④は体言の代用をするもの。

6 時間の起点を表す格助詞を選ぶ。**エ**が同じ。**ア**は原因・理由を表す接続助詞、**イ**は動作の開始順序を表す格助詞、**ウ**は材料を表す格助詞。

7 「全く／予想も／しなかった／ことを」と分けられる。

8 単語とは、それ以上分けられないところまで分けた言葉の最小単位である。「て」は接続助詞、「た」は助動詞で、一つの単語と数えるので注意する。

9 「歩く／人／が／多く／なれ／ば／それ／が／道／に／なる／の／だ。」と分けられるので、四番目の単語は「多く」で、形容詞である。

10 文節は「ネ」などを入れても不自然でないところで区切る。

11 何が「かがやいている」のかを確かめながら読むと、「木の下にたたずむおとめも」であるとわかる。一文節で抜き出せという指示があるので、「おとめも」が正解。「おとめも」の「も」も、「が」と同様に主語を示す。

12 どのような点について、「面白いことに」と述べているのかを読み取る。人間が灰色だけで表現された風景を美しいと感じることができることを「面白い」と言っているので、述部にあたる「感じることができる」にかかっている。よって、**エ**「感じる」が正解。

4 文学的文章の読解

➡本冊 P.129

1 (例)**メガネ姿を川野さんに見られることも嫌だったが、川野さんが似合うと言ってくれた(から。)(三十八字)**

2 **次の瞬間**

3 **イ**

解説

1 文章を通して、なっちゃんの心情がどのように変化しているのかをとらえる。――線部の少し前にある「最初はメガネ姿を川野さんに見られることも嫌だった」から、なっちゃんは、メガネをかけた自分の姿を、誰かに見られるのが嫌だったことがわかる。ところが、メガネをかけたなっちゃんの姿を見た川野さんは、「似合うよ、なっちゃん」と言ってくれたのだった。この言葉を聞き、なっちゃんの心情が変化し、――線部のように感じたのである。この流れをまとめる。

2 繁《しげる》の行動が書かれている部分に着目する。「思い切りのよさ」が表れている行動は、「別冊付録」が落ちたのを見て、「ためらわずにそのまま川の中へジャンプした」ことである。「ためらわず」という表現にも「思い切りのよさ」が表れている。

3 文章の流れをとらえたうえで、□の前後の表現に着目して、入る言葉を考える。「終わった」「今確実に終わった」などから、「あたし」がヒグマの担当になれなかったことを読み取る。これをおさえて□の前「そう気を落とさずに」と、後の「バレたらしい」に着目すると、がっかりしている「あたし」の様子を表す言葉が□に入るとわかる。

5 説明的文章の読解

➡本冊 P.125

1 (例)**自分の部屋の壁に、絵や雑誌からの切り抜きや写真を飾ったりすること。(三十三字)**

2 **エ**

3 **Ⅰ相手の存在をほぼ無視**

Ⅱ(例)**他者にとって意味を持つ話題について、伝えるための最大限の努力(三十字)**

解説

1 「そうすることで、居心地ははるかに良くなるはずだ」とあるので、「居心地が良くなる」ためにすることを、――線部の直前の内容から探す。

2 空欄の前後に、「こうしたことをヒトの子はどうやって学習するのであろうか」「模倣する能力もヒトの子には先天的に備わっているのだろうか」という疑問を二つ並べて、どちらかを選択するというつながりになっている。

3 モノローグについて説明しているのは、――線部の前。最初の段落に、「相手への向き合い方」に近い「相手に向かって話しかけてはいますが」という表現があることに着目し、同じ段落で「他者としての相手の存在をほぼ無視してしゃべっている」と述べていることをおさえる。ダイアローグについて説明されているのは、――線部の後。ここでは、ダイアローグが、常に「相手に伝えるための最大限の努力をする」行為だと述べている。また、「話題」については、「その話題は、他者にとってどのような意味を持つかということが対話の進展には重要」とある。「したがって」以降では、これらの内容をふまえ、「他者存在としての～踏み込む行為」「相互関係構築の～活動」とまとめている。

6 古典

➡本冊 P.121

1 (1)**あたえき**　(2)**ウ**

(3)(例)**立派な装束を身に付けた宇治の関白殿の姿。(二十字)**

2 (1)**右の通り。**　(2)**円・方**(順不同)

(3)**ア**

3 (1)**右の通り。**

(2)**aイ　bウ**

2 (1) 在リレ不ルニレ得レ一ヲ。

3 (1) 不レ可カラレ数フ

解説

1 (1)歴史的仮名遣いの「は・ひ・ふ・へ・ほ」は、現代仮名遣いでは「わ・い・う・え・お」と直す。文の初めにある場合は直さない。

(2)①は「かの俗」の言葉の部分で、自分の行動を述べている。②は前に主語が書かれている。

(3)直前の内容に注目。宇治の関白殿が、おごそかな様子で装束を身に付けて出てきたのである。

現代語訳

昔、孔子のもとに、一人の人が弟子入りするためにやって来た。孔子が、尋ねて言うには、「お前は、どういう理由で私に弟子入りするのか。」その世間並みの普通の人が言うには、「あなた様が王宮に参上する時、それを見たところ、おごそかな様子で威勢があった。だから、あなたに弟子入りしたいのです。」孔子は、弟子に、(参内の時の)乗り物や装束、金銀や財物などを取り出させて、(その人に)それらを与えた。「お前は、私に弟子入りするのではない。」

また、宇治の関白殿が、ある時、鼎殿《かなえどの》に行って、火をたくところを見ていた。鼎殿の役人がそれを見て言うには、「何者だ、断りなしに御所の鼎殿に入るとは。」と言って、追い出された後、さきほどのよくない衣服を脱ぎ着替えて、おごそかな様子で装束を身に付けて(再び)出ていらっしゃる。すると、さきほどの鼎殿の役人は、はるか遠くに見て、恐れ入って逃げてしまった。そこで、関白殿は、装束を竿《さお》にお掛けになって、拝みなさった。ある人が、そのことについて尋ねた。(関白殿が)答えて言うには、「私が、人に尊敬されているのは、私の人徳のせいではない。ただ、この装束のせいである。」

愚かな者が人を尊敬することというのは、このようなものである。

2 (1)書き下し文は、「一《いつ》を得《え》ざるに在り」で、「一」から一字ずつ返っている。「不」は、書き下し文では、ひらがなになることに注意する。

(2)解説文では「両方を完成することはできない」とある。両方とは円と四角形のこと。設問文に「漢文から抜き出し」とあるので、四角形は「方」を抜き出して書くことに注意する。

(3)「片手だけで拍手」するとは、君主が何かをしようとしても臣下が応じないこと。「右手で円を描き、同時に左手で四角形を描く」とは、君主が臣下に合わせようとしないこと。

3 (1)書き下し文は、「数ふべからず」で、「数」から一字ずつ返っている。

(2)落ち葉の音を聞いて目を覚ました少年の「報《つ》げて道《い》ふ窓前に雨ふると」という行動を指している。

現代語訳

風に吹かれて葉が次々落ちていく／音が聞こえてもその数を数えることはできない／少年は眠っていたが、たちまち目を覚まして／主人に窓のそばでは雨が降っていますと告げた。

7 作文

→本冊 P.117

1 (例) **インターネットは、ほとんどの年代から情報源として重要だと考えられているが、信頼度は低い。**

インターネット上の情報を利用する際、私は、信頼できる情報かどうか、本などでも確認するように注意しようと思う。

2 (例) **調査結果によると、決まったあいさつの言葉に他の言葉を加えたいと考える人や、動作、他の言葉で表すほうがよいと考える人が約75%いる。ふだんの生活において、決まったあいさつの言葉だけではもの足りないと感じているとわかる。**

私は、親しさを表すには、決まったあいさつも必要だと考える。親しき仲にも礼儀ありというとおり、相手を大切にする気持ちが伝わる。その上で状況に応じて、気遣う言葉や手を振るなどの動作があるとよいと思う。

3 (例) **資料から私が気づいたことは、日常的によく目にする外来語の多くは、日本語に言い換えたほうが意味がわかりやすいということだ。**

「言葉」を使用する際に私が心がけたいことは、自分が相手に伝えたいことが伝わる言葉選びをすることだ。私は普段外来語をよく使って話をする。しかし、幼い弟と話をするときは、外来語に頼らず、できるだけ簡単な言葉を使うようにしている。そのほうが、私の伝えたいことが弟にも理解してもらえるからだ。このように、自分が日頃使っている言葉遣いをしているだけでは、相手との意思疎通が難しい場合はあるだろう。私はこれからも言葉の使い分けに気をつけて、いろいろな人と交流していきたいと考える。

解説

1 段落構成に注意する。条件②③に注意して、それぞれの段落に書くべきことを書くこと。

2 条件２の、「二つ以上の項目を関連付ける」に注意。いちばん数値の大きい項目に、他の項目をどのように関連付けるかを考えてみると、第一段落を書きやすい。

3 「外来語と言い換え語例」「会話１」「会話２」という三つの資料、また、「外来語」と「言い換え語例」を比較して、気づいたことを第一段落にまとめるとよい。

英語 入試直前模擬試験

➜入試直前模擬試験 P.2

1 (1)**イ**　(2)**エ**　　**2** (1)**エ**　(2)**ウ**　(3)**イ**

3 (1)①uncle　②hungry　③mine
(2)①**イ**　②**ア**　③**エ**

4 (1)**ウ**　(2)**ウ**　(3)**エ**　(4)**ア**

5 (1)①loved　②living　(2)**イ**　(3)**エ**
(4)(例)He wants to see a soccer game (there).
(5)**イ**

6 (1)**イ**　(2)**ウ**　(3)Because, no
(4)one of the best ways
(5)**ア**, **エ**(順不同)

7 (1)**イ**　(2)**ア**　(3)**イ**　(4)**イ**

8 (1)**イエアウ**　(2)**ウアエイ**
(3)**アエイウ**　(4)**エイアウ**

9 (例)I agree with this.　Smartphones are very useful when they study.　I think they can research a lot of things on the internet.(23語)

解説

1 (1)2文目のcloudy early in the morningと最後の文のit became sunny in the afternoonを聞き取る。
(2)質問は，マイクが来月(next month)行く予定の場所について。最後の文を聞き取る。

放送文と日本語訳

(1)Ken usually walks his dog in the evening. It was cloudy early in the morning today. The TV news said, "It will be rainy and very cold in the afternoon." So Ken went to the park with his dog before noon. But it became sunny in the afternoon.

Question : How was the weather today?

ケンはふつう，夕方にイヌを散歩させます。今日の早朝は曇っていました。テレビのニュースでは「午後は雨で，とても寒くなるでしょう」と言っていました。そこでケンは，正午前にイヌと公園へ行きました。しかし午後は晴れました。

質問：今日の天気はどうでしたか。

(2)Mike has lived in Nagoya for two years. He likes traveling. He has been to Tokyo, Kyoto and many other cities in Japan. Last month, he went to Nara and visited a lot of temples. He is going to visit Sapporo next month.

Question : Which city will Mike visit next month?

マイクは2年間名古屋に住んでいます。彼は旅行が好きです。東京や京都，そして他の多くの日本の都市へ行ったことがあります。先月，彼は奈良に行き，たくさんの寺を訪れました。来月，彼は札幌に行くつもりです。

質問：マイクは来月，どの都市を訪れる予定ですか。

2 (1)トムの2つ目の発言とマリの応答を聞き取る。
(2)ジョンの最後の発言を聞き取る。
(3)質問は，ジャックがうれしくなった理由。コンピューターを買いに行きたいが，日本語を話さないジャックに，ユキはI'll go and help you with your Japanese.と言っている。

放送文と日本語訳

(1)Tom : Hi, Mari. Would you like to go to a soccer game this afternoon?

Mari : I'd like to.　But I'm not free today.　My parents are not at home.　So I have to make lunch and dinner for my brother.

Tom : I see.　Well, there is another game tomorrow. How about tomorrow afternoon?

Mari : That's OK, Tom.　My parents will be back tomorrow morning.

Question : When will Mari and Tom go to a soccer game?

トム：やあ，マリ。今日の午後，サッカーの試合を見に行かないか？

マリ：行きたいけれど，今日はひまじゃないの。両親が家にいないから，弟に昼食と夕食を作らなければならないのよ。

トム：そうか。じゃあ，明日も試合があるんだ。明日の午後はどうかな？

マリ：だいじょうぶよ，トム。両親は明朝，帰ってくるわ。

質問：マリとトムはいつサッカーの試合を見に行きますか。

(2)John : What do you want to be in the future, Keiko?

Keiko : My dream is to be a tennis player.　I like tennis very much.

John : That's a wonderful dream.

Keiko : Thank you, John.　Your father is a doctor, isn't he?　Do you want to be a doctor like him?

John : My parents want me to be a doctor.　But I like science.　So I want to be a science teacher.

Keiko : That's good.　I think you'll become a good teacher.

Question : What does John want to be in the future?

ジョン：きみは将来，何になりたいの，ケイコ？

ケイコ：私の夢はテニスプレイヤーになることよ。私はテニスが大好きなの。

ジョン：それはすばらしい夢だね。

ケイコ：ありがとう，ジョン。あなたのお父さんはお医者さんよね？　あなたはお父さんのように医者になりたいの？

ジョン：両親は，ぼくに医者になってもらいたがっている。だけど，ぼくは理科が好きなんだ。だから理科の先生になりたいんだよ。

ケイコ：それはいいわね。あなたはよい先生になると思うわ。

質問：ジョンは将来，何になりたいと思っていますか。
(3)Yuki：Hi, Jack. You look sad today. What's up?
Jack：My computer is broken. So I can't send e-mail to my family in America.
Yuki：That's too bad. Then you can use my computer.
Jack：Thank you, Yuki. But I want to buy a new one. Do you know any good shops around here?
Yuki：Yes, I do. There is a good one in front of the station. The people at the shop are very kind and know about computers very well.
Jack：I like computers and know a lot about them. But I don't speak Japanese. To speak and understand Japanese is too difficult for me.
Yuki：OK, Jack. I'll go and help you with your Japanese.
Jack：I'm happy to hear that. When can you go?
Yuki：How about tomorrow afternoon? I'll go to your house about four.
Jack：Good. Thank you, Yuki.
Question：Why did Jack become happy?
ユキ：こんにちは，ジャック。今日は悲しそうね。どうしたの？
ジャック：コンピューターが壊れて，アメリカにいる家族にEメールを送れないんだよ。
ユキ：それは気の毒ね。じゃあ，私のコンピューターを使えばいいわ。
ジャック：ありがとう，ユキ。でも新しいのを買いたいんだ。このあたりでいい店を知っているかい？
ユキ：ええ。駅前にいい店がある。その店の人たちはとても親切で，コンピューターのことをとてもよく知っているわ。
ジャック：ぼくはコンピューターが好きで，コンピューターにくわしいんだ。でも，ぼくは日本語を話さない。日本語を話したり理解したりするのは，ぼくには難しすぎるんだ。
ユキ：わかったわ，ジャック。私が行って，日本語を助けてあげるわ。
ジャック：それを聞いてうれしいよ。いつ行ける？
ユキ：明日の午後はどう？　４時ごろにあなたの家に行くわ。
ジャック：いいね。ありがとう，ユキ。
質問：ジャックはなぜうれしくなりましたか。

3 (1)①「あなたのおじはあなたの母親か父親の兄[弟]です」
②「空腹だと，何か食べ物がほしくなります」
③hersは「彼女のもの」。「私のもの」はmine。
(2)①逆の内容の文をつなぐ**接続詞**として，**イ** Although「～だけれども」が適切。
②空所のあとに**数えられない名詞**が続いていることから，**ア**much「たくさんの」が適切。
③「それ(＝ピクニック)はとても楽しくて(　)する日でした」から，意味的に**エ**が適切。

4 (1)(2)ちらしの地図と内容から読み取る。
(3)今週末，クーポンで中学生以下は無料になる。
(4)彩は所要時間を答えている。

全訳

マイク：こんにちは，彩。手に何を持っているの？
彩：これは市立動物園のちらし。お母さんが昨日くれたの。動物園がどこにあるか知ってる？
マイク：知ってるよ。中央図書館と博物館の間にあるんだ。
彩：その通り。そこに行ったことはある？
マイク：いや，ないよ。ちらしには何と書いてあるの？
彩：世界中から集まった動物がたくさんいるんだって。パンダとかホワイトタイガーなんかが見られるわ。それから，毎日モンキーショーが見られるそうよ。
マイク：おもしろそうだね。そのショーを見てみたいよ。行こうか？
彩：ええ。今週末はどう？　今日は金曜日よね。今日だと動物園に入るのに600円払わないといけないわ。でも，このクーポンを使えば，今週末はお金を払わなくてもいいのよ。私たちは中学生でしょ。だから，この土曜日と日曜日は，無料で動物園を楽しむことができるの。
マイク：そうか，じゃあ，明日行こうよ。
彩：いいわね。正午に，あさひ駅で待ち合わせましょうか？
マイク：わかった。駅から動物園まで行くのにどのくらいかかるかな？
彩：バスで10分くらいよ。
マイク：それはいい。じゃあ明日ね。

5 (1)①受け身。過去分詞にする。　②「そこに住んでいるお姉さん」なので**現在分詞**にする。
(2)リンの２番目の発言から，B組でいちばん人気のある(c)がイギリス。リンの４番目の発言から，A組とB組を合わせた人数が最も多い(a)がアメリカ。リンの４番目の発言から，８人の(d)がカナダで，残った(b)がオーストラリアとなる。
(3)表２から読み取る。
(4)健の最初の発言を参照。
(5)**ア**　このような記述はない。**イ**　リンの４番目の発言と一致。**ウ**　健の最後の発言に不一致。**エ**　表２の内容に不一致。

全訳

授業で，健とリンは，修学旅行に関するアンケートに答えました。放課後，彼らはその結果について話しています。
リン：健，あなたは修学旅行でどこに行きたいの？
健：ぼくはサッカーの試合を見にイギリスを訪れたいんだ。サッカーはイギリスの多くの人々に愛されているんだよ。
リン：なるほど。あなたはサッカーの大ファンだよね。イギリスは訪問するのにすてきな国だわ。B組では，いちばん人気があるわ。でも私はイギリスよりオーストラリアのほうが好きよ。オーストラリアにはかわいい動物がたくさんいるもの。コアラやカンガルーを見たいの。

健：オーストラリアもいいね。そこだとラグビーの試合を見て楽しめる。

リン：あなたは本当にスポーツが好きね。

健：ところで，カナダはどうなの，リン？　そこに住んでいるお姉さんがいるだろ。

リン：ええ。姉には２年間会っていないから，カナダで会えたらうれしいな。あら，たった８人しかそこに行きたい生徒はいないのね。アメリカが生徒たちの間でいちばん人気があるのね。

健：ぼくが２番目に好きな国はアメリカだよ。もしイギリスに行かないなら，アメリカに行ってメジャー・リーグの野球の試合が見たいな。外国でプロのスポーツの試合を見るのが，すべての活動の中でいちばん人気があると思うよ。

リン：ちがうわよ。A組のなかではいちばん人気があるけれど，美しい自然や野生動物を見るのを楽しみたい生徒が28人いるのよ。スポーツの試合を見るのは２番目ね。そして，英語学習と外国文化学習が続いているわ。

健：ぼくはスポーツが大好きだけれど，どの活動もおもしろそうだね。修学旅行が待ち切れないよ。

リン：私も。

6 (1)「ウォーキングにはいくつかよい点があります」という文。**イ**以降で，First, Second, と，順によい点を説明している。

(2)下線部の前の部分をまとめた**ウ**が適切。

(3)ウォーキングが環境にやさしい理由。第４段落参照。**〈no＋名詞〉**「少しの～もない」

(4)**〈one of the＋最上級＋名詞の複数形〉**で「最も～な…の１つ」。**good**の最上級は**best**。

(5)**ア**　第１段落の内容と一致。**イ・ウ**　第２段落参照。このような記述はない。**エ**　第４段落の内容と一致。**オ**　このような記述はない。**カ**　第５段落の内容に不一致。

全訳

今日《こんにち》では，私たちはよく車やバスを利用します。また，高校や大学を終えたあと，私たちは働かなくてはならないので，スポーツをするじゅうぶんな時間がありません。20代から50代の男性の50％ほどが，少なくとも週に１回運動をします。女性は男性よりも運動をしません。私たちは，健康のためにもっと運動をするべきです。

しかし，私たちには運動をする時間があまりありません。どうやって健康を保てばいいでしょうか。軽い運動としてのウォーキングはどうでしょう。それはあらゆる運動の中で最も簡単です。お年寄りもウォーキングは楽しめます。彼らはふつう若い人ほど速くは歩きませんが，脚に問題がなければ，毎日歩くことができます。

ウォーキングにはいくつかよい点があります。まず，歩きたければ長く歩けますし，いつでも休めます。ウォーキングは激しい運動ではないので，疲れすぎるということはありません。毎日歩くことは難しくありません。

２番目に，ウォーキングは環境によいです。私たちが車やバスを使うと，多くの燃料が必要になります。でも，歩き回るのに燃料は必要ありません。さらにウォーキングは，車やバスのように騒音を引き起こさないので，鳥のさえずりを聞いて楽しむことができます。

ウォーキングにはもう１つよい点があります。友達作りをするのによい方法です。私たちは歩いているとき，他の人々に会い，あいさつをします。もし毎朝会えば，話をするために立ち止まることもあるかもしれません。このようにして友達を作ることができます。しかし，車で移動中にだれかを道で見かけても，止まって彼らに話しかけるのは簡単にはできません。

現在，多くの人たちが，よい運動としてウォーキングを楽しんでいます。それは私たちを健康に保つ最もよい方法の１つです。毎日歩いてみませんか。

7 (1)teacherを先行詞とする，主格の関係代名詞を入れる。「私は，私に中国語を教えることができる先生をさがしています」

(2)数は**How many ～？**でたずねる。

(3)継続を表す現在完了の文。**since ～**「～以来」

(4)「たくさん食べました」と続けていることから，**イ**「いいえ，結構です」が適切。

8 (1)〈過去分詞＋語句〉が後ろから名詞を修飾する形。

(2)**〈It is ... for＋人＋to＋動詞の原形.〉**「(人)にとって～することは…だ」

(3)間接疑問は**〈疑問詞＋主語＋動詞〉**の語順。

(4)**〈too ... to＋動詞の原形〉**「…すぎて～できない」

9 まず，テーマとなる意見に賛成か反対かを述べ，そのあとに，理由を続けるとよい。**(解答例訳)**私はこれに賛成です。スマートフォンは彼ら(＝子ども)が勉強するとき，とても役に立ちます。彼らはたくさんのことをインターネットで調べられると思います。【反対の場合の解答例】I don’t agree with this.　Some children use smartphones too much.　So they don’t have enough time to go outside and play with their friends.(25語)**(解答例訳)**私はこれに同意しません。子どもの中にはスマートフォンを使いすぎる人がいます。そのために彼らは外に出て友達と遊ぶ時間が十分にありません。

数学 入試直前模擬試験 ➡入試直前模擬試験 P.10

[1] (1)**5**　(2)$\boldsymbol{-\sqrt{3}}$　(3)$\boldsymbol{\frac{8}{9}x}$　(4)$\boldsymbol{\frac{2a-5b}{12}}$

(5)**64**　(6)$\boldsymbol{a(b+2)(b-6)}$

(7)**最頻値…3.5 時間**

中央値…2 時間以上 3 時間未満

(8)$\boldsymbol{\frac{1}{12}}$

[2] (1)**15 個**　(2)①，②…**2，3**(順不同)

(3)**12 番目**

[3] (1)ア $\boldsymbol{360x+320y}$　イ **2**　ウ **3**　エ **4**

(2)**あん入り…30 個**

あん無し…20 個

[4] (1)$\boldsymbol{a=3}$　(2)$\boldsymbol{y=x+\frac{3}{2}}$　(3)$\boldsymbol{y=\frac{5}{2}x}$

[5] (1)**(正)三角錐《さんかくすい》**　(2)**36cm^3**

(3)$\boldsymbol{18\sqrt{3}}$**cm^2**

[6] (1)**△ADE と△BFA において，**

四角形 ABCD は長方形だから，

∠ADE＝90°

仮定より，∠BFA＝90° だから，

∠ADE＝∠BFA＝90°　…①

∠DAE＝90°－∠FAB　…②

△BFA の内角について，

∠FBA＝180°－90°－∠FAB

＝90°－∠FAB　…③

②，③より，∠DAE＝∠FBA　…④

①，④より，2 組の角がそれぞれ等しいので，

△ADE ∽△BFA

(2)$\boldsymbol{\frac{4}{5}}$**cm**

解説

[1] (5)$x^2-10x+25=(x-5)^2$ より，

$(-3-5)^2=(-8)^2=64$

(8)球の取り出し方の総数は，A からの取り出し方が 3 通り，B からの取り出し方が 3 通り，C からの取り出し方が 4 通りであるので，

3×3×4＝36(通り)

すべての袋から同じ数の書かれた球を取り出す場合は，(A, B, C)＝(1, 1, 1)，(2, 2, 2)，(3, 3, 3)の 3 通りあるので，求める確率は，

$\frac{3}{36}=\frac{1}{12}$

[2] (2)$\frac{1}{2}(n^2+n)=\frac{1}{2}n(n+1)$

この式の n に $n+2$ を代入すると，

$\frac{1}{2}(n+2)(n+2+1)=\frac{1}{2}(n+2)(n+3)$

よって，①，②は，2，3

(3)$\frac{1}{2}(n^2+n)=78$

$n^2+n-156=0$　　$(n-12)(n+13)=0$

$n=12$，-13　　$n>0$ より，$n=12$

[3] (2)(1)より，

$$\begin{cases} 360x+320y=5200 & \cdots① \\ x=2y & \cdots② \end{cases}$$

②を①に代入すると，

$720y+320y=5200$

$1040y=5200$　　$y=5$　…③

③を②に代入すると，$x=10$

よって，あん入りのドーナツは 10×3＝30(個)，あん無しのドーナツは 5×4＝20(個)買ったことになる。

[4] (2)$\mathrm{A}\left(-1,\ \frac{1}{2}\right)$，$\mathrm{B}\left(3,\ \frac{9}{2}\right)$より，直線 AB の傾きは，

$\left(\frac{9}{2}-\frac{1}{2}\right)\div\{3-(-1)\}=4\div4=1$

直線 AB の式を $y=x+b$ とすると，$\mathrm{A}\left(-1,\ \frac{1}{2}\right)$を通るので，$\frac{1}{2}=-1+b$　　$b=\frac{3}{2}$

よって，直線 AB の式は，$y=x+\frac{3}{2}$

(3)直線 ℓ は線分 AB の中点を通る。

AB の中点の x 座標は，$\frac{-1+3}{2}=1$，y 座標は，

$\left(\frac{1}{2}+\frac{9}{2}\right)\times\frac{1}{2}=\frac{5}{2}$であるので，直線 ℓ の式は，

$y=\frac{5}{2}x$

[5] (3)切断面は△AHF である。

△AEF は 45°，45°，90° の直角二等辺三角形であるので，

AE：AF＝1：$\sqrt{2}$

6：AF＝1：$\sqrt{2}$

AF＝$6\sqrt{2}$(cm)

AH，HF は AF と同様に正方形の対角線であるので，△AHF は 1 辺の長さが $6\sqrt{2}$cm の正三角形である。

よって，△AHF の面積は，

$\frac{1}{2}\times6\sqrt{2}\times\left(6\sqrt{2}\times\frac{\sqrt{3}}{2}\right)=18\sqrt{3}$(cm^2)

[6] (2)△BFA で三平方の定理より，

AF＝$\sqrt{5^2-4^2}=\sqrt{9}=3$(cm)

△ADE ∽△BFA より，

EA：AB＝ED：AF

7：5＝ED：3

ED＝$\frac{21}{5}$(cm)

DC＝5cm より，EC＝$5-\frac{21}{5}=\frac{4}{5}$(cm)

理科 入試直前模擬試験 ➔入試直前模擬試験 P.16

[1] (1)タンポポ…**ア**　ゼニゴケ…**ウ**
(2)**ウ**　(3)**b**
(4)(例)**遠くにまでなかまをふやすことができる。(遠くまで種子を飛ばすことができる。)**
(5)①　**種子**　②　**胞子**

[2] (1)①　**実像**
②**右図**
③ⓐ　**イ**
ⓑ　**エ**
(2)**ウ**

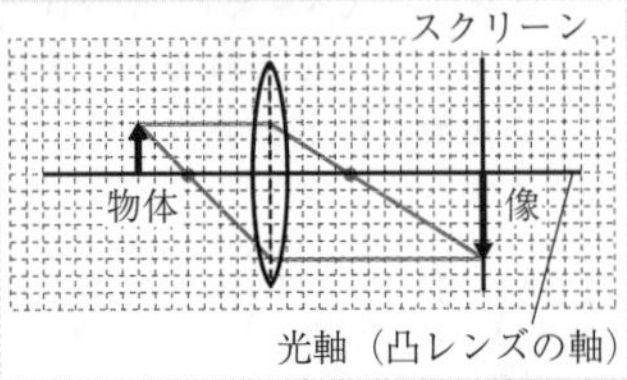

[3] (1)(例)**マグネシウムがすべて酸素と反応したから。**
(2)**b**　(3)**$2Mg+O_2 \rightarrow 2MgO$**
(4)**30〔g〕**　(5)**1.4〔g〕**

[4] (1)**エ**　(2)①　**等粒状組織**　②　**ア**
(3)**ウ**　(4)**イ**

[5] (1)①　**ア**
②　**5〔Ω〕**
③　**0.5〔倍〕**
(2)①　**7〔J〕**
②　**右図**
③　**イ**

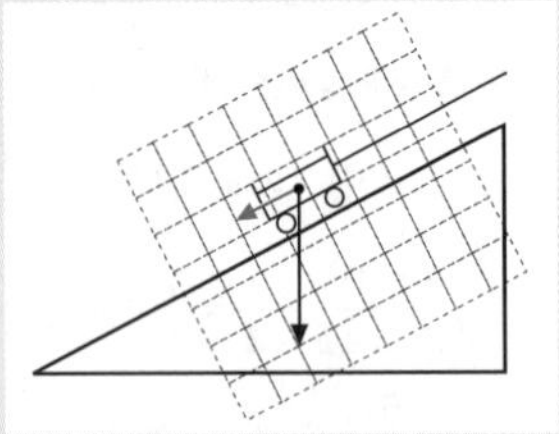

[6] (1)①　**H^+**　②　**Cl^-**　(2)　**ア**
(3)(例)**気体bは水によくとけるから。**(4)**エ**
(5)**7.2〔%〕**

[7] (1)**エ**　(2)名称…**赤血球**　はたらき…**ア**
(3)①　**肝臓**　②　**尿素**　(4)**イ**

[8] (1)(例)**気温が高くなるほど飽和水蒸気量が大きくなるから。**　(2)**イ**　(3)**ウ**
(4)a…**オ**　b…**ウ**
(5)(例)**地球が地軸を傾けて公転しているから。**

解説

[1] (2)ルーペは，目に近づけて持つ。観察するものが手に持てる場合は，観察するものを前後に動かしてピントを合わせる。観察するものを動かせないときは，顔を前後に動かしてピントを合わせる。
(3)花粉はおしべのやくでつくられる。aは柱頭，bはおしべ，cはがく，dは子房，eは花弁である。

[2] (1)②光軸(凸レンズの軸)に平行な光は，凸レンズを通過後，焦点を通るように屈折する。また，焦点を通って凸レンズに入射した光は，凸レンズを通過後，光軸に平行に進む。このことを利用して作図し，焦点を求める。
(2)振動する弦が太いほど，また，長さが長いほど音は低い。

[3] (2)図２から，マグネシウム0.3gを十分に加熱すると，0.5gの酸化マグネシウムができることがわかる。このとき，0.3gのマグネシウムと結びついた酸素の質量は，0.5－0.3＝0.2〔g〕
(4)マグネシウムと酸化マグネシウムの質量比は，0.3：0.5＝3：5　よって，求める酸化マグネシウムの質量をxgとすると，
3：5＝18：x，x＝30〔g〕
(5)このとき，結びついた酸素の質量は，7.4－5.0＝2.4〔g〕　2.4gの酸素と結びつくマグネシウムの質量をygとすると，3：2＝y：2.4，y＝3.6〔g〕
よって，未反応のマグネシウムは，5.0－3.6＝1.4〔g〕

[4] (1)泥岩，砂岩，れき岩は，粒の大きさで区別される。
(2)図２は，等粒状組織であることから，マグマが地下深いところでゆっくりと冷え固まった深成岩であることがわかる。
(4)地層Ａから見つかったアンモナイトの化石は中生代の示準化石。フズリナとサンヨウチュウの化石は古生代，ナウマンゾウの化石は新生代の示準化石である。地層Ｂは地層Ａより下にあるので，できた時代は地層Ｂのほうが古いと考えられる。よって，地層Bから新生代の示準化石が見つかることはないはずである。

[5] (1)②, ③　図１より，電熱線Aの抵抗は，$\frac{5.0〔V〕}{1.0〔A〕}$＝5〔Ω〕　電熱線AとBを直列につないだ回路の全体の抵抗は，$\frac{12〔V〕}{0.8〔A〕}$＝15〔Ω〕　よって，電熱線Bの抵抗は，15－5＝10〔Ω〕　電流が等しいとき，電圧は抵抗に比例し，電力は電圧に比例する。よって，求める答えは，$\frac{5〔Ω〕}{10〔Ω〕}$＝0.5より，0.5倍
(2)①　20〔N〕×0.35〔m〕＝7〔J〕

[6] (2), (3)気体aは水素，気体ｂは塩素。水素を空気中で燃やすと水ができる。塩素は水にとけやすい。また，漂白作用がある。
(5)36％の塩酸40g中の塩化水素(溶質)の質量は，40〔g〕×0.36＝14.4〔g〕　溶液の質量は，160〔g〕＋40〔g〕＝200〔g〕になるから，質量パーセント濃度は，$\frac{14.4〔g〕}{200〔g〕}$×100＝7.2より，7.2％

[7] (2)**ア**は赤血球，**イ**は血しょう，**ウ**は白血球，**エ**は血小板のはたらきである。
(4)ａは大動脈で動脈血が，ｂは大静脈で静脈血が流れている。

[8] (2)17.3〔g/m^3〕×0.51＝8.823〔g/m^3〕　飽和水蒸気量が最も近い気温は９℃である。
(4)ａは南中高度，ｂは地点Aの緯度を表している。北半球の夏至の日の太陽の南中高度は，90°－(観測地点の緯度)＋23.4°で求められる。これより，観測地点の緯度は，90°＋23.4°–75°＝38.4°より，約38°。

社会 入試直前模擬試験

➡入試直前模擬試験 P.24

1 (1)**ア** (2)**ウ** (3)**小麦**
(4)**d** (5)**イ**

2 (1)**三重県** (2)**エ** (3)**イ**
(4)**ク** (5)①**ア**
②(例)**大消費地の東京に近く，輸送費が安くすむ点。**

3 (1)**エ** (2)**天平《てんぴょう》文化** (3)**イ**
(4)**エ** (5)**ウ**

4 (1)**エ→ア→イ** (2)**ア**
(3)(例)**第一次世界大戦が起こってヨーロッパからアジアへの輸出が減り，日本からの輸出が増えたから。**
(4)**治安維持《いじ》法** (5)**イ** (6)**ウ**

5 (1)**エ** (2)**非核《ひかく》三原則**
(3)(例)**政党の得票数に応じて議席を配分する制度。**
(4)**2400**(人以上) (5)**イ** (6)**ウ**

6 (1)**製造物責任法** (2)**ア** (3)**ウ**
(4)**累進《るいしん》課税**(制度) (5)**エ**

7 (1)**ウ** (2)**ＰＫＯ** (3)**イ**
(4)**エ** (5)**ア**
(6)(例)**将軍が御家人《ごけにん》の先祖伝来の領地を保護したり，御家人に新しい領地を与《あた》えたりすること。**

解説

1 (1)**X**・**Y**は北緯《ほくい》45度の緯線。
(2)◎の都市はニューヨークで，時刻は東京より14時間遅《おく》れているので15(度)×14(時間)より経度の差は210度。東京は東経135度の経線が標準時の基準で，◎の都市は西半球に位置するので210−135(度)より西経75度。
(3)**A**はフランス，**C**はカナダ，**D**はアメリカ合衆国，**E**は中国である。
(4)**d**はチュー川。河口付近のシェンチェンは経済特区に指定されている。
(5)**B**国(ドイツ)の輸入額は**C**国の３倍未満である。

2 (1) ■ は石川県・三重県・鳥取県・長崎県。すべての条件を満たす県は三重県である。
(2)**X**は中国山地。**ア**〜**ウ**は過密にともなって生じる問題である。
(3)冬の降水量が多いことに着目する。
(4)**カ**は石油，**キ**は液化天然ガス，**ケ**は銅鉱。
(5)①**C**は長野県。わかりやすいものから判断する。**エ**は人口が多く，人口密度が高いことから**B**の千葉県。**イ**は畜産《ちくさん》の産出額が最も多いことから**D**の鹿児島県。**ウ**は米の産出額が最も多いことから**A**の秋田県。残った**ア**が長野県である。

3 (2)奈良時代の天平文化は，唐《とう》の文化の影響《えいきょう》を強く受けた仏教文化である。
(3)勘合《かんごう》貿易では，正式な貿易船を倭寇《わこう》と区別するために勘合が用いられた。悪党《あくとう》は鎌倉《かまくら》時代末ごろから成長した，幕府に従わない武士。朱印状《しゅいんじょう》は徳川《とくがわ》家康《いえやす》などが海外渡航を許可した証書。
(4)1543年，ポルトガル人が**エ**の種子《たねが》島に鉄砲《てっぽう》を伝えた。
(5)**D**は江戸《えど》時代の18世紀末のできごと。**ア**は安土桃《あづちもも》山《やま》時代，**イ**は平安《へいあん》時代，**エ**は室町《むろまち》時代のできごとである。

4 (1)**ア**は1877年，**イ**は1894年，**ウ**は1904〜05年，**エ**は1868〜69年のできごと。
(2)**ア**は1901年のできごと。**イ**は大正《たいしょう》時代，**ウ**は第二次世界大戦後の高度経済成長の時期，**エ**は第二次世界大戦中のできごとである。
(3)第一次世界大戦中，日本は大戦景気をむかえ，工業生産額が大きくのびた。
(5)**イ**の男子のみの普通《ふつう》選挙は1925年に普通選挙法が制定されたことで実現した。女子も含《ふく》めた完全な普通選挙は，1945年に第二次世界大戦が終結した後，選挙法が改正されて実現した。
(6)第二次世界大戦は1939年に始まった。

5 (1)資料の法律は情報公開法。知る権利は行政機関に対して情報の開示を求める権利である。
(4)条例《じょうれい》の制定の請求《せいきゅう》に必要な署名数は，有権者数の50分の１以上である。
(5)**ア**について，控訴《こうそ》や上告があった場合のみ，第二審《しん》，第三審が行われる。**ウ**について，６人の裁判員と３人の裁判官で審理《しんり》や評決にあたる。**エ**について，国民審査を受けるのは最高裁判所の裁判官だけである。

6 (1)製造物責任法はＰＬ法ともいうが，ここでは漢字で書く点に注意する。
(2)**イ**は日本の中央銀行。**ウ**は法秩序《ちつじょ》の維持《いじ》などを行う行政機関。**エ**は内閣から独立して，国の会計の検査を行う機関。
(3)**ア**は公衆衛生，**イ**は社会福祉《ふくし》，**エ**は社会保険の説明である。
(5)**エ**は，2000年以降，年間労働時間は1700時間以上の年が多いので誤り。

7 (1)**ア**の知床《しれとこ》，**イ**の白神《しらかみ》山地，**エ**の屋久島《やくしま》，**オ**の奄美《あまみ》大島は世界自然遺産に登録されている。**ウ**は琵琶《びわ》湖《こ》を示している。
(2)平和維持活動のこと。日本では，1992年にＰＫＯ協力法が制定された。
(3)世界保健機関のこと。**ア**は国連児童基金〔ユニセフ〕，**ウ**は国際通貨基金，**エ**は国際原子力機関。
(4)奥州藤原氏《おうしゅうふじわら》が中尊寺金色堂《ちゅうそんじこんじきどう》を建てたのは12世紀前半。**ア**は１世紀半ば，**イ**は15世紀末，**ウ**は９世紀初め，**エ**は12世紀半ば。最も近いのは**エ**である。
(5)山梨県はぶどう・ももの生産量が全国一，静岡県は茶の生産量が全国一である。

国語 入試直前模擬試験 ➜入試直前模擬試験 P.37

一 (1)**思い詰めたような態度**

(2)(例)**(僕自身、自転車に乗れたことによって)いくつもの出会いがもたらされたことを思い出し、北斗にもこのままどこまでも突っ走ってほしい(と感じたから。)(四十四字)**

(3)**飛び立った小鳥のように、北斗は自分の力でまっすぐに進み始めた。**

(4)**エ**

二 (1)**エ**

(2)**対立**

(3)**ウ**

(4)(例)**自然の風景の中に自分を置いて、自然の一つの風物となって生きる(姿。)(三十字)**

(5)**イ**

三 (1)**能**　(2)**ならいえて**

(3)**イ**　(4)**ア**

四 (1)**あやつ(る)**　(2)**うなが(した)**

(3)**こくふく**　(4)**すいこう**

(5)**浴(びて)**　(6)**眺(めた)**

(7)**複雑**　(8)**浸透**

五 (1)**品詞名・形容動詞　活用形・連用形**

(2)**エ**

(3)(例)**できるようになることです**

六 (例)　**私はBでインターネットを利用すると回答した人が、A・C・Dと比べて圧倒的に少ないことに気づいた。**

　このことから、インターネットで得られる情報を、多くの人は信用していないことがわかる。私自身、信頼できる情報を得たいときは、図書館へ出かけて本で調べたり、新聞を読んだりする。情報は、どの程度正しい情報が必要なのかに応じて、入手手段を使い分けるのがよいと私は考える。

解説

一 (1)「練習を切り上げられそうな気配を察したのか、〜意を決したような声を上げてきた」などから、北斗《ほくと》の必死になっている様子がわかる。このような様子を表す言葉を探す。

(2)――線部③の前に、「僕」自身が自転車に乗れるようになってから、「いくつもの出会いが待っていた」ので、「自分から離れていく北斗を止めようと思う一方で、このままどこまでも突っ走ってほしいとも思った」とある。

(4)「僕」は、一人で自転車に乗ろうとする北斗を心配していたが、北斗の姿に気持ちが高ぶり、最後には自転車に乗れるようになった北斗の姿に感動して涙を流している。

二 (2)直前の「地球」は、「自然」と同じ意味で使われている。ここでは、ヨーロッパ人が、日本人とは違って、「自然」を人間が働きかける対象であると考えていること、つまり、自分に「対立」する一つの物と見ていることを述べている。

(3)「自然を徹底的に人間のために利用しようとする」のはヨーロッパ人であることを読み取り、第四段落に着目するとよい。

(4)文頭の「それ」は「隠棲《いんせい》」を指すので、「隠棲」がどのようなものかを字数に合わせて書く。「それが隠棲である」とあるので、「それ」の指示内容「自然の風景〜その中に自分を持って行き、その自然の一つの風物となって生きること」という部分に着目してまとめる。

(5)最後の段落に着目して筆者の考えをとらえる。「しかし私は、これを、言葉の問題に引きつけて考えている」「『自然』という単語がないこと。日本人が〜融《と》け合おうとすること」などから、日本人の自然観が、ヤマト言葉の中に「自然」という言葉を生まなかったというのが筆者の考えであるとわかる。

三 (3)「心にくし」には「あやしい」などの意味もあるが、芸能をひそかに習得して人前に出る様子に合うのは「奥ゆかしい」という意味である。

(4)「つれなく過ぎて嗜《たしな》む人」は「終《つひ》に上《じやう》手《ず》の位にいたり、徳たけ、人に許されて、双《ならび》なき名を得《う》る事なり」と書かれている。恥をかかないようにひそかに習得して、人前になかなか出ない人より、未熟で人に笑われても、上手な人にまじって練習に励む人のほうが、のちのち人々から認められるという内容をとらえる。

現代語訳

芸能を身につけようとする人は、「(芸能が)うまくできない時期には、うかつに人に知られないようにしよう。ひそかにじゅうぶん習得してから人前に出ていくことこそが、大変奥ゆかしく上品なことだ」といつも言うけれど、このように言う人は、一つの芸能も習得することができない。まだまったく未熟な頃から、うまい人の中にまじって、馬鹿《ばか》にされて笑われることも恥ずかしがらず、平然と過ごして修練する人は、生まれついてその芸の才能はなくても、修練を立ち止まらず、勝手気ままな態度をとらずに時を過ごせば、その芸能の才能に恵まれながら練習をしない人より、最後には芸能の上位に達して、人望も厚くなり、人から認められて、たいへん優れた名声を得ることになる。

四 (4)「ついこう」と読まないように注意する。

(7)「複」を「復」としないように。

(8)「浸」を「侵」としないように。

五 (1)「明らかに」の言い切りの形は「明らかだ」なので形容動詞である。副詞と区別する。

(2)上の漢字が下の漢字を修飾する関係。

(3)「目標は」という主語に対応する述語に直す。